Katharina Zweig

EIN
ALGORITHMUS
HAT KEIN
TAKTGEFÜHL

Katharina Zweig

EIN ALGORITHMUS HAT KEIN TAKTGEFÜHL

Wo künstliche Intelligenz sich irrt,
warum uns das betrifft und
was wir dagegen tun können

HEYNE ‹

Penguin Random House Verlagsgruppe FSC® N001967

6. Auflage
Originalausgabe 2019

Copyright © 2019 by Wilhelm Heyne Verlag, München,
in der Penguin Random House Verlagsgruppe GmbH,
Neumarkter Straße 28, 81673 München
Illustratoren: Sandra Schulze, Katharina Zweig
Redaktion: Heike Gronemeier
Umschlaggestaltung: Favoritbüro, München,
unter Verwendung eines Fotos von Leremy / Shutterstock
Herstellung: Helga Schörnig
Satz: satz-bau Leingärtner, Nabburg
Druck und Bindung: CPI books GmbH, Leck
Printed in the EU
ISBN: 978-3-453-20730-1

www.heyne.de

Gewidmet meiner Mutter, die mich das Lehren lehrte
und mir ihre Schreibe vererbt hat.

Inhalt

Vorwort

Das Wichtigste an diesem Buch sind Sie, meine lieben Leserinnen und Leser! Denn künstliche Intelligenz – oder kurz KI – wird überall Einzug halten und Entscheidungen über uns, mit uns und für uns treffen. Um diese Entscheidungen so gut wie möglich zu treffen, müssen wir alle darüber nachdenken, was gute Entscheidungen eigentlich sind – und ob der Computer sie an unserer statt treffen kann. Und dafür steige ich mit Ihnen in den Maschinenraum hinter diesem Ansatz. Dort können Sie sehen, wie viele Handgriffe wir Informatiker:innen und sogenannte Data Scientists in Wirklichkeit ausführen, um aus Daten Entscheidungen zu wringen. Und hier kommen Sie ins Spiel – denn an diesen Stellen geht es um die Frage, wie Sie entscheiden würden. Denn die Gesellschaft sollte den Maschinen nur dann wichtige Entscheidungen überlassen, wenn sie darauf vertrauen kann, dass sie nach unseren kulturellen und moralischen Maßstäben handeln. Daher will ich mit diesem Buch vor allen Dingen eins: Sie ermächtigen! Ihnen das Gefühl des Kontrollverlusts nehmen, das viele beschleicht, wenn es um Algorithmen geht. Ihnen die notwendigen Begriffe erklären und aufzeigen, wo und wie Sie sich einmischen können. Sie aufrütteln, damit Sie mit uns Informatiker:innen, mit der Politik und Ihren Arbeitgebern über den Sinn und Unsinn von künstlicher Intelligenz diskutieren können.

Und warum wird die künstliche Intelligenz überall Einzug halten? Zum einen, weil sie uns die lästigen, immer wiederkehrenden Teile der Arbeit abnehmen kann und damit Prozesse effizienter macht. Zum anderen sehe ich im Moment aber auch die Tendenz, dass künstliche Intelligenz dazu genutzt werden soll, Entscheidungen über Menschen zu treffen. Indem beispielsweise aus bestimmten Daten herausgelesen wird, ob eine Bewerbung zu einem Vorstellungsgespräch führen sollte, ob eine Person fit genug für ein Studium ist oder ob jemand vielleicht terroristische Neigungen hat.

Doch wie konnte es so weit kommen, dass manche überhaupt erwägen, Maschinen für die besseren Richter über Menschen zu halten? Nun, zuallererst können Computer natürlich Datenmengen bewältigen, die Menschen nicht mehr analysieren können. Wichtiger scheint mir aber, dass es im Moment nicht weit her ist mit unserem Vertrauen in die Urteilskraft des Menschen. Nicht erst seitdem Daniel Kahneman 2002 für seine Forschung zur Irrationalität des Menschen und 2017 dann Richard Thaler für seine Idee des »Nudgings«[1] mit dem Nobelpreis geehrt wurden, nehmen wir die Menschheit in ihrer Gesamtheit als irrational wahr, als manipulierbar, subjektiv und voreingenommen. Dabei ist natürlich der jeweils andere immer wesentlich irrationaler als man selbst,[2] insbesondere, wenn er oder sie uns in unserer eigenen Individualität und Komplexität völlig falsch beurteilt! Wir hoffen daher darauf, dass die unbestechlichen Maschinen objektivere Entscheidungen treffen können, dass sie mit ein wenig »Magie« Muster und Regeln im menschlichen Verhalten entdecken, die den Experten entgangen sind, und die damit für sicherere Prognosen sorgen.

Woher kommt diese Hoffnung? In den letzten Jahren haben Entwicklerteams aus aller Welt gezeigt, wie gut und schnell Computer mithilfe künstlicher Intelligenz Aufgaben lösen, die noch vor zwei Jahrzehnten als große Herausforderungen galten: Die Maschinen schaffen es, täglich Milliarden von Webseiten zu durchforsten und uns die besten Ergebnisse für unsere Suchanfragen zu präsentieren; sie erkennen halbverdeckte Radfahrer und Fußgänger auf Kamerabildern und können deren nächste Bewegungen recht zuverlässig vorhersagen; sie haben im Schach und dem asiatischen Brettspiel »Go« sogar die jeweiligen Weltmeister geschlagen. Ist es da nicht naheliegend, dass sie die Gesellschaft auch dabei unterstützen könnten, faire Urteile über Menschen zu treffen? Oder sollten die Maschinen diese Urteile einfach gleich selbst fällen?

Manche versprechen sich davon, dass die Entscheidungen dadurch objektiver werden – das ist an vielen Stellen auch nötig! Eines der Länder, in denen heute schon algorithmische Entscheidungssysteme wichtige menschliche Entscheidungen vorbereiten, sind die USA. In einem Land, das 20 Prozent aller weltweit offiziell gemeldeten Gefangenen beherbergt und in dem Afroamerikaner ein circa sechsfach höheres Risiko haben, inhaftiert zu werden als Weiße, wünscht man sich Systeme, die jeglichen latenten Rassismus vermeiden. Und das möglichst, ohne deutlich mehr Geld dafür aufwenden zu müssen. Dies führte zur Einführung von sogenannten »Rückfälligkeitsvorhersagealgorithmen«, die eine Einschätzung darüber abgeben, wie stark rückfallgefährdet eine schon früher straffällig gewordene Person sei. Diese Systeme basieren auf einer automatischen Analyse der Eigenschaften von bekannten Kriminellen, die oft bei denen zu finden sind, die rückfällig werden, und selten bei denen, die es nicht werden. Es hat mich sehr erschüttert, dass wir in unserer Forschung zeigen konnten, dass eines dieser vielfach verwendeten algorithmischen Entscheidungssysteme dabei bis zu 30 Prozent, in Bezug auf schwere Straftaten sogar bis zu 75 Prozent Fehlurteile (!) produziert. Das bedeutet: Von allen Personen, die der Algorithmus in eine Hochrisikogruppe für Rückfälligkeit steckt, werden bei einfachen Straftaten drei von zehn Personen **nicht** rückfällig, und bei der Vorhersage einer schweren Straftat begeht tatsächlich nur jeder vierte von ihnen eine solche Tat. Ein einfaches Raten, das die allgemeinen Rückfälligkeitswahrscheinlichkeiten berücksichtigt, wäre nur wenig schlechter gewesen, hätte aber wenigstens den Vorteil gehabt, dass man sich des »reinen Ratens« bewusst gewesen wäre.

Was also geht schief, wenn Maschinen den Menschen bewerten? Als Wissenschaftlerin mit einem sehr interdisziplinären Lebenslauf betrachte ich die Aus- und Nebenwirkungen von Software unter einer besonderen Perspektive: Die der Sozioinformatik. Die Sozioinformatik ist ein junges Teilgebiet der Informatik, das Methoden und Ansätze aus der Psychologie, Soziologie, den Wirtschaftswissenschaften, der statistischen Physik und natürlich der Informatik nutzt. Wir gehen dabei davon aus, dass die Interaktionen von Technik und Programmierern einerseits und die von Nutzern und Software andererseits nur verstanden werden können, wenn sie als Gesamtsystem betrachtet werden. Solche Systeme nennen wir »sozio-technische Systeme«.

Konkret forsche ich seit über 15 Jahren dazu, wie und wann wir mit Computern unsere komplexe Welt besser verstehen können und zwar mithilfe des sogenannten Data Minings, der »Nutzbarmachung von Daten«. Damit gehöre ich zu den Menschen mit dem sexiest Job auf Erden[3] – auch wenn es sich für andere nicht sehr verlockend anhören mag, seine Wochenenden damit zu verbringen, knietief in riesigen Datenmengen zu stehen und diese mithilfe von statistischen Methoden nach aufregenden Zusammenhängen zu durchkämmen. Für mich ist es das auf jeden Fall! Zu Beginn meiner Karriere war ich allerdings erst einmal nur eine reine Nutzerin dieser Methoden. Immer unsicher, ob ich dieses oder jenes Verfahren überhaupt anwenden dürfte und ob die Ergebnisse wirklich aussagekräftig sein würden. Das lag daran, dass ich nach dem Abitur zuerst einen typischerweise mathematikfernen Studiengang gewählt hatte, die Biochemie. Hier bekamen wir Grundlagenwissen in Biologie, Medizin, Physik und Chemie – aber keine einzige Stunde in Statistik. Die Hoffnung war wohl, dass das Wissen durch reine Diffusion in unsere Köpfe fließen würde, wenn wir nur genügend Experimente nachkochten.

Später studierte ich noch Bioinformatik, einen damals ganz neuen Studiengang, der das Design und die Anwendung von Methoden zur Untersuchung der damals in immer größeren Mengen anfallenden Biodaten lehrte. Auch hier fehlte allerdings die Statistik. Und in keinem der beiden Studiengänge wurden wir in Wissenschaftstheorie unterrichtet – eine völlig unverständliche und gefährliche Lücke im Lehrplan fast aller naturwissenschaftlichen Studiengänge, die Fakten produzieren wollen und sollen.

Und so ist es nicht verwunderlich, dass viele Informatiker und Ingenieure sich zu sicher sind, dass die Methoden die reine und objektive Wahrheit aus den Daten holen, und insbesondere im Data Mining und im maschinellen Lernen, der Grundlage für künstliche Intelligenz, das Heil bei der Lösung aller komplexen Probleme sehen. Denn wer nicht weiß, dass er nur mit Modellen hantiert und niemals endgültige Gewissheit erlangen kann, der schwingt sich schnell zu Aussagen wie den folgenden auf: »Stellen Sie sich eine Welt vor, in der Sie das maximale Potenzial jeder Sekunde Ihres Lebens ausschöpfen könnten. Ein solches Leben wäre produktiv, effizient und einflussreich. Sie werden (schlussendlich) Superkräfte haben – und viel mehr Freizeit. Vielleicht würden manche diese Welt auch als ein bisschen langweilig ansehen – solche, die gerne unberechenbare Risiken eingehen. Ganz sicher aber nicht alle diejenigen Organisationen, die Profit machen wollen. Diese Organisationen geben schon heute Millionen für Manager aus, die nur dazu da sind, um mit Risiken umzugehen. Und wenn es irgendetwas da draußen gibt, das Sie darin unterstützt, gleichzeitig Ihre Arbeitsschritte optimiert und die Profite maximiert, dann sollten Sie es definitiv kennenlernen. Dieses Hilfsmittel ist die Welt der analytischen Vorhersagen.«[4]

Und das war nur die Einleitung zu einem kurzweiligen Lehrbuch zum Thema! Ernster wird es dann schon, wenn Firmen für ihre Data-Mining-Software im Bereich »Vorhersage der Leistung von Arbeitnehmer:innen« mit den Worten werben:

»(...) am Ende sind die Möglichkeiten zur Vorhersage im Wesentlichen unbegrenzt, wenn nur genügend gute Daten zur Verfügung stehen. (...) Lassen Sie uns die Gefühle aus dem Bewerbungsprozess nehmen und sie durch einen daten-getriebenen Ansatz ersetzen!«[5] Aber das ist ein gutes Stichwort, denn auch bei Ihnen möchte sich jemand bewerben, nämlich »KAI«. Er möchte Ihr völlig datengetriebener Buchbegleiter werden. KAI ist eine künstliche Intelligenz (KI, englisch *artificial intelligence, AI*) und noch ein bisschen schwer von Begriff, wenn es darum geht, die Menschen wirklich zu verstehen. Er gibt sich aber redlich Mühe!

Das ist KAI, eine Künstliche Intelligenz oder KI – im Englischen spricht man auch von AI für *artificial intelligence*. KAI möchte sich bei Ihnen als Buchbegleiter bewerben. Er kann ganz schön viel, ist aber auch noch ein bisschen naiv. Seien Sie also bitte nett zu ihm!

Nach diesen beiden Zitaten ahnen Sie sicher schon, dass ich vor übermäßigem Vertrauen in KAI warnen möchte. Wann wir uns auf die Ergebnisse maschinellen Lernens nicht allzu leichtfertig verlassen sollten, werde ich Ihnen in diesem Buch aufzeigen. Es ist auf der anderen Seite aber auch wichtig, zu verstehen, welche enormen Chancen im Data Mining liegen, also im Aufbereiten von Daten durch Algorithmen. Daher werde ich konkrete Vorschläge machen, wo solche algorithmischen Entscheidungssysteme aus technischen oder gesellschaftlichen Überlegungen heraus nicht zulässig sind. Für die Fälle, wo es möglich ist, sie entscheiden zu lassen, werde ich konkret zeigen, wann wir ihnen dabei auf die Finger sehen müssen. Dazu mache ich Vorschläge, wie sie so entwickelt, kontrolliert und reguliert werden könnten, dass sie wirklich bestmöglich entscheiden.

Dieses Buch gibt Ihnen also die notwendigen Informationen, um zu verstehen, wie Computer zu Richtern über Menschen werden, warum sie das im Moment oft nicht gut machen, und auch, wie wir sie verbessern können. Ich werde aber insbesondere auch diskutieren, wo wir sie gar nicht erst einsetzen sollten, um zu verhindern, dass wir mit vermeintlicher Objektivität und scheinbarer Gewissheit falsche Urteile über unsere Mitmenschen fällen.

Das Buch besteht aus drei Teilen: Im ersten Teil des Buches präsentiere ich Ihnen die naturwissenschaftliche Methode der Erkenntnisgewinnung und stelle Ihnen schon mal Ihren Werkzeugkoffer für die Gestaltung von KI-Systemen vor. Im zweiten Teil geht es in den Maschinenraum, wo ich Ihnen das kleine ABC der Informatik erkläre: Algorithmus, Big Data und Computerintelligenz und wie sie zusammenhängen. Im dritten Teil geht es dann konkret um die Frage, wo die Ethik in den Rechner kommt und wie man diesen Prozess bestmöglich gestaltet.

Dies Buch soll Ihnen das Werkzeug an die Hand geben, damit Sie sich einmischen können. Damit wir als Gesellschaft bessere Entscheidungen treffen können – sowohl mit als auch ohne Maschinen.

TEIL I

Der Werkzeugkoffer

Wer sich mit »künstlicher Intelligenz« anlegen will, der braucht die richtigen Tools. Wenn Ihre Arbeitgeberin oder der Staat planen, ein algorithmisches Entscheidungssystem einzusetzen, werden Sie in Zukunft erst mal Ihren Werkzeuggürtel mit den in diesem Buch beschriebenen vier Werkzeugen bestücken. Und dann klappern Sie methodisch die möglichen Fallstricke ab – oder geben gleich Entwarnung – denn nicht alles, was gefährlich aussieht, ist es auch.

KAPITEL I

Robo-Richter mit schlechtem Urteilsvermögen

Es war nicht das erste Mal, dass ich fassungslos vor den Ergebnissen unserer wissenschaftlichen Nachforschungen saß – aber vermutlich das eindrücklichste Mal. Zusammen mit meinem Doktoranden Tobias Krafft hatte ich mir die Vorhersagen einer speziellen Software angesehen, die in den USA in Gerichtssälen eingesetzt wird. Und wir waren entsetzt, wie schlecht diese von einem Staat genutzten Vorhersagen sind, die in einem so wichtigen Vorgang genutzt werden. Die Idee hinter der Nutzung von Algorithmen zur Vorhersage, ob eine Person eine Straftat begehen wird, erinnert an den Film »Minority Report«. Tom Cruise spielt darin einen Polizisten, der durch die Zusammenarbeit mit hellseherisch begabten »Precogs« Personen identifizieren kann, die in Zukunft Straftaten begehen werden. Noch bevor es dazu kommt, kann Cruise die potenziellen Straftäter in Gewahrsam nehmen. Diese bizarre Geschichte, die der berühmte Science-Fiction-Autor Philipp K. Dick schon 1956 als Kurzgeschichte entwickelte, ist Realität geworden – nur leider fehlt die Präzision der vorhersagenden Maschinerie.

Im Gegensatz zum Film kann die vorhersagende Software die eigentliche Tat natürlich nicht »sehen« oder gar den genauen Zeitpunkt wissen. Stattdessen bekommt sie über alle Kriminelle, die sie bewerten soll, grundlegende Informationen: Wie oft sie schon verhaftet worden sind, welche Arten von Straftaten sie bisher begangen haben, dazu Informationen über ihr Alter und ihr Geschlecht.

Daraus berechnet der Computer einen »Risikoscore«, den Sie sich vorstellen können wie die Schadensfreiheitsklasse in einer Autoversicherung: Dort sind Personen mit hohem Risiko in einer Klasse zusammengefasst, solche mit niedrigem Risiko in einer anderen. Wenn eine Person in eine solche Klasse einsortiert wird, passiert etwas Merkwürdiges: Obwohl sie selbst (noch) gar nichts gemacht hat, wird sie so behandelt, wie die, die schon früher in diese Klasse einsortiert wurden. Waren diese Personen in viele Unfälle verwickelt, bezahlt man mehr. Waren sie in wenige Unfälle verwickelt, bezahlt man weniger. Wieviel man zahlt, ist bei der ersten Einstufung also nicht vom persönlichen zukünftigen Verhalten abhängig, sondern nur davon, wem man ähnelt und wie sich diese anderen in der Vergangenheit verhalten haben. Bei Autoversicherungen wird so das finanzielle Risiko auf alle Personen in derselben Klasse verteilt.

Aber wie soll das Verfahren bei der Frage nach zukünftigen Straftaten funktionieren? Nun, das Prinzip ist erst einmal dasselbe: Der Rechner sucht diejenigen Eigenschaften, die bei rückfälligen Kriminellen häufig sind und selten bei solchen, die in der Gesellschaft wieder Fuß fassen. Diese Eigenschaften bestimmen dann das Risiko einer Person. Im Autoversicherungsbeispiel sind diese risikobestimmenden Eigenschaften das Alter der Fahrer und die Anzahl der durchgehend unfallfreien Beitragsjahre. Das muss man nicht fair finden – es ist sicherlich auch unterkomplex. Wäre es nicht beispielsweise gerechter, einen Persönlichkeitstest durchzuführen und danach zu entscheiden, wer in welche Klasse kommt?

Es ist natürlich der Effizienz geschuldet, dass die Einstufung anhand sehr einfacher und leicht zu messender Eigenschaften geschieht. Das Verfahren ist aber insofern gerecht, als dass alle Fahrerinnen und Fahrer, die mit 18 Jahren ihren Führerschein bekommen, genau gleich starten und ihre spätere Klassifikation nur von ihrem eigenen Fahrverhalten abhängig ist und nicht mehr von dem ihrer Generation.

Das kann man vom Einstufungsverfahren der von uns untersuchten Rückfälligkeitsvorhersagesoftware namens COMPAS nicht behaupten: Neben den oben genannten Informationen über bisherige Straftaten wird in einem Fragebogen zum Beispiel auch abgefragt, ob Eltern und Geschwister straffällig wurden oder ob die Eltern schon früh geschieden waren. Das sind Umstände, die ein Individuum zwar prägen mögen, aber von ihm weder zu verantworten noch zu ändern sind.[6] Basierend auf allen Eigenschaften, welche die Software-Firma für relevant hielt, wird eine kriminelle Person nun bewertet und in eine Risikokategorie eingestuft: Sind dort viele eingestuft, die in der Vergangenheit rückfällig wurden, geht die Software auch bei dieser Person davon aus, dass sie rückfällig werden wird.

Der Bewertungsalgorithmus wird damit beworben, dass circa 70 Prozent seiner Entscheidungen richtig seien.[7] Das allein fanden Tobias und ich schon beunruhigend niedrig für eine Software, die von einer staatlichen Stelle vor Gericht eingesetzt wird. In der Medizin würde eine solch geringe Prozentzahl auch tatsächlich als nicht genügend angesehen werden. Aber nun lagen Ergebnisse vor uns, die belegten, wie viele Personen aus der höchsten Risikokategorie tatsächlich rückfällig geworden sind: Es waren zwar etwas mehr als 70 Prozent bei allgemeinen Straftaten, aber nur um die 25 Prozent bei denjenigen, bei denen gewalttätige Straftaten vorhergesagt wurden. Das heißt, dass nur jeder Vierte, der oder die mit einem kaum zu ignorierenden Alarmsignal als anfällig für eine weitere schwere Gewalttat versehen wird, auch tatsächlich wieder eine solche Tat begeht. Zudem zeigten andere Kollegen, dass auch Laien eine solche Vorhersage mit im Wesentlichen derselben Qualität treffen können.[8]

Ich habe die letzten drei Jahre damit verbracht, zu verstehen, warum irgendjemand so schlecht vorhersagende Algorithmen verwenden wollte und wieso Regierungen sie in Auftrag geben oder kaufen. Und natürlich wollte ich die Königsfrage lösen, wie wir bessere Software erstellen können und ob es vielleicht Situationen gibt, in denen Algorithmen über Menschen grundsätzlich nicht entscheiden sollten. Aber hat das etwas mit Ihnen zu tun, liebe Leserinnen und Leser? Ist das nicht alles so technisch, dass Sie dabei einfach keinen Gestaltungsspielraum haben? Ihre und meine gemeinsame Erfahrung in den letzten Jahren ist eher, dass wir keine Chance haben, die Algorithmen zu verändern, die unser Leben mitbestimmen: Von Google über Facebook zu Amazon – alles ist verwirrend und zu weit weg vom Alltag. Wir Individuen, aber selbst die Gesellschaft als Ganzes, Deutschland und vielleicht sogar Europa, scheinen nahezu ohnmächtig gegenüber diesen transatlantischen Algorithmen. Das Gefühl des Kontrollverlustes liegt aber nicht nur in der Tatsache verankert, dass diese und andere Firmen sich global immer dort ansiedeln, wo die angenehmsten Regeln herrschen. Es liegt auch an der Technik selbst. Sie wird häufig präsentiert als eine objektive Methode, die aus Daten Entscheidungen generiert. Ja, geradezu als ein Ansatz, der aus Daten die **WAHRHEIT** extrahiert. Die einzige

Entscheidung, die einem unter diesen Umständen übriggeblieben zu sein scheint, ist
binär: Wollen wir Algorithmen, die über
uns bestimmen, oder wollen wir sie nicht?
Verweigern wir uns dieser gesamten Digitalisierung oder opfern wir unsere persönlichen Daten für die vielen neuen Dienste?

Für die algorithmischen Entscheidungssysteme, denen wir in den nächsten Jahren
begegnen werden, gibt es glücklicherweise nicht nur dieses Entweder-oder. Bei diesen Systemen werden Sie sich einmischen können –
und sollten es auch tun. Denn diese algorithmischen Entscheidungssysteme werden von Ihrem Arbeitgeber eingesetzt werden, von Ihrer
Ausbildungsstätte, Ihrem Versicherer oder vom Staat. Und bei jedem dieser Einsätze haben Sie als Arbeitnehmer:in, als Schüler:in
oder Student:in, als Verbraucher:in oder Bürger:in einen Hebel: Sie
können dagegen Widerspruch einlegen und sich in den Entwicklungsprozess einbringen. Diese Erkenntnis hilft aber nur bei dem
einen der beiden genannten Probleme: Die Ansprechpartner sind
hier vor Ort und damit greifbar.

Aber gibt es inhaltlich wirklich Punkte, an denen **Sie** sich einbringen können? Dazu ist es fundamental wichtig, zu verstehen, wie
die Maschinerie hinter der künstlichen Intelligenz und dabei insbesondere die des sogenannten **maschinellen Lernens** funktioniert.
Und das ist eher so ein Daniel-Düsentrieb-Prozess des Herumdok-
terns. Der Prozess ist weit weniger objektiv und selbstgesteuert, als
Sie es vermuten würden. Die daraus resultierende Maschine zur Entscheidungsfindung ist an vielen Stellen justierbar – und an manchen
nur mit Bindfäden zusammengehalten. Daher ist es auch so wichtig,
dass manche dieser Maschinen eng überwacht werden – und zwar
auf dieser Maschinenraumebene.

Abbildung 1: Der Prozess der maschinellen Entscheidungsfindung ist das Ergebnis von professionellem Herumtüfteln an Daten und Maschinerie.

In ihrer Gesamtheit werden wir als Gesellschaft auf die möglichen Einsätze von künstlicher Intelligenz umfassend arbeits-, sozial- und bildungspolitisch reagieren müssen. Aber in diesem Buch geht es um die Frage danach, wie wir sie gestalten wollen, wann wir diese Maschinen überwachen müssen, wo das möglich ist und wo wir sie gar nicht einsetzen sollten.

Und tatsächlich brauchen wir Datenwissenschaftler Sie als Arbeitnehmer:in, Verbraucher:in und Bürger:in dazu im Maschinenraum. Für Ihren Einsatz dort stelle ich Ihnen in diesem Buch einen Werkzeugkoffer zusammen, den ich Ihnen im Folgenden kurz vorstelle.

Werkzeuge für Ihren Entscheidungskoffer

Ausgerüstet mit den Werkzeugen, die ich in den folgenden Kapiteln detailliert beschreibe, können Sie dann erkennen, ob Sie a) überhaupt ranmüssen; b) wo Sie ansetzen können; und c) welche Konsequenzen Ihre Einschätzung für den kontrollierten Einsatz der Maschine hat. Denn natürlich müssen Sie sich nicht überall einmischen. Für die Entscheidung, ob Sie sich einmischen sollten, möchte ich Ihnen ein erstes Instrument in die Hand drücken: das **Algoskop**. Es filtert diejenigen Systeme heraus, um die man sich prinzipiell kümmern muss.

Sind das alle Systeme, die künstliche Intelligenz verwenden? Über diese Fragen haben sich in den letzten Jahren viele Personen Gedanken gemacht. 2013 machten Viktor Mayer-Schöneberger und Kenneth Cukier in ihrem Buch »Big Data – Die Revolution, die unser Leben verändern wird« den Vorschlag, einen generellen Algorithmen-TÜV einzuführen. Das ist aus verschiedenen Gründen in dieser Form weder sinnvoll noch notwendig, wie ich später zeigen werde. Insbesondere müssen aber nicht alle algorithmischen Entscheidungssysteme auf den Prüfstand. Im Wesentlichen sind es **nur die Systeme**, die

- **über Menschen entscheiden** oder
- **über Ressourcen, die Menschen betreffen,** oder die
- **solche Entscheidungen treffen, die die gesellschaftlichen Teilhabemöglichkeiten von Personen ändern,**

die einer Regulierung und Kontrolle ihrer inneren Mechanik bedürfen.[9] Es handelt sich damit nur um kleinen Teil aller möglichen »Algorithmen«. Diese Fokussierung auf ethisch relevante algorithmische Entscheidungssysteme nenne ich das **Algoskop**. Warum es im Wesentlichen nur diese Systeme sind, die verstärkt kontrolliert und reguliert werden müssen, erkläre ich ausführlich in Teil II und III dieses Buches.

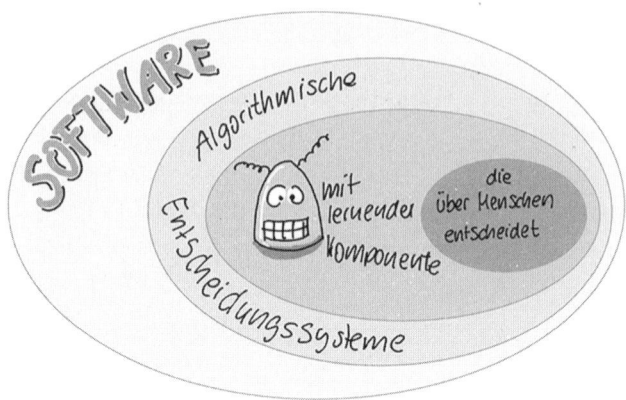

Abbildung 2: Das **Algoskop** benennt, um welche Art von Software wir uns verstärkt kümmern müssen: um algorithmische Systeme, die unmittelbar über Menschen entscheiden oder Entscheidungen fällen, die Menschen mittelbar betreffen.

Das heißt: Systeme, die entscheiden, ob eine Schraube defekt ist und vom Produktionsband gepustet werden sollte, fallen nicht darunter. Ein System, das punktgenau Dünger auf einem Acker ausbringt, fällt ebenfalls nicht darunter. Ein autonomes Auto, das im Zweifelsfall in Unfälle verwickelt sein könnte, dagegen natürlich schon. Systeme, die einfach nur Bilder erkennen oder Sprache übersetzen, gehören eher nicht dazu – es sei denn, sie sind in autonomen Autos verbaut, wo sie wiederum zu Unfällen beitragen. Definitiv dazu gehören KI-Systeme im medizinischen Bereich. Darunter wiederum solche weniger, die uns freiverkäufliche Produkte empfehlen als solche, die über Therapien entscheiden.

Wenn also der KI-Alarm ertönt, schauen Sie erst einmal, **was** das System entscheiden soll. Wenn es weder direkt noch indirekt um das menschliche Wohlbefinden geht, dürfen Sie zurück in den Pausenraum.

Notfall im Maschinenraum! Ihr Einsatz ist gefragt

Wenn es aber doch um das menschliche Wohl geht, dann ist die Qualität der Entscheidungen durch die Maschine von den folgenden Erfolgsfaktoren abhängig:

- von der Qualität und Quantität der eingehenden Daten,
- von den grundlegenden Annahmen über die Natur der Fragestellung
- und davon, was die Gesellschaft eigentlich für eine »gute« Entscheidung hält.

Dieser letzte Punkt, die Frage nach der »guten Entscheidung«, ist aus Informatiksicht ein »Modell für eine gute Entscheidung« – die Philosophie würde es eine »Moral« nennen. Damit Algorithmen eine solche Moral befolgen können, muss für die Maschine »messbar« gemacht werden, wie sehr eine Entscheidung dieser Moral entspricht. Nur dann kann der Computer versuchen, Entscheidungen zu optimieren. Das ist aber gar nicht so einfach. Wenn eine Software genutzt werden soll, um Kinder Schulen so zuzuteilen, dass ihre Schulwege möglichst kurz sind: Soll der Schulweg dann im Durchschnitt klein sein? Oder für kein Kind ein bestimmtes Maximum überschreiten? Diese Entscheidung, wie nachher die Güte eines algorithmischen Ergebnisses bewertet werden soll, ermöglicht eine

Messung, wie gut eine algorithmische Lösung ist. Diese **Messbarmachung** nennen wir »Operationalisierung«.

Neben dieser Entscheidung steht die Frage, was genau der Computer als Informationen bekommt, um die Länge des Schulweges zu berechnen: Werden dabei ideale Fahrzeiten zugrunde gelegt oder reale? Fußwege zur Bushaltestelle mitberücksichtigt? Diese Entscheidungen nennen wir das »Modell des Problems«, das vom Computer gelöst werden soll.

Damit die Ergebnisse der Datenverarbeitung der vorher festgelegten Moral folgen, müssen also die dafür notwendigen Messbarmachungen (**O**perationalisierungen), das **M**odell des Problems und der **A**lgorithmus zusammenpassen: Das ist das **OMA-Prinzip**, und damit Ihr zweites Werkzeug. Was es damit genau auf sich hat, und wie man das OMA-Prinzip handhabt, werde ich Ihnen anhand vieler Beispiele, beginnend in Kapitel 2, vorstellen.

Doch selbst das OMA-Prinzip ist noch nicht ausreichend, um zu beurteilen, ob und wann Maschinen einen Teil menschlicher Entscheidungen übernehmen können. Dazu ist es zudem notwendig, deren Rolle im Gesamtprozess zu betrachten.

Die nächste Abbildung zeigt, wie lang der Prozess der Entwicklung und des Einsatzes von **algorithmischen Entscheidungssystemen** ist. Diesen Prozess werde ich im Buch Stück für Stück erklären – seine Länge ist vor allen Dingen deshalb ein Problem, weil dabei die Verantwortung für einzelne Entscheidungen auf so viele Schultern verteilt wird, dass es nachher schwierig ist, sie bei einer Person zu verorten. Für den Moment ist für Sie aber erst einmal wichtig, dass es darin **nur wenige Stellen** gibt, an der technisches Wissen notwendig ist. In jeder Phase gibt es aber Aspekte, bei denen Sie auch mitreden können und sollten. Diese Darstellung nenne ich die **lange Kette der Verantwortlichkeiten**.[10] An ihr entlang und um sie herum entwickeln sich die Themen des Buches. Und mit dieser langen Kette der Verantwortlichkeiten haben Sie nun das dritte Werkzeug in Ihrem Koffer, denn sie zeigt, wo man hingucken muss.

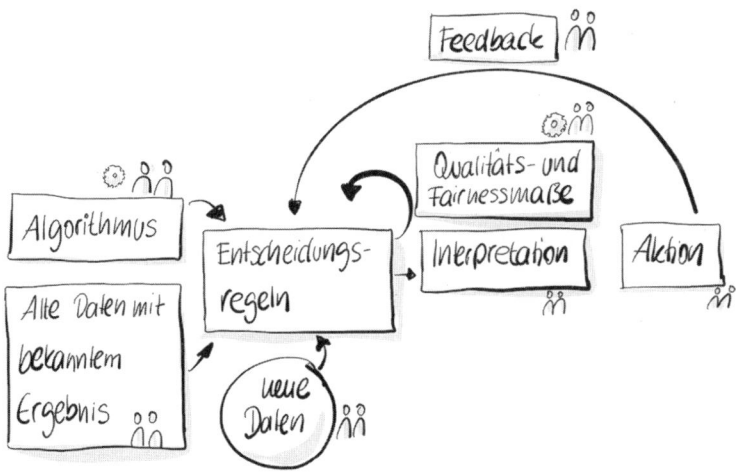

Abbildung 3: Lange Kette der Verantwortlichkeiten. Nur an zwei Stellen ist auch technisches Wissen notwendig – an allen Stellen aber können und sollten Sie sich einmischen. Die einzelnen Schritte des Prozesses und was dabei jeweils schiefgehen kann, werden in den nächsten Kapiteln detailliert erklärt. Ein Zahnrad deutet an, dass bei den an dieser Stelle notwendigen Entscheidungen (auch) technisches Wissen notwendig ist. Die beiden Personen deuten an, dass an diesen Stellen gesunder Menschenverstand ausreicht und gesellschaftlicher Diskurs notwendig ist.

Wie stark man nun eine Maschine, die Entscheidungen berechnet, überwachen sollte, hängt im Wesentlichen davon ab, wieviel Schaden sie verursacht und, wie gut man sich dagegen wehren kann. Dazu biete ich Ihnen als viertes Werkzeug eine **Messung der Regulierungsnotwendigkeit** an, die mit verschiedenen Kontrollmaßnahmen verknüpft ist. Dieses Werkzeug erläutere ich an ein paar Beispielen, nachdem ich Ihnen den Maschinenraum gezeigt habe.

So, mit diesen Instrumenten ist der Werkzeugkoffer komplett, und sobald Sie deren Anwendung näher kennengelernt haben, können Sie mit diesen Instrumenten bestimmen, wo sich Ihr Einsatz lohnt.

Ich starte meine Führung durch den Maschinenraum der künstlichen Intelligenz mit einem Ausflug in die Labore der Naturwissenschaften. Denn das Ziel von künstlicher Intelligenz ist es, kognitive Fähigkeiten nachzubilden. Dazu gehört insbesondere, aus Beobachtungen Schlüsse über die Welt zu ziehen, also aus Daten Erkenntnisse zu gewinnen. Und das ist natürlich die große Domäne der Naturwissenschaften – wir machen das seit Jahrhunderten mit großem Erfolg.

Und auf der einen Seite machen Computer das so ähnlich, wie wir Menschen das tun, auf der anderen Seite ist es radikal anders. Um das besser zu verstehen, lade ich Sie ein, mir dorthin zu folgen, wo ich zum ersten Mal eine Erkenntnis zur Wissenschaftswelt beigetragen habe.

KAPITEL 2

Die Faktenfabriken der Naturwissenschaften

Es ist ein heißer Tag im Labor. Wer zur Tür reinschaut, sieht mich im weißen Kittel hinter aufgestapelten Petrischalen mit gebeugtem Rücken sitzen, während ich Zahlen vor mich hinmurmele: »1 001, 1 002, 1 003, ...« Ich zähle kleine glänzende Punkte auf einer Nährplatte, die mir anzeigen, dass sich hier eine Hefezelle so oft geteilt hat, dass ihre Nachkommen einen mit bloßem Auge sichtbaren Zellhaufen erzeugen. »1 004, 1 005, 1 006 ...« Wer hätte gedacht, dass es so eintönig sein könnte, eine wichtige biologische Entdeckung im Rahmen der Krebsforschung mit Fakten zu unterlegen? Irgendwie hatte ich mir das aufregender vorgestellt, als ich mit dem Biochemiestudium begonnen hatte!

Die Frage, die wir damals klären wollten, war, ob Hefezellen eine vereinfachte Variante eines Prozesses nutzen, der wichtig ist, um die Entstehung von Krebs zu verstehen: die sogenannte Apoptose (programmierter Zelltod). Eine Zelle, die nicht mehr richtig arbeitet, kann sich mithilfe dieses Prozesses sozusagen selbst auflösen und in handlich verschnürten Säckchen selbst zur Abholung durch die Körperabwehrzellen bereitstellen. Sie ist damit ein sehr wichtiger Prozess bei multizellulären Organismen. Er vermeidet Wucherungen wie Krebs, weil die beschädigte Zelle stirbt, anstatt sich ungebremst zu verbreiten.

Umso wichtiger ist es, diesen Prozess zu verstehen – und Hefezellen haben viele Eigenschaften, die dessen Erforschung erleichtern.

Nun sind Hefezellen aber Einzeller und können damit gar keinen Krebs entwickeln. Warum also sollten Hefezellen einen solchen Prozess durchlaufen können? Was könnte der Vorteil sein, wenn auch ein Einzeller das kann? Das waren die Fragen, die ich in meiner Diplomarbeit klären sollte.

Die Überlegung war die Folgende: Eine Zelle, die einfach so stirbt, ohne sich selbst nett zu verpacken, bricht unkontrolliert auf. Dabei geraten Enzyme und andere Stoffe in die Körperumwelt, die umliegende Zellen schädigen können. Ein erster Vorteil des »Verpackens« besteht also darin, dass die Enzyme nicht einfach die Nachbarzelle anknabbern. Ich sollte nun prüfen, ob es noch einen zweiten Vorteil geben könnte, nämlich ob die kleinen Müllsäckchen einer apoptotischen Zelle vielleicht als Nahrung für andere Hefezellen dienen könnten. Da Hefezellen normalerweise direkt neben ihren eigenen Nachkommen leben, könnten apoptotische Zellen sich also quasi für ihre eigenen Enkel und Urenkel recyceln. Das würde erklären, warum man eine Vorstufe des Prozesses schon bei Einzellern findet.

Um eine solche wissenschaftliche Hypothese zu testen, braucht man ein Experiment, in dem man die Überlebensfähigkeit unter verschiedenen Bedingungen misst. Ich ließ daher Hefezellen sich so lange vermehren, bis sie anfingen zu sterben.[11] Danach dampfte ich die Flüssigkeit ein, in der ihre Überreste schwammen und gab das entstandene Konzentrat zu einer neuen Hefezellenkultur dazu – eine Hefekultur ist dabei einfach eine Flüssigkeit, in der wenige Hefen erst einmal ungestört wachsen können.

Um die Hypothese zu testen, bekam ein Teil der Kulturen das Konzentrat und der andere nicht – das war die sogenannte Kontrollgruppe. Wir wollten wissen, ob die Hefezellen mit dem Konzentrat sich besser vermehrten als die ohne. Dazu wurden dann zu einem bestimmten Zeitpunkt aus den Kulturen kleine Mengen abgenommen und auf Nährplatten ausgestrichen. Lässt man diese dann wachsen, bilden sich die kleinen Zellhaufen, die sogenannten Kolonien von Hefezellen. Und diese zählte ich.

Aber der Vergleich zwischen Kontrollgruppe und gefütterter Kolonie ist ja nicht ganz fair: Denn wenn jemand keine Nahrung bekommt, und ein anderer bekommt etwas zu essen, ist es sowieso wahrscheinlich, dass der Gefütterte sich besser vermehrt. Daher hatten wir noch eine dritte Gruppe: Diese bekam auch ein Konzentrat, das auf exakt dieselbe Art hergestellt und in exakt der gleichen Menge verabreicht wurde, aber von jungen Zellen kam – einer Kolonie mitten im Wachstum, garantiert ohne Apoptose.

Ich musste dann zählen, welche der drei Gruppen mehr Nachkommen produzierte: die, die Zusatznahrung erhielten von den Hungernden, die von den jüngeren, oder die ohne? Und so saß ich da und zählte und zählte und zählte. Heraus bekam ich drei sogenannte Verteilungen. Eine Verteilung beschreibt, wie sich eine Eigenschaft auf eine ganze Gruppe verteilt: Die Vermögensverteilung gibt beispielsweise an, wie viele Personen Millionäre sind und wie viele unter der Armutsgrenze liegen. Meine Überlebensverteilungen gaben jeweils an, bei welchen Tests mindestens 100 Kolonien oder mindestens 300 Kolonien gezählt wurden. Meine drei Verteilungen beschrieben jeweils die Anzahl von Kolonien in den drei Situationen: ohne Futter, gefüttert mit Konzentraten von jüngeren Zellen und gefüttert mit Konzentraten von sterbenden Kolonien. Was wir fanden, war erstaunlich: Natürlich schnitten die beiden »gefütterten« Kulturen besser ab als die nicht gefütterte. Tatsächlich waren aber die Hefekulturen, die das Konzentrat der hungernden Großmütterzellen bekommen hatten, deutlich fitter als diejenigen, die das Konzentrat der wachsenden Zellen bekommen hatten. Im Vergleich zur ungefütterten Kontrollgruppe überlebten bis zu achtmal mehr Zellen. Mit dem Konzentrat der Jüngeren waren es nur etwa dreimal so viele.

Wir hatten jetzt also Daten vorliegen und sollten entscheiden, ob man aus diesem beobachteten Unterschied in der Überlebensfähigkeit nun direkt ableiten könnte, dass das Oma-Konzentrat hilft. Es wäre natürlich ideal gewesen, wenn auf den Nährplatten ohne Futter gar nix gewachsen wäre, auf denen mit Jungspund-Konzentrat wenig, und auf denen mit Oma-Konzentrat extrem viel. Aber so klar voneinander abweichend, dass man die Unterschiede sofort und zweifelsfrei erkennt, ist die Welt meistens nicht. Ich hatte natürlich

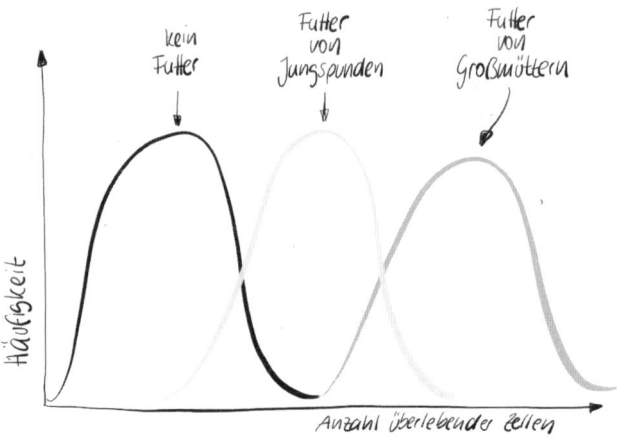

jeweils mehrere Nährplatten von den beiden gefütterten Kulturen angelegt, um die Kolonien zu zählen. Die meisten Nährplatten mit dem Jungspund-Konzentrat zeigten weniger als tausend Kolonien, die meisten der »Oma-Gefütterten« deutlich mehr. Aber es gab eben auch bei beiden ein paar Platten mit jeweils um die tausend Kolonien. Mit anderen Worten: Die Verteilungen überlappten sich, wobei auf den Oma-Platten **im Durchschnitt** deutlich mehr gewachsen war als bei den Jungspunden – das zeigt die obige Abbildung schematisch. Aber war die Abweichung zwischen den Durchschnitten groß genug? War sie »statistisch signifikant«?

Die Verfahren, die dies berechnen, machen es genau andersherum. Sie stellen sich dazu die Frage, ob es auch einfach aus Zufall hätte passieren können, dass die Oma-Platten besser abschneiden. Denn auch wenn sie zweimal aus exakt derselben Hefekultur schöpfen: Rein statistisch gesehen wird sich die Anzahl der lebensfähigen Zellen unterscheiden. Genauso wie wenn Sie hundert Mal mit einem Würfel würfeln und dann noch einmal hundert Würfe machen: Bei einem der beiden Versuche werden Sie mit großer Wahrscheinlichkeit zum Beispiel mehr Sechsen gewürfelt haben als beim anderen. Aber glücklicherweise wissen die Statistiker, wie groß ein solcher Unterschied normalerweise ist: Beim Würfeln ist es recht wahrscheinlich, dass dieser Unterschied klein ist und sehr unwahrscheinlich, dass er groß ist.

Genauso bei der Hefe: Wenn wir nun jeweils eine Probe aus zwei verschiedenen Hefekulturen entnehmen, vergleicht ein Statistiker den **beobachteten** Unterschied mit dem **erwarteten** Unterschied (also dem, der bei zwei Proben aus **derselben** Kultur zu erwarten ist). Wenn der beobachtete Unterschied mit dem erwarteten vergleichbar ist, nennt der Statistiker diesen Unterschied **nicht signifikant**, nicht aussagekräftig. Er ist also nur so groß, wie man es eben erwarten kann, wenn man einfach zufällig aus derselben Kultur schöpft. Je größer der Unterschied ist, desto eher bestätigt das die Hypothese, dass die eine Kultur tatsächlich mehr lebensfähige Zellen enthielt als die andere.

In meinem Biochemie-Studium gab es aber leider weder einen Kurs in Wissenschaftstheorie noch eine Anleitung zur statistisch korrekten Auswertung von biochemischen Daten – warum auch!?[12] Und nicht alle von uns waren der Mathematik herzlich zugetan. Ich hatte Mathe zwar immer gemocht, aber ohne Vorkenntnisse mangelte es auch mir am nötigen Wissen, um wissenschaftlich korrekt nachzuweisen, dass es meinen Kulturen mit dem Konzentrat der Älteren tatsächlich statistisch signifikant besser ging als denen mit dem Extrakt der Jüngeren.

Ich stürzte ich mich auf die Literatur und vergrub mich in Statistik-Bücher. Aber nirgendwo gab es ein Kochrezept, das mir zweifelsfrei erlaubte, zu entscheiden, welche Methode jetzt die richtige sei. Es gab zum Beispiel Methoden für sogenannte Normalverteilungen und für andere Verteilungen – aber wie könnte ich unterscheiden zwischen dem einen und dem anderen? Schlussendlich entschied ich mich für eine der einfachsten Methoden. Mit diesem Wissen war ich als Einäugige unter den weiterhin Blinden die Königin. Und diese Methode wandten wir danach auf alles an, was sich nicht schnell genug wegduckte – immer in der Hoffnung, auch alles richtig zu machen.

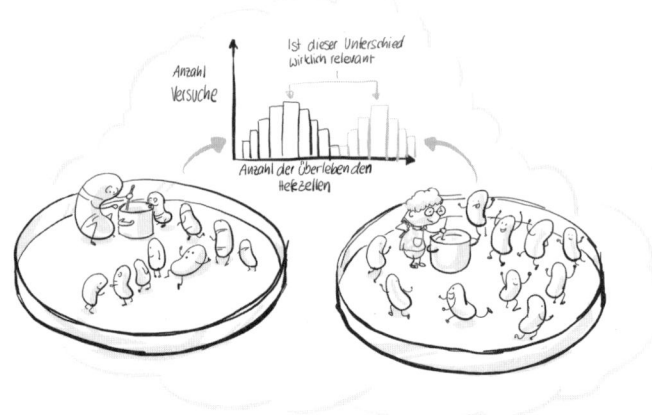

Statistischer Test misst die Bedeutung des Resultats
(statistischer Signifikanztest)

Abbildung 4: Ein statistischer Signifikanztest bewertet, ob zwei beobachtete Verteilungen, zum Beispiel die Anzahl lebensfähiger Zellen zweier Hefekulturen, sich auffällig voneinander unterscheiden oder nicht.

Für meine Diplomarbeit ergab sich, dass die Zellen mit dem Großmutter-Extrakt eine deutlich höhere Überlebenschance hatten. Eine solche »höhere Chance« auf etwas ist aber noch keine Gewissheit. Und schon gar nicht kann daraus direkt ein kausaler Zusammenhang abgeleitet werden. Es ist nur eine **Korrelation**, also ein oft beobachtetes Zusammentreffen von zwei Eigenschaften oder Verhaltensweisen. Die Beobachtung trug aber zur Hypothesenbildung bei, dass es hier einen kausalen Zusammenhang geben **könnte**.

Es war einfach ein kleines Puzzlesteinchen im großen Rätsel, das ich in neun Monaten beitragen konnte.

Und hier erklärt sich auch, warum wir auf dem Weg in den Maschinenraum der Algorithmen diesen Umweg über ein naturwissenschaftliches Labor gemacht haben. Denn die Algorithmen, um die es in diesem Buch geht, die würden es jetzt bei einem solchen Befund belassen: Eine Korrelation wird von ihnen nicht mehr direkt auf Kausalität getestet. Wenn die Maschine zwei Dinge entdeckt, die oft genug miteinander auftreten, wird dies in eine Regel gegossen: »Wenn du das erste Ding siehst, erwarte auch das zweite Ding!« In diesem Fall würde die Regel also lauten: »Oma-gefütterte Zellen überleben immer besser.«

Glücklicherweise kann man in der Biologie das Vertrauen in ein Ergebnis dadurch erhärten, dass viele ähnliche Experimente gemacht werden und weitere Analysemethoden und Experimente hinzugezogen werden. Das hat mein Diplomarbeitsbetreuer Frank Madeo mit den vielen folgenden Doktorand:innen auch getan, und heute gilt es als sicher, dass die einzelligen Hefezellen »gute Gründe für eine Apoptose haben«,[13] wie Frank und seine Mitautoren es formulierten. Für mich war es dagegen das letzte Mal, dass ich im Labor stand – mich zog es zur Informatik.

Von der Datenproduzentin zur Datenanalystin

Die Freude an der Suche nach den besten Methoden, um Daten auszuwerten, hat mich seit diesem Zeitpunkt nie wieder verlassen. Die Frage, wann man welche Methode eigentlich verwenden darf, damit man die Resultate noch sinnvoll interpretieren kann, allerdings auch nicht. Im Deutschen gibt es dafür keinen guten Begriff, im Englischen wird eine solche kritische Methodenkenntnis als *Literacy*[14] bezeichnet. Das Wort fasst eine ganze Menge zusammen: die Kenntnis der Fakten; eine kritische Auswahl der Fakten, um ein Problem zu lösen, und schließlich die Problemlösefähigkeit selbst. Genau diese Fähigkeiten benötigt man auch im Bereich der künstlichen Intelligenz, denn auch hier ist es keineswegs eindeutig, wann welche Methode die besten Schlüsse aus den Daten zulässt.

Was ich damals auf jeden Fall mit Freuden hinter mir ließ, war die Arbeit im Labor. Die Datengewinnung dort war äußerst mühsam und der Teil, der mir mehr Freude machte, aber immer zu kurz kam, war die Datenanalyse. Es kam mir wahnsinnig frustrierend vor, wie viele einzelne Experimente und Beobachtungen in die Herstellung einer einzelnen Kausalkette fließen. Als **Kausalkette** bezeichne ich dabei eine Aneinanderreihung von Fakten, die erklären, **wieso** es zu einer bestimmten Beobachtung kommt. Das maschinelle Lernen verspricht nun genau dies: dass die reine **Korrelation** von Daten mit beobachtetem Verhalten ausreichend sein könnte, um Entscheidungen über neue Daten zu fällen.

Das ist allerdings eine zu kurz gesprungene Annahme. Tyler Vigen hat auf seiner Webseite » zweifelhafte Korrelationen «[15] und in seinem Buch mit dem englischen Titel » Spurious Correlations «[16] auf dieses Problem sehr eindrucksvoll aufmerksam gemacht[17]: Auf der Website finden sich eine Reihe von öffentlichen Daten der Regierung. Man kann sich nun eine beliebige Eigenschaft auswählen, zum Beispiel die » Anzahl der Scheidungen im Bundesstaat Alabama « und sich ansehen, wie sich die Anzahl der Ehescheidungen über die Jahre verändert. Dann kann man eine zweite Datenreihe damit vergleichen: Wenn diese sich gleichartig verhält – also beide Werte gemeinsam ansteigen und sinken –, spricht man von einer hohen **Korrelation**. Wie hoch die Korrelation ist, kann mithilfe von mathematischen Formeln gemessen werden. Hat man sich für eine Datenreihe auf Tyler Vigens Webseite entschieden, werden alle anderen verfügbaren Daten nach ihrer Korrelation mit der ausgewählten Eigenschaft sortiert. Und siehe da, der » Anteil von Frauen mit einem Abschluss in den Ingenieurswissenschaften « korreliert stark mit der Scheidungsrate in Alabama![18] Die Abbildung zeigt den zeitlichen Verlauf der Scheidungsrate und des Anteils an Ingenieurinnen. Per Auge ist direkt sichtbar, wie stark die Kurven einander folgen: Sie sinken und steigen nahezu synchron – hier ist die » Korrelation « sichtbar hoch.

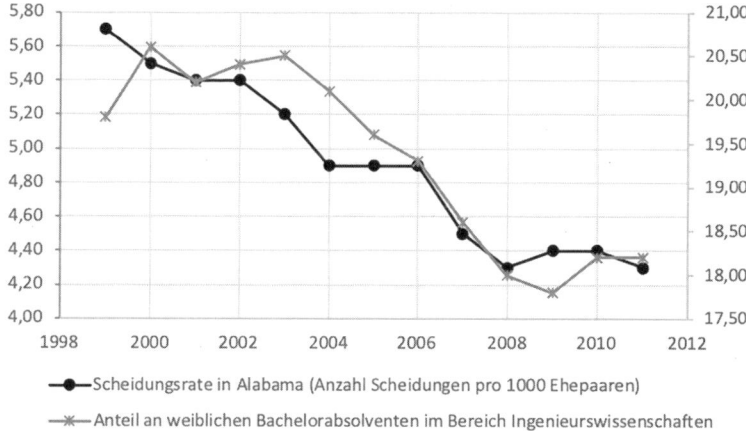

5,80							21,00
5,60							20,50
5,40							
5,20							20,00
5,00							19,50
4,80							19,00
4,60							18,50
4,40							
4,20							18,00
4,00							17,50

1998   2000   2002   2004   2006   2008   2010   2012

—●—Scheidungsrate in Alabama (Anzahl Scheidungen pro 1000 Ehepaaren)

—✱—Anteil an weiblichen Bachelorabsolventen im Bereich Ingenieurswissenschaften

Abbildung 5: Zeitliche Verläufe der Scheidungsrate in Alabama und der Anteil von Ingenieurinnen des jeweiligen Jahrgangs. Die beiden Kurven zeigen eine starke Korrelation, d. h., sie sinken und steigen nahezu synchron mit nur kleinen Abweichungen.[19]

Klares Anzeichen dafür, dass Frauen in Männerberufen Ehen zerstören? Oder dafür, dass verlassene Frauen danach ein Ingenieursstudium erfolgreich abschließen?

Nein und Nein. Es handelt sich einfach um eine statistisch auftretende, **zufällige** Korrelation – so, wie wir auch bei den Hefezellen erwarten, dass selbst zwei Proben aus derselben Kultur unterschiedliche Überlebensraten aufweisen können. Ohne eine Überprüfung möglicher kausaler Zusammenhänge darf diese Korrelation also weder zur Vorhersage der Scheidungsrate basierend auf der Abschlussrate von Frauen in den Ingenieurswissenschaften noch umgekehrt (!) genutzt werden. Übrigens korreliert die ebenfalls auf der Webseite verzeichnete »Anzahl von Anwälten« noch stärker mit der Scheidungsrate in Alabama, als es der Anteil der Abschlüsse von Frauen in den Ingenieurswissenschaften tut. Die oben stehende Abbildung zeigt die beiden Kurven.

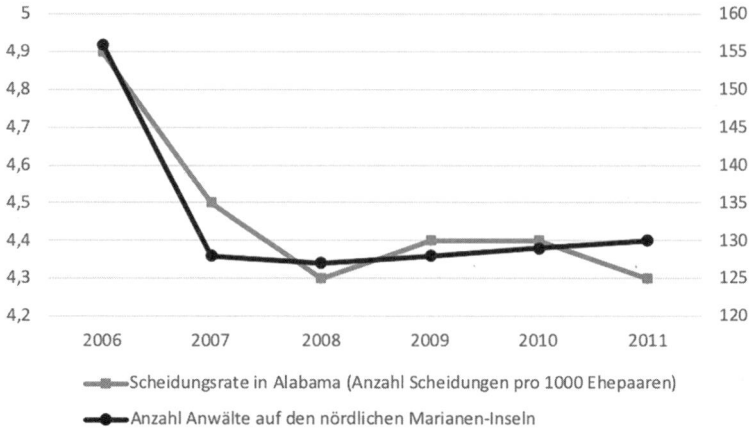

Scheidungsrate in Alabama (Anzahl Scheidungen pro 1000 Ehepaaren)
Anzahl Anwälte auf den nördlichen Marianen-Inseln

Abbildung 6: Zeitliche Verläufe der Scheidungsrate in Alabama und der Anzahl an Anwälten – auf den nördlichen Marianen. Die beiden Kurven zeigen eine noch stärkere Korrelation miteinander als die beiden oben gezeigten, d. h., die beiden Kurven schmiegen sich noch stärker aneinander an.[20]

Und ich höre Sie denken, liebe Leserinnen und Leser: »Aber das könnte doch kausal sein, oder? Mehr Anwälte, die ihre Dienste anbieten, und – schwupps – lässt man sich halt mal scheiden!« Aber diese Anzahl von Anwälten betrifft die nördlichen Marianen-Inseln, ein US-amerikanisches Außengebiet – mehr als einen Tag Flugreise von Alabama entfernt. Also wohl kaum eine heiße Fährte für eine Kausalkette.

Und daher gibt es wissenschaftstheoretisch auch kein Entrinnen: **Eine reine Hypothese, die nicht getestet wurde, gilt nicht als Fakt.** Erst mehrere überprüfte Hypothesen, die in Experimenten **nicht** widerlegt werden konnten, werden in einer Theorie zusammengefasst – und erst dann, wenn diese Theorie zu Vorhersagen führt, die sich in kontrollierten und wiederholbaren Experimenten oder in der freien Natur als korrekt erweisen und dies mehrfach, beginnen wir, von einem **Fakt** zu sprechen. Das ist die wissenschaftliche

Abbildung 7: Bis die Wissenschaft von einem Fakt spricht, sind eine Menge Experimente ins Land gegangen. Algorithmen des maschinellen Lernens springen dagegen direkt von der Hypothese zur Vorhersage, als wäre die Hypothese ein Fakt.

Methode (siehe obige Abbildung). Und Verwenderinnen und Verwender von Algorithmen des maschinellen Lernens ignorieren diese wissenschaftliche Methode, wenn sie deren Resultate direkt als Vorhersage zukünftigen Verhaltens nutzen. Ich werde später im Buch darauf zurückkommen, wann es eben nicht ausreichend ist, sich auf die derart gefundenen Korrelationen zu verlassen, statt Fakten zu erarbeiten.

Ich jedenfalls hatte Licht am Ende des Tunnels gesehen: Anstatt Daten zu gewinnen, wollte ich lieber daran arbeiten, die Methoden zu ihrer Analyse besser zu verstehen oder diese gar selbst zu entwickeln. Das Studium der Bioinformatik lag damals schon zur Hälfte hinter mir, und ich hatte mich schockverliebt in die theoretische

Informatik, die für diese Analyse die Grundlagen bereitet. Ich erinnere mich noch, wie ich in einer der ersten Vorlesungen zum Thema »Informatik III – theoretische Grundlagen« saß. Vielleicht referierte Professor Lange gerade über die Umwandlung von nicht-deterministischen endlichen Automaten in deterministische endliche Automaten oder etwas ähnlich Abstraktes. Es ging nicht vielen meiner Kommilitoninnen und Kommilitonen so, aber ich fand die Themen großartig. Die theoretische Informatik stellt die philosophischen Fragen der Informatik, inspiriert vom großen Mathematiker und Informatiker Alan Turing: Was heißt eigentlich »Berechenbarkeit«? Gibt es Probleme, deren Lösung nur Computer berechnen können, oder Fragen, die nur Menschen beantworten können? Gibt es Fragen, die weder Mensch noch Maschine nach einem allgemeinen Schema lösen können?

Tatsächlich haben die ersten Informatikerinnen und Informatiker auf diese geradezu ätherischen Fragen eine Antwort finden können, die überraschend ist: **Im Wesentlichen können Mensch und Computer – nach allem, was wir bisher wissen – genau dieselben Fragen beantworten. Sie können genau dieselben Probleme lösen und scheitern an denselben Fragen.**

Das ist die sogenannte Church-Turing-Hypothese.[21] So können Mensch und Maschine beispielsweise berechnen, welche Zahl die Wurzel aus 1 000 000 ist. Sie können beide den kürzesten Weg von A nach B berechnen oder eine Menge von Büchern nach den Nach- und Vornamen ihrer Autorinnen und Autoren sortieren. Hingegen kann keiner von beiden eine allgemeine Herangehensweise finden, um für einen beliebigen Softwarecode herauszufinden, ob der sich jemals in eine Endlosschleife begibt. Das ist ziemlich schade, denn

Church-Turing-Hypothese

so mancher Computerabsturz könnte damit verhindert werden, wenn es so etwas gäbe. Aber hier liegen eben die Grenzen der Berechenbarkeit.

Diese Vorlesung brachte etwas in mir zum Klingen. Ich dachte: »Für das Lösen solcher philosophischen und mathematischen Rätsel werden Menschen bezahlt? Das will ich auch!« Ganz besonders fasziniert hat mich dabei die Arbeit der Algorithmendesigner. Das Finden von Mustern in Daten, ihre Auswertung und Bewertung, das war genau das Puzzlesteinchen, das meine verschiedenen Leidenschaften zusammenbrachte: Die Freude an den Naturwissenschaften und die Suche nach einer Antwort auf die Frage, was bestimmte Beobachtungen für unser Leben und unsere Gesellschaft bedeuten.

Aber stimmt die Church-Turing-Hypothese wirklich? Haben wir nicht alle das Gefühl, dass Computer deutlich besser darin sind, etwas zu berechnen, und Menschen andauernd Fehler machen? Selten bekommen wir zweimal dasselbe heraus, wenn wir nur eine kleine Handvoll Zahlen zusammenrechnen sollen. Menschen treffen subjektive statt objektiver Entscheidungen und sehen oft den Wald vor lauter Bäumen nicht. Glücklicherweise ist das Rechnen für den Computer keine Schwierigkeit: Myriaden von Zahlen zusammenzurechnen, Statistiken zu erstellen oder nach Mustern in großen Datenmengen zu suchen – all das ist für den Computer völlig unproblematisch. Er wird sich nicht vertun und bei derselben Eingabe immer wieder auf dasselbe Ergebnis kommen. Denn die Art und Weise, wie er ein Ergebnis berechnet, wird ihm von einem Algorithmus vorgegeben (dazu mehr im nächsten Kapitel). Der Algorithmus beschreibt dabei in großem Detail, wie man von einer Eingabe zum gewünschten Ergebnis kommt. Da gibt es keine Hormonschwankungen, keinen schlechten Tag, keine plötzlich auftretenden Vorurteile – es sind im besten Sinne des Wortes »entseelte Entscheidungen«.

Auf der anderen Seite scheint es dem Computer auch genau an dieser Seele zu mangeln, wenn es um zutiefst menschliche Empfindungen und Entscheidungen geht. Zum Beispiel, wenn wir ein

Gedicht in Auftrag geben oder ein Kunstwerk erstellen lassen wollten, ist es schwer vorstellbar, dass ein Computer diese Dinge so herstellen könnte, dass sie uns als Menschen gefallen würden. Oder wenn es um die Frage nach Gerechtigkeit und Fairness geht, beispielsweise vor Gericht. Um die Erziehung unserer Kinder oder die Betreuung von Alten und Kranken. Muss der Computer hier nicht scheitern, wenn ihm die »Seele« fehlt?

Doch nun scheint es, als sei eine ganz neue Form von Algorithmen in die Welt gekommen, die uns auch in diesen Dingen überholen: Es geht um die Algorithmen des sogenannten **maschinellen Lernens**, die die Grundlage für KI bilden. Mit ihrer Hilfe können plötzlich Texte übersetzt werden, an denen andere Ansätze jahrzehntelang gescheitert sind – der Babelfisch aus Douglas Adams »Per Anhalter durch die Galaxis« ist scheinbar in greifbare Nähe gerückt. Maschinelles Lernen kann schneller und mit weniger Fehlern die wichtigsten Objekte in einem Foto identifizieren und besser gesprochenes Wort in Text umwandeln als Menschen. Die KI schreibt sogar Gedichte und malt Bilder, die von Menschen als ästhetisch wahrgenommen werden.

Warum bei dieser Erfolgsstory der künstlichen Intelligenz der Ausflug in die Naturwissenschaften? Weil das Finden von Fakten, so wie wir es jahrhundertelang zwar sehr langsam, aber mit großem Erfolg betrieben haben, durch das maschinelle Lernen – eine der wichtigsten Komponenten der künstlichen Intelligenz – völlig auf den Kopf gestellt wird. Statt den Grund zu suchen (die **Kausalkette**), identifiziert man Verhaltensweisen oder Eigenschaften, die oft gemeinsam mit einem wichtigen Event vorhanden sind (**korrelieren**), wie beispielsweise die Frage nach dem Alter bei einem Autounfall oder nach persönlichen Eigenschaften, die oft mit der Rückfälligkeit einer kriminellen Person einhergehen. Im Gegensatz zum klassischen Algorithmendesign, wo die Modellbildung (Definition des mathematischen Problems) **vor** dem Entwurf und Einsatz des Algorithmus liegt, baut jetzt der Algorithmus **aus den Daten das Modell der Welt**. Auch dazu später mehr.

Diese automatisch gefundenen Korrelationen werden in den Fällen, die ich Ihnen im Folgenden vorstelle, oft nur sehr wenig überprüft und niemals auf Kausalzusammenhänge untersucht. Und trotzdem werden sie dazu verwendet, Menschen in Risikoklassen zu stecken. Hier kommt es oft zu Fehlern – wie ich im Folgenden an Beispielen zeigen werde. Meiner Meinung nach können wir daher die Effizienzgewinne des maschinellen Lernens nur dann sinnvoll einfahren, wenn wir die von den Computern gefundenen Korrelationen danach wie gewohnt auf Kausalitätszusammenhänge im naturwissenschaftlichen Sinne untersuchen.

Mit dieser Vorrede geht es jetzt in den Maschinenraum. Entlang der **langen Kette der Verantwortlichkeiten** beginne ich mit dem **kleinen ABC der Informatik**, von »Algorithmus« über »Big Data« zu »Computerintelligenz«.

TEIL II

Das kleine ABC der Informatik

*Schlägt man eine beliebige Tageszeitung auf, stehen die Chancen
gut, dass in mindestens einem Artikel die Wörter »Algorithmus«,
»Big Data« oder »künstliche Intelligenz« vorkommen. Oft ist vom
»Algorithmen-TÜV« die Rede oder von der »Macht der Algorithmen«.
Aber was genau steckt dahinter? Welche Verbindungen haben diese
Begriffe zueinander und wie verhalten sich andere dazu, zum Beispiel
»Digitalisierung«? Um das zu klären, kommt hier ein kleines ABC
der Informatik, natürlich beginnend mit: A wie Algorithmus.*

KAPITEL 3

Algorithmen: Handlungsanweisungen für Computer

Der Begriff »Algorithmus« ist inzwischen zwar gängiger als noch vor ein paar Jahren, aber für viele immer noch ungewohnt. Ich habe sogar hochrangige Führungskräfte schon von »**A-logo**rithmen« sprechen hören. Ob hinter diesem Lapsus wohl die Hoffnung auf eine Herleitung des Begriffs aus dem Altgriechischen steckt? Wobei sich Algorithmen ja logisch verhalten und nicht un-logisch. Da kommt's also nicht her.

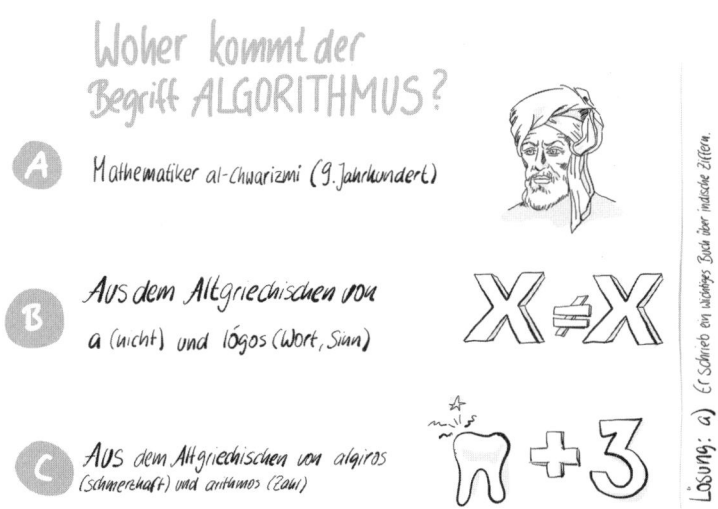

Woher kommt der Begriff ALGORITHMUS?

A Mathematiker al-Chwarizmi (9. Jahrhundert)

B Aus dem Altgriechischen von a (nicht) und lógos (Wort, Sinn)

C Aus dem Altgriechischen von algiros (schmerzhaft) und arithmos (Zahl)

Lösung: a) Er schrieb ein wichtiges Buch über indische Ziffern.

49

Donald E. Knuth, der berühmteste Algorithmiker der Welt, berichtet in seinem Buch »The Art of Computer Programming«, dass frühe Linguisten den Begriff tatsächlich aus dem Griechischen herleiteten, und zwar aus *álgiros* (schmerzhaft) und *arithmós* (Zahl). Auch diese Herleitung sagt wohl mehr über die Linguisten und ihre Haltung gegenüber den furchterregenden Algorithmen aus, als über den wirklichen Ursprung des Begriffs. Das Wort »Algorithmus« ist tatsächlich deswegen so schwer merkbar, weil es sich von dem Namen eines persischen Mathematikers namens Al-Chwarizmi ableitet, der im 9. Jahrhundert ein mathematisches Lehrbuch verfasste. Als dieses drei Jahrhunderte später ins Lateinische übersetzt wurde, passte man den Namen des Verfassers kurzerhand an die vermeintliche Wurzel aus dem Lateinischen oder Altgriechischen an. Es besteht daher Verwechslungsgefahr mit dem Logarithmus[22] und mit Rhythmus, die aber etymologisch nicht mit dem Begriff »Algorithmus« verwandt sind.

Und was ist das nun, ein Algorithmus? Viele sind etwas enttäuscht, wenn sie hören, dass Algorithmen nichts weiter als festgelegte **Handlungsanweisungen** sind, um klar definierte mathematische Probleme zu lösen. Das mathematische Problem legt dabei fest, welche Informationen der Problemlöser kennt und welche Eigenschaften ein Resultat haben muss, um als Lösung des Problems zu gelten. Das Problem definiert also die Beziehung zwischen Input (eingegebene Informationen) und Output (gewünschte Lösung). Daher sprechen wir in der Informatik auch immer davon, was »gegeben« ist (welche Information vorliegt) und was »gesucht« ist. Und hier ein Beispiel, damit das nicht so abstrakt bleibt: Das Navigationsgerät löst das »kürzeste-Wege-Problem«: Gegeben[23] eine Straßenkarte, Start- und Zielpunkt, sucht es diejenige Route, deren Länge am kürzesten ist.

Ein Algorithmus ist dann eine detaillierte Handlungsanweisung dafür, wie man die gewünschte Lösung tatsächlich findet, wenn alle dafür nötigen Informationen bekannt sind. Im Wesentlichen ist ein Algorithmus also das, was wir jedem Neuling in unserem Beruf erklären, der zum allerersten Mal eine für den Beruf typische Aufgabe alleine lösen soll. Um wirklich als Algorithmus zu gelten, muss die Handlungsanweisung allerdings so klar sein, dass sie in eine Programmiersprache übersetzt werden kann. Diesen Schritt nennt man **Implementierung.**

Mathematische Rätsel sehen oft auch ein bisschen aus wie ein mathematisches Problem, zum Beispiel dieses hier: »Welche vier Zahlen ergeben in der Summe 45 und gleichzeitig genau dieselbe Zahl, wenn man zur ersten Zahl 2 addiert, von der zweiten 2 abzieht, die dritte durch 2 teilt und die vierte mit 2 multipliziert?«

Die »Eingabe« ist also die 45, und an die Lösung, nämlich die vier Zahlen, werden bestimmte Anforderungen gestellt.[24]

Wie kommt man jetzt zur Lösung? Durch ein paar kleine Überlegungen kann man erst die Kandidaten eingrenzen und dann durchprobieren: Man stellt zuerst fest, dass der Unterschied zwischen den beiden ersten Zahlen 4 sein muss, da ja die Addition von 2 zur kleineren dieselbe Zahl ergeben muss wie das Abziehen von 2 von der größeren. Daraus folgt auch, dass entweder beide Zahlen gerade oder beide ungerade sein müssen. Für die anderen beiden Zahlen muss gelten, dass das Vierfache der kleineren Zahl die größere ergibt – da das Zweifache der vierten Zahl dieselbe Zahl wie die Hälfte der dritten Zahl ist. Das Vierfache einer Zahl ist immer gerade – damit die Summe aller vier Zahlen ungerade sein kann, muss also die vierte Zahl notwendigerweise ungerade sein. Sie könnte also 1, 3, 5, 7, ... sein, die anderen Zahlen ergeben sich zwangsläufig, wenn diese Zahl gesetzt ist. Wenn die vierte Zahl 1 ist, dann ist die dritte Zahl 4, die erste und zweite sind 0 und 4. Damit ist aber die Summe 9. Durch solches **Herumprobieren** finden wir heraus, dass die vierte Zahl 5 sein muss: Dann ist die dritte Zahl 20, die erste ist 8, und die zweite ist 12, in der Summe also 45.

Nun, »Herumprobieren« ist kein Algorithmus – es ist eine sogenannte **Heuristik**. Das kommt vom altgriechischen Wort *heurískein*, das »finden« oder »entdecken« bedeutet. Heuristiken sind Strategien, die wir entwickeln, um Lösungen für ein Problem zu finden. Diese Strategien haben sich bislang bewährt, bieten aber keine Garantie, dass sich damit eine Lösung finden lässt, die alle an sie gestellten Bedingungen erfüllt.

Beim »kürzesten-Wege-Problem« kann man bei Ameisen eine interessante Heuristik finden. Sie gehen erst ziemlich zufällig in der Gegend herum und hinterlassen dabei einen Duftstoff auf dem Boden. Wenn sie dabei über etwas Leckeres stolpern, finden sie mit diesem Duftstoff wieder zurück ins Nest. Je leckerer das Essen ist und je mehr davon da war, desto mehr Duftstoff setzt die Ameise dabei auch auf dem Rückweg ab. Damit können nun auch andere Ameisen das Essen finden – diese verstärken die Duftspur dann weiter. Da sich der Duftstoff in alle Richtungen gleichmäßig verteilt, ist er innerhalb einer Kurve konzentrierter als direkt an ihrem Rand. Das ist so ähnlich wie bei Ihrem Parfüm: Wenn Sie es auf

Brust und Handgelenke sprühen, riecht die Person in der U-Bahn am stärksten, die Ihnen gegenübersteht, und nicht die, die neben Ihnen steht. Daher werden die Ameisen von der Mitte der Kurve etwas mehr angezogen als vom Rand und die ursprünglichen Schleifen des zufälligen Herumwanderns immer stärker abgekürzt. Ganz am Ende entsteht dadurch tatsächlich ein Weg, der relativ kurz, aber nicht notwendigerweise der allerkürzeste ist.

Der Begriff der Heuristik wird Ihnen nachher im Kapitel »Computerintelligenz« wieder begegnen, da die meisten Methoden dort gar keine Algorithmen sind. Spezialwissen, mit dem Sie in jeder Quizsendung punkten können! Es ist aber auch deswegen wichtig, weil nur Algorithmen garantiert die beste Lösung finden – Heuristiken können das nicht versprechen.

Abbildung 8: Ein Algorithmus hat einen Plan, wie die Lösung gefunden werden kann und garantiert, dass es auch eine Lösung ist. Eine Heuristik ist ein Ansatz, der versucht, eine Lösung zu finden.

Solange es nur um einen Einzelfall wie in dem kleinen Zahlenrätsel geht, lohnt es sich aber auch nicht, einen generell gültigen Algorithmus für die Lösung von solchen mathematischen Rätseln zu entwickeln. Erst **allgemeine** mathematische Probleme, die immer wieder auftreten, bekommen unsere Aufmerksamkeit. Beispiele dafür sind die Fragen nach der Wurzel einer beliebigen Zahl oder dem Produkt beliebig vieler Zahlen, aber auch die Frage an eine Datenbank nach allen Käufen, die ein Kunde in einem gegebenen Jahr getätigt hat.

Damit haben wir nun alles zusammen, um den Begriff »Algorithmus« zu klären:

> Ein **Algorithmus** ist eine für jede erfahrene Programmiererin und jeden erfahrenen Programmierer ausreichend detaillierte und systematische Handlungsanweisung für die Lösung eines mathematischen Problems, sodass bei korrekter Implementierung (Übersetzung in Code) der Computer für jede korrekte Inputmenge den korrekten Output berechnet.

Als Informatiker fügen wir noch gerne hinzu, dass der Algorithmus bitte auch in »endlicher Zeit« seine Lösung berechnet haben soll. Es erscheint doch wenig zweckmäßig, wenn wir bis zum Ende des Universums auf unser Ergebnis warten müssten. Aber genug der Vorrede. Wollen Sie jetzt einmal einen sehen, einen Algorithmus? Bitte sehr. Vorhang auf für den »Sortieralgorithmus«!

Das allgegenwärtige Sortierproblem

Eine meiner liebsten Kindheitserinnerungen sind die gemeinsamen Nachmittage mit meinem Vater, an denen ich ihm helfen durfte, seine Werbemarkensammlung zu sortieren. Werbemarken wurden zwischen 1880 und 1940 ähnlich wie heutige Sammelbilder benutzt, um Kunden nach dem Einkauf noch etwas mit nach Hause zu geben, das sie an das von ihnen erworbene Produkt erinnern sollte. Diese Marken hatten keinen Postwert, wurden aber häufig dazu benutzt, einen Brief zu schmücken, oder sie wurden einfach in großen Alben gesammelt. Und diese Alben kaufte mein Vater.

Leider hatten die Vorbesitzer die Marken oft in die Alben geklebt, anstatt sie nur einzulegen. Dementsprechend mussten wir die Marken meistens erst in Bottichen mit Seifenlaugen von ihrem Träger ablösen und sie dann zwischen Löschpapier trocknen, bevor wir sie endlich neu sortieren konnten.

Abbildung 9: Eine Werbemarke vom Beginn des letzten Jahrhunderts

Das Sortieren selbst war mehr so ein interaktiver Prozess, hier am Beispiel der oben gezeigten Marke: »Papa, nach was soll ich die Marke denn jetzt sortieren? Nach dem Produkt ›Sachsenglanz‹ oder der Firma ›W. Stephan‹? Und wenn ich nach der Firma sortieren soll, gilt dann das ›W‹ oder das ›S‹ von ›Stephan‹?«

Die Sortierregeln wurden beständig verfeinert, da jede Marke anders aussah und es durchaus nicht klar war, unter welchem Stichwort mein Vater sie wohl beim nächsten Mal suchen würde! Und so saß ich da, und sortierte Hunderte von Marken erst nach ihrem ersten Buchstaben und dann die Marken von jedem dieser Haufen nach ihrem zweiten Buchstaben und so weiter, bis ich schließlich bei so wenigen Marken angelangt war, dass ich sie wie ein Skatblatt eine nach der anderen in die Hand nehmen konnte und dabei an den korrekten Platz einsortierte.

Auch wenn ich es damals noch nicht wusste, hatte ich doch mit diesem »Algorithmus« das »Sortierproblem« gelöst:

Sortierproblem

Gegeben als Input: Eine Menge von Dingen mit einer Reihe von Eigenschaften und Sortierregeln, die für alle Paare von

Dingen genau festlegen, welches der beiden weiter vorne und welches weiter nach hinten sortiert werden muss.

Gesucht als Lösung: Eine Reihenfolge der Dinge, sodass die, die jeweils genau nebeneinanderstehen, auch das Sortierkriterium erfüllen.

Beim oben genannten Beispiel war die Sortierregel meines Vaters schlussendlich: »Nimm den Firmennamen, wenn einer auf der Marke steht, sonst den Produktnamen. Wenn der Firmenname einen Familiennamen beinhaltet, orientier dich an diesem, ansonsten sortiere alphabetisch, beginnend mit dem ersten Buchstaben des ersten Wortes.«

Und wie kann man ein Sortierproblem ganz allgemein lösen? Da kommen nun viele verschiedene Algorithmen infrage, von denen ich Ihnen nur zwei präsentiere: den Einfüge-Algorithmus und die aufsteigende Sortierung. Den **Einfüge-Algorithmus** kennt jeder, der gerne Karten spielt: Man beginnt mit einer Karte auf der Hand und sortiert jede neu aufgenommene Karte dann in die schon auf der Hand befindlichen korrekt ein. Fertig. Das war's dann schon!

Die Handlungsanweisung für das **aufsteigende Sortieren** ist etwas länger, aber auch nicht komplizierter. Ich bleibe mal bei Spielkarten, auch wenn keine vernünftige Skatspielerin so ihr Blatt aufnehmen würde:

- Legen Sie alle Spielkarten in einer Reihe auf einen langen Tisch und gehen Sie immer wieder von links nach rechts an dem Tisch entlang.
- Wann immer Ihnen zwei Spielkarten auffallen, die nebeneinander liegen, aber falsch herum sortiert sind, vertauschen Sie deren Position.

- Wenn Sie zum ersten Mal einen Durchgang hatten, in dem Sie nichts vertauschen mussten, sind Sie offensichtlich fertig!

Diese einfache »Handlungsanweisung« sorgt nun dafür, dass die Karten am Ende sortiert sind. Und nun die wichtige Verallgemeinerung: Mit beiden Algorithmen können Sie prinzipiell auch Bücher nach der Größe oder den Namen der Autoren sortieren oder die Kinder des Kindergartens Ihres Vertrauens wie die Orgelpfeifen antreten lassen. Die beiden Algorithmen können alles sortieren, wenn man ihnen ein Sortierkriterium dafür angibt.

Damit kennen Sie jetzt zwei unterschiedliche Algorithmen zum Sortieren von Dingen. Es gibt buchstäblich Dutzende von Sortieralgorithmen. Sie alle führen zu **genau derselben Lösung**, aber in unterschiedlicher Zeit. Manche sind gut geeignet für Zahlen, die aus einem relativ kleinen Intervall stammen, andere sind gleichermaßen effizient für alle Typen von Informationen: für Texte oder Zahlen.[25] Wenn Sie gerade sechs Minuten Zeit übrig haben, dann hören Sie sich doch die unterschiedlichen Algorithmen einfach mal an: Timo Bingmann hat das Video »15 Sorting Algorithms in 6 Minutes«[26] produziert, in dem Zahlen audiovisuell durch 15 verschiedene Algorithmen sortiert werden. Für mich sind alle ein Hit, der »Radix-Sort-Algorithmus« klingt aber am interessantesten. Der letzte von Bingmann visualisierte Algorithmus ist übrigens **kein** Algorithmus. »Bogo Sort« würfelt eine Reihenfolge aus und prüft dann, ob diese Reihenfolge zufällig die richtige ist. Das ist zwar eine klare Handlungsanweisung, und statistisch gesehen stoppt der Algorithmus auch irgendwann, aber nicht notwendigerweise. Es wäre also **möglich**, dass er »für immer« läuft, wenn der Zufall es so will. Und damit ist »Bogo Sort« kein Algorithmus. Aber vermutlich trotzdem der Favorit unter vielen Informatiker:innen – den kennt eigentlich jede:r.

Das Besondere an Algorithmen ist also ihre unglaublich große Breite in der Anwendung. Der hier vorgestellte Algorithmus, seine Cousinen und Cousins können **alles** sortieren: Webseiten nach der Relevanz, die Google ihnen zuspricht; Produkte nach ihrer

Beliebtheit; Fotos nach ihrem durchschnittlichen Farbwert, denn auch der ist einfach als eine Zahl im Computer abgespeichert. Alles, was sich überhaupt in einem Computer abspeichern lässt, kann auch von diesen Algorithmen sortiert werden. Das ist die wahre Superpower der Algorithmen: Sie liegt darin, dass sich viele verschiedene Probleme aus der realen Welt als dasselbe abstrakte Problem **modellieren** lassen.

Der Begriff **Modellierung** wird Ihnen in diesem Buch noch sehr oft begegnen, weil hier die Gestaltbarkeit liegt – und eben auch die Probleme, wenn etwas schlecht modelliert wurde. Jedes Mal, wenn mein Vater mir beim Ordnen der Werbemarken gesagt hat, wie die **Sortierregeln** lauten, hat er eine **Modellierungsentscheidung** getroffen: »Zuerst kommt der Name, dann ...« Er hätte das auch anders entscheiden können. Er baute also mit den Regeln ein Modell dafür auf, wie er die Marken nachher am besten wiederfindet. Den **Sortieralgorithmus** an sich hätte das nicht verändert, nur das Ergebnis, denn die Sortierregeln sind Teil des Inputs.

Dazu noch ein weiteres Beispiel: Als mein Vater mir Skat beibrachte, habe ich mit meinen damals zehn Jahren die Karten anfangs immer nach denselben Regeln sortiert. Das war nicht klug, zumindest nicht, wenn man gegen meinen Vater spielt! Ich lernte also, dass ich meine Sortierung immer wieder ändern muss, damit der alte Fuchs nicht ahnte, wie viele Trümpfe ich noch in der Hand hielt. Versuch macht klug! Daran, **wie** ich die Karten aufgenommen habe, hat das aber nichts geändert: Ich fing mit einer an, nahm die jeweils nächste und sortierte sie nach den gerade geltenden Regeln ein.

Der Algorithmus (in diesem Fall ich, als Skatspielerin) kennt also die Sortierkriterien und nutzt sie zur Überprüfung, wo ein Dokument eingefügt werden muss. Die eigentliche Handlungsanweisung: »Füge sie dort ein, wo die Karte hingehört«, bleibt gleich, unabhängig von den konkreten Sortierkriterien.

Die Sortierkriterien bilden also ab, was für den Anwender wichtig ist, und damit gehören sie zur **Modellierung des mathematischen Problems**. Und weil dieser Modellierungsaspekt auch für die künstliche Intelligenz so enorm wichtig ist, möchte ich das an einem weiteren Beispiel noch einmal verdeutlichen. Dafür stelle ich Ihnen jetzt noch den berühmtesten Algorithmus für die kürzesten Wege vor. Damit lassen sich dann nämlich eine ganze Reihe von anderen Problemen lösen, wenn man sie denn richtig modelliert. Also, wie funktionieren sie, unsere Navigationsgeräte, die kleinen Schlaumeier, die uns von A nach B schicken?

Kürzeste Pfade

Mein Vater war dreißig Jahre für den *Stern* als Auslandsreporter unterwegs, und vor jeder Reise hat er sich drei Dinge besorgt: Erstens ein Buch der »Kauderwelsch«-Reihe, um sich die Landessprache auf dem Niveau eines begabten einheimischen Dreijährigen anzueignen.[27] Zweitens Kartenmaterial und drittens einen Haufen Reiseführer. Damit bereitete er sich akribisch auf seine Auslandseinsätze vor, und natürlich spielte dabei auch die jeweilige Reisezeit zwischen den Städten auf seiner Tour eine Rolle!

Wenn meine Mutter mich dagegen heute fragt, wo ich nächste Woche eigentlich diesen interessanten Vortrag halte, und wie ich dorthin komme, kann ich es ihr meistens nicht sagen. Das ist ja auch gar nicht mehr notwendig, weil ich den genauen Veranstaltungsort auf der Hinfahrt im ICE heraussuche und mich dann auf Google Maps verlasse, auf dass es mich am nächsten Tag dorthin führen möge. Und – frei nach dem Rheinischen Grundgesetz, Artikel 3:[28] »Et hätt noch emma jot jejange.«[29]

Für meine Eltern ist diese Sorglosigkeit in der Reisevorbereitung wenig nachvollziehbar, ja geradezu fahrlässig – ich dagegen verlasse mich auf die Lösung eines der bekanntesten mathematischen Probleme, dem »kürzesten-Wege-Problem«. Jede:r, der oder die ein Navigationsgerät benutzt, erwartet, dass es ihm in wenigen Minuten die kürzeste Strecke von seinem Startpunkt zu einem Zielpunkt berechnet. Dabei muss das Konzept der »kürzesten Strecke« messbar gemacht werden. Denn tatsächlich könnte das ja verschiedene Dinge meinen: Es könnte die Länge der Strecke sein, gemessen in zu fahrenden Kilometern. Da die Kilometerzahl selbst nicht immer ausschlaggebend ist, könnte man auch die erwartete Fahrtzeit als Maß nehmen. Es könnte natürlich aber auch die wirkliche Fahrtzeit sein, die erst nach Abschluss der Fahrt bekannt ist.

Diese **Messbarmachung eines Konzeptes**, das nicht in erster Linie schon mathematischer Natur ist, nennt man **Operationalisierung**.[30] Der Begriff wird Ihnen im Laufe des Buches noch sehr oft begegnen, da wir der künstlichen Intelligenz viele **soziale** Konzepte wie »Relevanz einer Nachricht«, »Freundschaft«, »kriminelle Neigung«, »Kreditwürdigkeit« oder »Liebe« erst durch eine solche Operationalisierung zugänglich machen können.

Abbildung 10: KAI vermisst die Liebe. Er braucht dazu Messgeräte, die ihm helfen, dieses soziale Konzept messbar zu machen. Welche dafür genutzt werden, das entscheidet die sogenannte **Operationalisierung**, die Methode, mit der ein soziales Konzept messbar gemacht wird.

Für dieses Beispiel nehmen wir jetzt einfach die Länge der Strecke in Kilometern. Und wie funktioniert der Algorithmus dann? Es gibt – wie auch beim Sortierproblem – nicht nur den einen, sondern wieder unzählige Algorithmen und deren Varianten, die das »kürzeste-Wege-Problem« lösen. Der bekannteste wurde 1956 von Edsger Dijkstra (sprich: »Deikstra«) in nur zwanzig Minuten entwickelt, wie er selbst in einem Interview erzählte.[31]

Dazu stellt man sich das Straßennetzwerk ganz wörtlich als Netzwerk vor: Die Straßenkreuzungen sind die »Knoten« dieses Netzes, die durch Straßen verbunden sind. Diese Verbindungen sind assoziiert mit einer Länge. Wenn man ganz genau sein will, stellt man auch Orte, die an einer Straße liegen, aber nicht an einer Straßenkreuzung, als »Knoten« dar. Der Netzwerkgedanke leidet hier allerdings ein bisschen, denn keine Fischerin würde einfach so einen Knoten in ihr Seil machen, wenn dort nicht mehrere Seile zusammenlaufen – aber hey, so ist das halt mit Analogien! Für die Funktion des Algorithmus ist es aber wichtig, denn man könnte ja an genau diesem Ort losfahren wollen!

Diese Detailentscheidungen, die festlegen, welche Informationen der Algorithmus genau als Input bekommt, gehören mit zur **Modellierung** des Problems. Alle diese Entscheidungen sind nachher wichtig für die Interpretierbarkeit der algorithmischen Ergebnisse.

Für echte Straßennetzwerke wäre es natürlich auch wichtig, dass das Navi weiß, ob eine Straße nur in eine Richtung befahrbar ist oder in beide Richtungen. Und tatsächlich können wir auch diese Information »modellieren«. Dazu weisen wir den Verbindungen zwischen den Knoten einfach die entsprechende Richtung zu. Die meisten Straßen werden dann durch zwei Verbindungen dargestellt, jeweils eine in jeder Richtung, während Einbahnstraßen natürlich nur eine Richtung zugewiesen wird. In Hamburg gibt es nun allerdings eine Straße, die morgens nur stadteinwärts und nachmittags nur stadtauswärts befahren werden kann: ein herzliches »Moin« an die Sierichstraße, du urbane Gestaltwandlerin! Auch auf solche Sonderfälle muss unsere Modellierung achten: Unsere kleine Exotin wird dann bei morgendlichen Anfragen nur in der einen Richtung dargestellt und bei nachmittäglichen in der anderen Richtung.

Wenn wir jetzt ein solches Straßennetzwerk und einen Startort haben, dann kann der Dijkstra-Algorithmus für diesen Startort die kürzesten Wege zu allen anderen Orten auf der Straßenkarte berechnen.

Dafür beginnt man beim Startort und setzt den auf eine Liste schon entdeckter Orte. Vom Startpunkt aus entdeckt der Algorithmus jetzt im nächsten Schritt **alle** Orte, die von diesem aus direkt erreicht werden können. »Direkt« bedeutet, dass alle vom Startort ausgehenden Straßen benutzt werden dürfen. Für diese neu entdeckten Orte kennen wir jetzt zumindest schon einmal **einen** Weg vom Startort aus – dessen Länge und wie wir hingekommen sind, merken wir uns für jeden Ort. Unter Umständen ist es aber noch nicht der **kürzeste Weg** zu ihnen. Sehen wir uns das an einem konkreten Beispiel genauer an:

Der Startort Otterberg liegt auf einem Berg, und eine Straße führt in 3,2 Kilometer langen Serpentinen zum Dorf Otterhausen, eine andere führt in nur einem Kilometer eine steile Schlucht hinunter nach Ottertal. Von da aus führt eine zweite Straße mit nur 800 Meter Länge ebenfalls nach Otterhausen. Der kürzere Weg von Otterberg nach Otterhausen führt damit über Ottertal. Diesen zweiten Weg haben wir aber bei dieser ersten Entdeckungsrunde noch nicht finden können. Wenn wir mit den Entdeckungsrunden weitermachen – immer ausgehend von den bisher entdeckten Orten –, kann es also dazu kommen, dass wir einen kürzeren Weg zu einem schon entdeckten Ort finden.

Daher ist auch nach der ersten Entdeckungsrunde klar, dass es mindestens einen Ort gibt, für den wir nie wieder einen kürzeren Weg finden werden, egal wie lange wir unsere Entdeckungsrunden weiter durchführen. Es ist der Ort, der über die kürzeste Straße mit dem Startort verbunden ist. Alle anderen Wege gehen durch Orte, die schon weiter weg sind vom Startort als dieser Ort. In der Abbildung ist dies der Ort Ottertal. Die Distanz zwischen Otterberg und Ottertal liegt damit also fest. Damit können wir von Ottertal aus weitermachen mit unserer Entdeckungstour: Manche Straßen führen zu Orten, die wir schon entdeckt haben. Die von Ottertal nach Otterhausen verkürzt – wie oben schon gesehen – den Weg von Otterberg nach Otterhausen, die von Ottertal nach Otterlingen dagegen führt zu einem bisher noch nicht vom Algorithmus entdeckten Ort. Dieser kommt nun ebenfalls auf die Liste bisher entdeckter Orte, zusammen mit dem bisher kürzesten schon bekannten Weg. In den nachfolgenden Runden könnte aber der Weg dann durch einen noch kürzeren ersetzt werden, so wie es bei Ottertal passiert ist.

In jeder Runde arbeiten wir also einen Ort ab, und zwar immer denjenigen unter den schon entdeckten (und noch nicht abgearbeiteten), der die kürzeste Distanz zum Startort hat. Die Argumentation für diese Wahl ist immer die gleiche: Es kann ausgehend von den anderen Orten, die wir schon entdeckt haben, keine kürzere

Strecke zu diesem Ort geben, denn diese sind mindestens so weit weg wie dieser, und eine weitere Straße würde die Wegstrecke nur verlängern.

Und wie findet man diesen Ort, der bisher die kürzeste Distanz zum Startort hat und noch nicht abgearbeitet wurde? Man sortiert die Menge aller bisher entdeckten Orte nach ihrer Distanz mit einem Algorithmus, der das Sortierproblem löst. Ha! Sortieren! Das können wir doch schon! Es ist tatsächlich ganz typisch, dass ein Algorithmus auf andere Algorithmen zurückgreift. Oftmals beruht die Lösung eines Problems auf der Lösung kleinerer Teilprobleme. Dieses Denken in Teilproblemen ist eine große Stärke des informatischen Denkens: Sehen wir ein Problem, suchen wir zuerst nach den darin enthaltenen Teilproblemen. Haben wir für diese effiziente Lösungen gefunden, können wir daraus die Gesamtlösung zusammensetzen. Diese Herangehensweise war für mich als Biochemikerin zuerst extrem ungewohnt. Als Biochemiker ist man sehr detailverliebt und kontextsensitiv. Biochemikerinnen und Biochemikern ist es immer klar, dass beispielsweise nicht alle genetischen Informationen einer Zelle auch zu jedem Zeitpunkt in Form von Proteinen vorliegen. Daher betrachten wir immer das Gesamtsystem. Die radikale Zerlegung eines Problems in Teilprobleme, deren Lösungen dann wieder zusammengepuzzelt werden, bedurfte einer Revolution meines Gehirns im wörtlichen Sinne: eines grundlegenden und nachhaltigen strukturellen Wandels meines Denksystems in kurzer Zeit.[32] Es war spannend, meinem Gehirn dabei zuzusehen, wie es sich an dieses für mich neue Paradigma gewöhnte. Im Nachhinein ist mir aber auch bewusst geworden, dass das systemische Denken, das ich aus der Biochemie kannte, in der Informatik weitgehend fehlt – etwas, das wir jetzt gut gebrauchen könnten, wo Algorithmen die Gesellschaft immer stärker beeinflussen!

Mit dieser letzten Komponente, dem Sortieren der Städte nach ihrer (bisher bekannten) Distanz zum Ausgangsort, haben wir alles beisammen für Dijkstras Algorithmus: In jedem Schritt nimmt man aus der Liste schon entdeckter Orte denjenigen heraus, der die kürzeste bisher bekannte Distanz hat und entdeckt von ihm aus die direkt mit ihm verbundenen Orte. Dieser Algorithmus wird jedes Jahr zehntausendfach von Programmieranfängerinnen und -anfängern implementiert. Auch das »Kürzeste-Wege-Problem« an sich ist von so allgemeiner Natur, dass es ein Modell für viele andere Fragestellungen darstellt. Was können wir also noch damit anfangen?

Informatik und Modellbau

Es ist relativ offensichtlich, dass nicht nur Straßennetzwerke als Grundlage genutzt werden können, sondern beispielsweise auch Schienennetzwerke. Aber Vorsicht! Können wir alle Modellierungsentscheidungen aus dem Straßennetz hier einfach so übernehmen? Die Bahnhöfe wären sicherlich die »Kreuzungen«. Aber vermutlich würde man die »Länge« einer Verbindung eher nicht in Kilometern angeben, sondern in der erwarteten Fahrtzeit. Und welche Bahnhöfe würde man nun wie miteinander verbinden?

Versuchen wir es damit: Zwei Bahnhöfe, die von mindestens einem Zug direkt hintereinander angefahren werden, werden im Modell jeweils mit einer Linie verbunden, die mit der kürzesten erwarteten Fahrtzeit assoziiert ist. Nehmen wir zum Beispiel die Bahnhöfe Mannheim und Frankfurt. Dann kann man zum Beispiel feststellen, dass der ICE 770 mit 47 Minuten deutlich länger für diese Strecke braucht als der TGV mit nur 37 Minuten – also trägt man nur die 37 Minuten ein. Wenn man das jetzt für alle Bahnhöfe und alle Züge macht, kann man auf einem solchen Netzwerk berechnen, wieviel Zeit die jeweils kürzeste Zugstrecke von einem beliebigen Startpunkt zu einem beliebigen Ziel braucht – klingt gut, oder? Aber Vorsicht bei der Interpretation dieses Wertes! Denn diese Modellierung ist noch nicht ganz makellos.

So, und jetzt reisen Sie einfach drei Stunden in die Vergangenheit. Dann nehmen Sie den Zug auf Gleis 5 ...

Abbildung 11: KAI versteht das Problem nicht ganz.

Wenn man die Fragestellung nach der kürzesten Bahnverbindung genauso modelliert wie beim Straßennetzwerk, ignoriert man etwas Entscheidendes: zum Beispiel die jeweiligen Ankunfts- und Abfahrtszeiten sowie eventuelle Wartezeiten bei Umstiegen. Damit wird das Ergebnis in der Praxis völlig nutzlos, obwohl der Algorithmus korrekt implementiert ist. Das Resultat gibt die Strecke mit der kürzesten Reisezeit an, unter der Bedingung, dass man an jeder Zwischenstation jeweils den Zug nehmen **könnte**, der zur nächsten Station die absolut kürzeste Fahrtzeit aufweist. Wartezeiten auf dem Bahnsteig werden dabei ebenso wenig berücksichtigt. Die Empfehlung des Algorithmus für die Verbindung von Kaiserslautern nach Berlin könnte also so aussehen: Nimm den ICE von Kaiserslautern nach Mannheim um 10:00 Uhr und dann den ICE von Mannheim um 7:50 Uhr nach Berlin. Was für ein Unsinn! Aber mein Algorithmus, der kann mir das nicht sagen. Der rechnet fröhlich vor sich hin und bekommt auch auf dieser unsinnigen Modellierung immer eine in sich korrekte Antwort heraus – die aber für die reale Welt da draußen keinen Sinn ergibt. Das bitte im Hinterkopf behalten, denn die Modellierung eines Problem ist auch immer selbst ein Problem.

Für das Zugauskunftsmodell gibt es allerdings eine elegante Möglichkeit, die tatsächlich möglichen Umstiege und die dabei entstehenden Wartezeiten »mitzumodellieren«, sodass wieder alles durch den ursprünglichen Algorithmus gelöst werden kann. In dem neuen Modell klone ich jeden Bahnhof zu jeder Uhrzeit, zu dem man ihn erreichen oder verlassen kann. Wenn es also die Möglichkeit gibt, ihn um 8:32 Uhr zu erreichen und eine andere, um ihn um

8:37 Uhr wieder zu verlassen, dann erstelle ich zwei Knoten dafür im Netzwerk und verbinde sie mit einer Kante, die sagt: »fünf Minuten Wegzeit«. Das mache ich für alle Klone eines Bahnhofs und verbinde diese jeweils mit einer Linie, deren »Länge« dem Unterschied zwischen den beiden Zeiten entspricht. Das klingt für den Menschen komisch, aber damit werden die Reiseverbindungen, die der Algorithmus jetzt berechnet, tatsächlich interpretierbar. Die Abbildung zeigt einen Ausschnitt des so entstandenen Netzwerkes, mit dem man dann auch tatsächlich eine machbare Reiseverbindung erhält, wenn der Dijkstra-Algorithmus darauf angewendet wird.

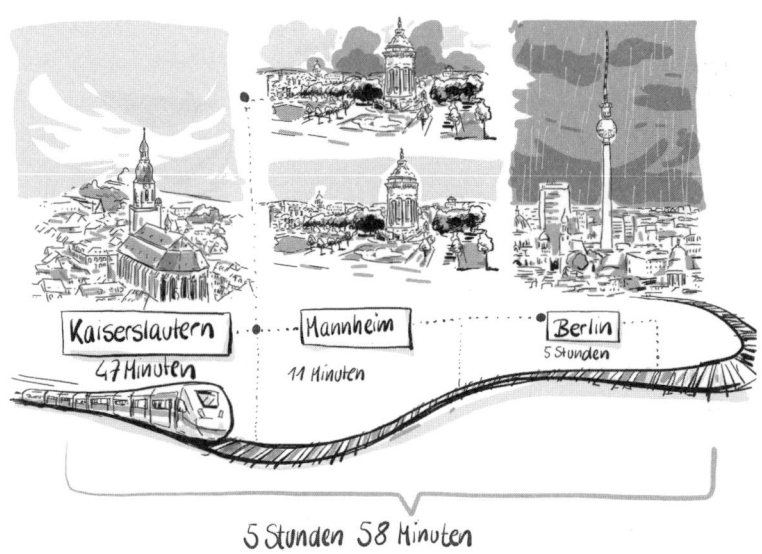

Abbildung 12: Erst die richtige Modellierung sorgt dafür, dass die Resultate des »Kürzeste-Wege-Algorithmus« auch sinnvoll interpretierbar sind.
Der Ausschnitt des Modells zeigt hier, dass der erste Zug von Kaiserslautern nach Mannheim 47 Minuten benötigt, der nächste Zug erst elf Minuten später abfährt und dann noch einmal fünf Stunden nach Berlin benötigt werden.

Die deutsche Bahn selbst schreibt, dass sie unter anderem eine Variante des klassischen Dijkstra-Algorithmus verwendet, um verschiedenste »Kürzeste-Wege-Probleme« zu lösen: Suchen nach kürzesten Reiseverbindungen anhand der Kilometerzahl oder der erwarteten Ankunftszeit, solche mit minimalen Kosten, solche mit der besten Anschlusssituation oder der kleinsten Anzahl an Umstiegen beziehungsweise Umschlägen von Waren.[33]

Damit ist also auch das »Kürzeste Wege-Problem« eines der Tausendsassa-Probleme der Informatik in der Bandbreite seiner möglichen Anwendungen. Aber die wirklich wichtige Erkenntnis ist: Wenn der Algorithmus die richtige »Art« von Input bekommt, dann rechnet er fröhlich vor sich hin. Wenn also eine »Straßenkarte« da ist, auf der Start- und Zielort enthalten sind, wird es ein Ergebnis geben. Ob allerdings die »Straßen« irgendeinen Sinn ergeben, ob die »Weglängen« interpretierbar sind – das weiß der Algorithmus nicht. Er geht nur seine Handlungsanweisungen durch. Die anschließende Interpretation muss immer der Mensch liefern – und dafür muss das Modell einen Sinn ergeben. Und wer sollte das prüfen? Ist das unser Job als Informatiker: innen? Dazu möchte ich Ihnen kurz einen Überblick über die Informatik und ihre Teilgebiete geben.

Abbildung 13: KAI berechnet ein Ergebnis.

Was Informatiker:innen gut können

Grundsätzlich gibt es im Informatikstudium klassischerweise eine Dreiteilung: theoretische Grundlagen der Informatik, technische Grundlagen der Informatik und praktische Anwendungen der Informatik. Die drei Bereiche verlangen unterschiedliche Spezialisierungen und werden auch von verschiedenen Typen von Informatiker:innen gewählt. Der Techniker ist oft ein Bastler, den es fasziniert, riesige Maschinen nach seinem Willen zu bewegen oder möglichst viel Rechenkraft in einen kleinen Raum zu zwängen. Ihm verdanken wir die schnellen Chips in unseren Smartphones und die autonom fahrenden Landwirtschaftsmaschinen. Technische Informatikerinnen und Informatiker müssen sich neben der Informatik vor allen Dingen mit der Physik auskennen und sind immer auch pragmatische Ingenieure. Sie sind definitiv die Daniel Düsentriebs der Informatik.

Die praktische Informatik beschäftigt sich mit der Frage, wie man gute Software am besten herstellt. Dafür werden Modelle erstellt und Verfahren ersonnen, mit denen Teams möglichst fehlerfreie und effiziente Software produzieren. Andere Anwendungsgebiete sind das Design von Datenbanken, mit denen große Mengen an Daten effizient gespeichert und abgefragt werden, oder die Entwicklung von verteilten Systemen, bei denen eine langwierige Berechnung intelligent auf viele Rechner aufgeteilt wird. Um solche Systeme sinnvoll bauen zu können, muss man gerne und viel programmieren. Die eigentlichen Probleme werden erst mit gehöriger Erfahrung erkennbar und benötigen Personen, die einen guten Überblick haben, abstrahieren können und einfache Lösungen für komplexe Situationen entwickeln können. Die praktischen Informatiker und Informatikerinnen sind die patenten Führungsfiguren des Fähnlein Fieselschweifs, die Ticks, Tricks und Tracks der Informatik.

Theoretische Informatiker:innen sind dagegen definitiv die Primus-von-Quack-Variante. Die grundsätzliche Frage, die uns umtreibt, ist: »Was ist wie am effizientesten und schnellsten berechenbar?«, und diese Frage ist teilweise genauso philosophisch, wie sie hier steht. Unsere Forschungsfragen sind teilweise sehr esoterisch und auf den ersten Blick ohne erkennbare praktische Anwendung. Die Theoretiker:innen unter uns denken auch oft über Systeme nach, die noch gar nicht da sind: über Quantencomputer, zum Beispiel. Als Theoretiker:in muss man sich für das Formale begeistern können, Mathematik lieben und gerne nach Mustern suchen, die man in Algorithmen nutzen kann. Wir designen Algorithmen und beweisen mathematisch, dass sie auch wirklich das Problem lösen, das sie lösen sollen. Außerdem sorgen wir dafür, dass sie dies so schnell wie möglich tun.

Die Sache mit dem mathematischen Beweis ist übrigens ziemlich wichtig. Um zu verstehen, warum, werfen wir kurz einen Blick zurück: Der oben schon genannte Edsger W. Dijkstra war einer der ersten Informatiker überhaupt – er berichtete einst in einem Interview,[34] dass er bei seiner Hochzeit seinen Beruf nicht mit »Programmierer« angeben konnte, weil diese Jobbezeichnung einfach noch nicht existierte. Damals hatten die meisten Programmiererinnen Physik, Elektrotechnik oder Mathematik studiert. Jedenfalls forderte Dijkstra im Jahr 1959 seine Kollegen zu einem kleinen Wettbewerb heraus. Sie sollten ein besonders kniffliges Problem algorithmisch lösen. Ihn erreichten viele Lösungen, die allerdings allesamt falsch waren. Er bewies das den Autoren und Autorinnen der Lösung, indem er Szenarien fand, in denen der jeweilige Algorithmus das Falsche tun würde. Aber irgendwann wurde ihm das zu viel, denn die vorgeschlagenen Algorithmen wurden immer komplizierter, und er brauchte immer länger, bis er die Situation fand, die den Fehler klar zutage brachte. Er drehte den Spieß um: Von nun an würde er einen Vorschlag erst dann gelten lassen, wenn gleichzeitig ein mathematischer Beweis erbracht wurde, dass der Algorithmus korrekt war.[35]

Man könnte annehmen, dass Dijkstra die Herausforderung dadurch noch erschwert hat – tatsächlich aber löste der Kollege

Theodorus J. Dekker das Problem danach in wenigen Stunden. Das Geheimnis seines Erfolgs klingt banal: Es hilft, erst einmal darüber nachzudenken, welche Eigenschaften die Lösung eigentlich haben muss, damit man beweisen kann, dass sie korrekt ist. Als Dekker die formalen Anforderungen an die Lösung erkannt hatte, war die Lösung selbst leichter geworden.

Genau dafür sind wir Algorithmiker:innen heute alle ausgebildet: Ein Problem so sehr zu formalisieren, dass es eindeutig wird. Dann versuchen wir, einen Algorithmus zu finden, der es löst, indem wir beweisen, dass er es immer und für alle möglichen Eingaben tut. Zuletzt interessiert uns, wie lange der Algorithmus dafür braucht.

Im Wesentlichen bilden wir theoretischen Informatiker im ersten Schritt ein Modell von der Welt und von der Lösung. Dazu ein Beispiel: Wenn ich mit der Familie zur Schwägerin fahre, dann suchen wir die Strecke (auch) danach aus, ob es Rastpunkte mit Spielplätzen für die Kinder gibt. In der Modellierung des »Kürzesten-Wege-Problems« könnte ich das als theoretische Informatikerin mitberücksichtigen. In dem Design des mathematischen Problems stünde dann: »Gegeben eine Straßenkarte mit verzeichneten Spielplätzen, ...« Auch die gewünschte Lösung des Problems ist am Ende nur ein Modell. Ich kann in meiner Problemformulierung an die Lösung die Bedingung knüpfen: »Der Weg muss alle neunzig Minuten einen Ort mit einem Spielplatz enthalten, an dem wir rasten können«. Mein Modell davon, wie Menschen eine Reiseroute planen, beschreibt also, wie die Dinge in der realen Welt aus meiner Sicht zusammenhängen, welche Details wichtig sind und welche nicht, und welche Eigenschaft(en) die Lösung haben soll.

Dieser Prozess kann in der theoretischen Informatik zu sehr abstrakten Modellen wie dem »Hochzeitsproblem« führen: »Gegeben zwei Gruppen von Personen, jeder hat eine Liste von allen Personen aus der anderen Gruppe, mit denen er sich eine Heirat vorstellen kann. Suche: Eine Lösung, die möglichst viele gewünschte Heiraten erlaubt«. Aus mathematischer Sicht ist das ein unglaublich spannendes Problem mit vielen interessanten Varianten – das aber, zugegebenermaßen, der Komplexität der Welt VIELLEICHT nicht ganz gerecht wird. Das wissen wir Informatiker auch. Also, die meisten. Fast alle.[36]

Mit solchen Entscheidungen wie der, dass die Heiratskandidat: innen in zwei Gruppen eingeteilt werden, definieren wir das mathematische Problem und die Anforderungen an die Lösung (»möglichst viele Hochzeiten«). Dann prüfen wir, ob es für das mathematische Problem einen Algorithmus gibt. Dieser kann dann für spezifische Daten – also für eine spezifische Situation aus der realen Welt – eine Lösung berechnen. Die Lösung wird im Rahmen des Modells interpretiert und resultiert in einer Aktion. So werden beispielsweise Varianten des Hochzeitsproblems bei Datingwebseiten verwendet, und das Ergebnis des Algorithmus resultiert darin, dass die Plattform die von ihm berechneten Kandidat:innen einander vorstellt.

Die Verbindung zwischen algorithmischem Ergebnis und Aktion ist allerdings nicht immer so klar. Warum die Interpretation an das dahinterliegende Modell angepasst sein muss, wurde oben deutlich: Wenn wir bei den Bahnverbindungen immer nur die kürzest mögliche Zugverbindung zwischen zwei Bahnhöfen berücksichtigen, ist der auf diesem Modell gefundene »kürzeste Weg« vermutlich eine rein hypothetische Reiseverbindung – die Aktion sollte also nicht daraus bestehen, dieses Ergebnis an Kunden weiterzugeben. Und wenn das Hochzeitsmodell nur zulässt, dass man Personen aus der jeweils anderen Gruppe heiratet, ist die Lösung unter Umständen nicht optimal: Man hätte vielleicht mehr Paare zusammenstellen können, wenn die vollständigen Präferenzen bekannt gewesen wären. Insgesamt ist also die Modellierung **immer** der Rahmen, innerhalb dessen das Resultat interpretiert werden muss.

Trotz dieser Einschränkung ist der Gesamtprozess an notwendigen Schritten zur Definition und Lösung von mathematischen Problemen einigermaßen überschaubar und linear:

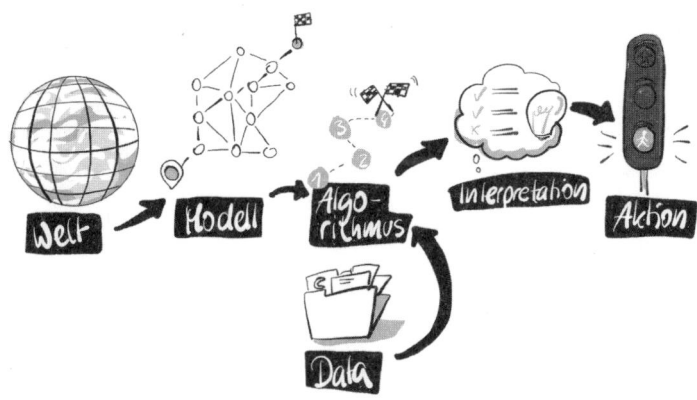

Abbildung 14: Die klassische Vorgehensweise startet bei einem Modell eines
kleinen Ausschnitts der Welt, dem mathematischen Problem. Dafür wird
ein Algorithmus entwickelt, der mit Daten gefüttert wird. Die Lösung muss
interpretiert werden und resultiert oft in einer Aktion.

Gibt es für jedes mathematische Problem auch einen Algorithmus?
Nein! Tatsächlich gibt es mathematische Probleme, die sich ganz
vernünftig definieren lassen – und für die es trotzdem keinen allgemeinen Algorithmus gibt. Eins davon ist die oben schon erwähnte
Frage, ob eine Software vielleicht einmal in eine Endlosschleife gerät. Es wäre ganz wundervoll, wenn wir dafür einen allgemeinen Algorithmus hätten, der einfach jede Handy-App testet, bevor sie online geht. Nie wieder ein eingefrorener Bildschirm! Tja, schade, geht
aber nicht. Echt nicht – und wir können das sogar beweisen. (Das
erspar ich Ihnen aber jetzt.)

Wir theoretischen Informatiker sind also Problemwälzer – darin
sind wir besonders gut ausgebildet. Wir kennen die Beweistechni-
ken, mit denen wir zeigen können, dass die Algorithmen tun, was sie
sollen. Und trotzdem geht natürlich manchmal auch etwas schief,
wie der nächste Abschnitt beweist.

Fehleranfälligkeit klassischer Algorithmen

Die Zwangsversteigerung eines Hauses ist ein niederschmetterndes Lebensereignis. Die Nachbarn, mit denen man bis vor Kurzem zu den respektablen Hausbesitzern gehörte, grüßen nicht mehr. Die Kinder müssen auf eine neue Schule, die Familie muss sich in einer Mietwohnung zusammendrängen. Die Arbeitskollegen fragen nach, warum man nicht mehr in dem schönen Haus wohnt – und die einzige Erklärung ist, dass die Bank eine Umschuldung abgelehnt hat. Es wurden keine weiteren Kredite mehr gewährt, weil der Hauskredit geplatzt ist.

Wie muss es sich anfühlen, wenn man Jahre später erfährt, dass dies die Folge einer falschen Entscheidung einer automatischen Genehmigungssoftware war? Jose Aguilar weiß, wie sich das anfühlt.[37] Die Wells Fargo Bank musste 2017 zugeben, dass zwischen Mitte März 2010 und Ende April sieben Jahre später (!) 870 Kund:innen nicht umschulden durften, obwohl die Umschuldung tatsächlich zu besseren Konditionen für sie geführt hätte.[38] Wegen dieser algorithmisch berechneten Umschuldungsverweigerung verloren 545 Kund:innen ihr Zuhause. Darunter auch Jose Aguilar, der mehrfach versucht hatte, eine Umschuldung zu erreichen, die ihm geholfen hätte, sein Haus zu behalten. Der Fehler lag in falsch berechneten Notarkosten, die die Umschuldung unattraktiv erscheinen ließ, was die automatische Verweigerung auslöste.

Ein solcher Fehler kann also schwerwiegende Konsequenzen haben, er ist aber – wenn man gute Standards einhält – auch einigermaßen schnell zu finden. Das liegt daran, dass klassische Algorithmen zur Entscheidungsfindung relativ übersichtlich implementiert werden können, wenn die Programmiererin das will. Denn durch menschenfreundliche Kommentare im Code und eine gut gewählte Feinstruktur des Programms kann man die Einsichtigkeit der Handlungsanweisung gut nachvollziehbar gestalten. Auch das ist leider weniger oft der Fall, als man sich das wünschen würde, aber prinzipiell erlauben es klassische Algorithmen, dass ihr Code menschenlesbar gestaltet wird. Das Hauptproblem bei der Wells Fargo Bank bestand vermutlich eher darin, überhaupt zu bemerken, dass eine Reihe von Hausbesitzern falsch beurteilt wurde. So gravierend natürlich jedes einzelne Schicksal ist: Verglichen mit der mutmaßlichen Gesamtzahl an Fällen, die von der Software beurteilt wurden, sind 870 Fehlurteile in sieben Jahren eher wenige. Sobald die vermutlich falschen Entscheidungen aber entdeckt werden, ist auch der Grund meistens schnell auffindbar – dafür werden wir als Informatiker:innen ausgebildet.

Unethischer Einsatz von Algorithmen

Klassische Algorithmen können neben den ungewollten Nebenwirkungen, die – wie eben gezeigt – durchaus katastrophale gesellschaftliche Folgen haben können, natürlich auch explizit und durch den Designer intendiert, unethisch sein. Das sieht man an Schadsoftware am besten: an den Passwort-Phishern, den Identitäts-Klauern und den Geiselnehmern ganzer Festplatten. Es wäre für mich aber zum Beispiel auch ein Leichtes, Ihnen ein Navigationsgerät zu bauen, das Sie auf jeder Fahrt mindestens einmal bei einer berühmten Fast-Food-Kette vorbeikommen lässt. Für dieses spezielle Navi fehlte allerdings bisher die Nachfrage!

Aber es gibt nicht nur fiktive Beispiele: 2018 wurde bekannt, dass manche Fluglinien Algorithmen einsetzen, die vergleichsweise oft Personen auseinander setzen, die gerne zusammen reisen würden.[39] Damit kann dann eine Gebühr verlangt werden, wenn die Personen doch gemeinsam reisen wollen. Laut einer Umfrage der britischen »Zivilen Luftfahrtsbehörde« wird insbesondere die Fluglinie Ryan Air mit dieser Praxis in Zusammenhang gebracht,[40] was diese abstreitet. Es ist dabei bedenkenswert, dass das Auseinander-Setzen von miteinander fliegenden Gruppen nicht nur von den Passagieren als Ärgernis empfunden wird, sondern tatsächlich auch zu einer verzögerten Evakuierung in Notfällen führen könnte. Zu diesem Schluss kam ein Bericht der »Royal Aeronautical Society Flight Operations Group«, der sich dafür aussprach, Familien in jedem Fall zusammen sitzen zu lassen.[41] Unabhängig davon, ob das Ergebnis gewollt oder fahrlässig weniger Personen zusammen setzt als möglich, wäre es hier also ethisch geboten, die bestmögliche Software einzusetzen.

Der bekannteste Fall eines unethischen Einsatzes eines Algorithmus liegt sicherlich beim Diesel-Abgasskandal vor. Hier wurde eine Software verwendet, um zu erkennen, ob die Fahrzeuge sich in einer Testsituation oder auf der Straße befanden. Nur auf dem Prüfstand wurden verschiedene Systeme an- oder abgeschaltet, um die notwendigen Abgasnormen zu erfüllen. Im Normalbetrieb wurden die Abgaswerte dagegen um ein Vielfaches höher: Das sparte Kosten für eine komplexere Abgastechnik und verbesserte das Fahrerlebnis.[42] Aber wer genau ist nun für Fehler und unmoralisches Verhalten von Algorithmen verantwortlich? Wie weit geht die Verantwortung insbesondere der Algorithmendesigner und -designerinnen?

Verantwortung von Algorithmendesignern

Wie kann man die Verantwortung der Algorithmenentwickler für ein von diesem Algorithmus berechnetes Ergebnis bewerten? Für Programmierfehler wie den oben genannten, der zur fälschlichen Verweigerung von Umschuldungen führte, kann man als Firma zur Rechenschaft gezogen werden, auch wenn sie keine bösartige Absicht verfolgte. Für eine falsche Verwendung eines für eine **andere** Firma entwickelten Algorithmus kann das Entwicklerteam dagegen nicht viel. Wenn also die Anwender:innen die notwendigen Informationen falsch eingeben, aber klar kommuniziert wurde, wie der Algorithmus zu bedienen ist, liegt ein Anwenderfehler vor. Im

Wesentlichen muss also bewertet werden, ob der Algorithmus an sich fehlerfrei war und seine korrekte Anwendung beschrieben wurde. Je mehr ein Entwicklerteam über den genauen Einsatz des Algorithmus weiß und dies beeinflussen kann, desto höher ist seine Verantwortung für dessen Verhalten.

Es ist aber wichtig zu verstehen, dass selbst ein klassischer Algorithmus in seinem Verhalten schon recht undurchsichtig sein kann. Damit meine ich, dass das genaue Verhalten des Algorithmus unter Umständen nicht abstrakt beschreibbar ist. Dieser letzte Punkt wird sehr gut von Donald E. Knuth und Michael F. Plass ausgearbeitet. Die beiden entwarfen 1981 einen Algorithmus, um automatische Zeilenumbrüche ästhetischer zu gestalten.[43] Dazu entwickelten sie ein Maß für die »Schönheit« eines Textes mit Zeilenumbrüchen und einen Algorithmus, der relativ viele Einstellknöpfe (Parameter) hatte. Jede Kombination an Einstellungen erzeugte leicht unterschiedlich gesetzte Texte. Und durch diese Vielzahl an Möglichkeiten war es unmöglich, zu sagen, wie sich der Satz verändern würde, wenn man einen Parameter änderte. Die Autoren schreiben:

»Es gibt so viele Einstellmöglichkeiten, dass es unmöglich ist, dass irgendjemand auch nur einen großen Bruchteil der Möglichkeiten erforscht. Ein Anwender könnte den gewünschten Wortabstand verändern oder den Punktabzug für eingefügte Bindestriche, für explizite Bindestriche, (und so weiter ...). Damit könnte man jahrelange Berechnungsexperimente durchführen und trotzdem immer noch kein übergeordnetes Verständnis des Verhaltens erlangen.«[44]

Das scheint auf den ersten Blick der Church-Turing-Hypothese zu widersprechen: Wir können als Menschen doch genau dasselbe berechnen, was ein Computer berechnen kann, oder nicht? Ja, das können wir. Ein Algorithmus besteht aus einer Aneinanderreihung von sehr einfachen Grundbefehlen und Abfragen, die alle genauso gut von einem Menschen zu machen sind – nur milliardenfach langsamer. Knuth und Plass behaupten hier also nicht, dass wir nicht wüssten, wie das Programm auf eine **bestimmte** Eingabe reagiert und welches Ergebnis es haben wird, sondern dass wir das allgemeine Verhalten nicht in kurzer Form abstrakt beschreiben können. Wird diese Einstellung das Ergebnis eher ästhetischer machen? Und wie hängt das vom eigentlichen Text ab? Knuth und Plass wollen also darauf hinaus, dass sich das Verhalten des Algorithmus nicht wie bei einem physikalischen Körper in einer 3-D-Landschaft beschreiben lässt, bei dem man genau weiß, wo der Körper zu liegen kommen wird, wenn er losgelassen wird. Wenige physikalische Regeln sind notwendig, um dieses allgemeine Verhalten für einen beliebigen Körper an einem beliebigen Punkt in einer 3-D-Landschaft vorherzusagen. Beim Zeilenumbruch ist die Sache komplizierter. Denn der ist immer abhängig von den nachfolgenden Wörtern: Ein Wort ganz am Ende des Absatzes kann dazu führen, dass in der ersten Zeile anders umbrochen werden muss, um einen ästhetischen Gesamteindruck zu erhalten. Diese globalen Interaktionen – ein Wort am Ende, das die Stellung eines Wortes irgendwo im Text verändern kann – sind ein Anzeichen für ein komplexes System, dessen Verhalten zwar beobachtet werden kann, aber schwerlich mit wenigen abstrakten Regeln vorhergesagt werden kann. Glücklicherweise ist die Ästhetik von Zeilenumbrüchen bisher kein allzu umstrittenes Thema – obwohl es auch hier unter Nerds einige Spezialisten gibt. Der Artikel von Knuth und Plass spricht 66 Seiten lang über nichts anderes, und in sozialen Netzwerken wie der Plattform reddit gibt es ein Forum zur Typografie mit mehr als 113 000 (!) Abonnenten. Aber abgesehen von dieser Community wird ein schlechter Zeilenumbruch nicht als Verbrechen angesehen. Das Phänomen, dass das Verhalten von Algorithmen nicht abstrakt beschreibbar ist, wird uns aber insbesondere bei der Computerintelligenz noch oft begegnen.

Das macht es natürlich auch schwieriger, Fehler im Algorithmus zu finden. Trotzdem ist es bei den bisher betrachteten Algorithmen immerhin möglich, vermeintliche Lösungen daraufhin zu überprüfen, ob sie überhaupt die gewünschten Eigenschaften erfüllt. Das ist manchmal einfach und manchmal schwer. Als Fehlverhalten gilt also das Berechnen einer Lösung, die keine ist: Das Navi, das nicht immer die kürzeste Strecke angibt oder die Sitzplatzzuweisung, die mehr Gruppen voneinander trennt als durch die Anordnung der Sitze notwendig wäre.

Der Algorithmus, der die Motorsteuerung anders regelt als vom Gesetzgeber intendiert, zeigt dagegen kein Fehlverhalten, wenn es das Problem war, das die Programmierer lösen sollten. Es ist hier also der **Einsatz** des Algorithmus, der falsch ist.

Die wichtige Botschaft ist, dass es prinzipiell erst einmal einfacher ist, Fehlverhalten zu entdecken, wenn ganz genau definiert ist, welche Eigenschaften die Lösung haben soll. Solange dies transparent gemacht wird – wie eben beim Navigationsgerät, das uns die kürzeste Strecke verspricht –, können Anwender:innen der Software das auch prinzipiell überprüfen. Noch einfacher wird es, wenn es mehrere Implementierungen gibt, die dieselbe Lösung herausbekommen sollten, da sie dasselbe mathematische Problem lösen. Hier kann ein einfacher Vergleich der gefundenen Lösungen Anhaltspunkte für Fehlverhalten geben: »Was? Das TimTim will nach links fahren, während Guglmäps nach rechts will?« Dann kann überprüft werden, welcher Algorithmus recht hatte und wirklich die kürzere Strecke angezeigt hat.

Insgesamt gilt aus meiner Sicht:

Wer ist verantwortlich für den Einsatz eines Algorithmus? (I)

Je mehr Informationen und Kontrolle Algorithmendesigner:innen über den genauen Einsatzort (den Kontext) des Algorithmus haben, desto höher ist ihre Verantwortung für seine Resultate und deren Konsequenzen. Wenn mein Algorithmus nur in genau einem, mir bekannten Kontext eingesetzt wird, handelt er so, wie ich es einprogrammiert habe. Seine Ergebnisse sind dann auch in meiner Verantwortung.

Auf einen Blick: Das OMA-Prinzip

Das Kapitel hat gezeigt, dass das Ergebnis eines klassischen Algorithmus immer nur in einem bestimmten Kontext verstanden werden kann. Dazu muss das Zusammenspiel zwischen den dafür verwendeten Operationalisierungen (Messbarmachungen sozialer Konzepte), der allgemeinen Modellierung des Kontexts als mathematisches Problem und dem Algorithmus bekannt sein. Wenn die Modellierung nicht mit dem Algorithmus abgestimmt ist, rechnet dieser zwar etwas aus, dies lässt sich aber nicht sinnvoll interpretieren. Das genannte Beispiel war die Modellierung von Bahnverbindungen, ohne die jeweiligen Abfahrts- und Ankunftszeiten mitzuberücksichtigen. Die Modellierung ist für den Algorithmus nicht als falsch erkennbar: Er rechnet einen kürzesten Weg aus, der aber in den meisten Fällen keiner realen Reiseverbindung entspricht. Wichtig ist hier, dass diese spezielle Modellierung der Situation aber durchaus für eine **andere Fragestellung** ein ganz vernünftiges Modell sein könnte. Wenn man bei der Bahn zum Beispiel wissen will, wie lange man **mindestens** braucht von einem Bahnhof zum anderen, kann man dieses einfache Modell der Zugverbindungen verwenden.

Ein anderer wichtiger Punkt dieses Kapitels war, dass bei jeglicher Operationalisierung geprüft werden muss, ob das Konzept, das damit messbar gemacht wurde, auch anders hätte operationalisiert werden können, und ob sie wirklich die wichtigsten Facetten des Begriffs erfasst. Im Fall des Navigationsgeräts war das die Frage, wie man eigentlich den kürzesten Weg definiert, zum Beispiel als Länge der Strecke versus kürzeste erwartete Fahrtzeit.

Zuletzt habe ich diskutiert, dass auch der eigentliche Algorithmus natürlich fehlerhaft sein kann. Bei Algorithmen, die ein mathematisches Problem mit bekannten Eigenschaften der Lösung behandeln, kann aber eine vermeintliche Lösung genau darauf geprüft werden, ob sie tatsächlich eine echte Lösung ist. Ein kürzester Weg, der nicht der kürzeste ist, kann erkannt werden, genauso wie eine angebliche Sortierung schnell überprüft werden kann, ob sie auch

wirklich alle genannten Sortierregeln einhält. Diese Überprüfungs-
möglichkeit gibt es für die meisten Heuristiken nicht mehr – viele
der Methoden des maschinellen Lernens sind aber eben solche Heuristiken. Aus diesen und anderen Gründen ist es auch schwierig,
zu überprüfen, ob die von ihnen gefundenen Lösungen optimal sind.
Nicht zuletzt können Algorithmen natürlich auch gewollt unmora-
lisch eingesetzt werden. Abbildung 15 fasst das Kapitel zusammen.

Um zu verstehen, was beim Lernen schiefgehen kann und wie die
Ethik dabei in den Rechner kommt, zeige ich Ihnen zuerst, was mit
dem Modewort »Big Data« eigentlich gemeint ist. Und dann –
lernen wir mit Maschinen!

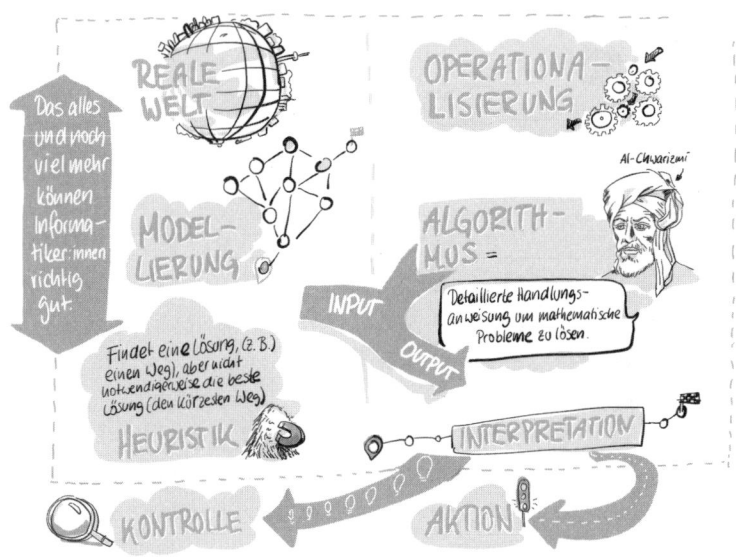

Abbildung 15: Zusammenfassung des Kapitels »Algorithmen – Handlungsanweisungen für Computer«

KAPITEL 4

Big Data und Data Mining

»Google Trends« ist ein spannendes Werkzeug, wenn man sich einen Überblick verschaffen möchte, nach was in Deutschland wann gesucht wurde.[45] Man kann sich damit ansehen, wie hoch das Suchaufkommen zu bestimmten Begriffen war. Angezeigt wird dabei nicht die absolute Anzahl der Suchanfragen, sondern der relative Anteil: Google bestimmt dafür zuerst die maximale Anzahl von Suchanfragen zu dem Begriff im gewünschten Zeitraum und gibt dann für alle Zeitpunkte den jeweiligen Anteil daran an. Wenn also im Januar die absolut meisten Personen nach »Algorithmus« suchten – und das waren 100 000 Nutzer –, wird für alle übrigen Monate die Anzahl der absoluten Suchanfragen durch diese Zahl geteilt.

Die folgende Abbildung zeigt zum Beispiel, wie sehr sich die relative Anzahl der Suchen nach den Begriffen des kleinen ABCs der Informatik über die letzten 15 Jahre verändert hat: Während Suchen nach »Algorithmus« relativ zum höchsten Suchvolumen im Februar 2004 abgenommen haben, fing die Suche nach »Big Data« erst im Jahr 2011 so richtig an. Der Trend ist aber schon wieder rückläufig, nach einem Anfang 2017. Die Suche nach »künstlicher Intelligenz« ist nie abgebrochen (Vorsicht Wortspiel!). Zwischen 2005 und 2014 war aber das Interesse weit geringer als am Begriff »Algorithmus« zu Beginn des Jahres 2004. Bis 2019 hat sich das Interesse am Begriff »künstliche Intelligenz« verfünffacht – und der Höhepunkt ist augenscheinlich noch nicht erreicht. Künstliche Intelligenz ist mal wieder hip.

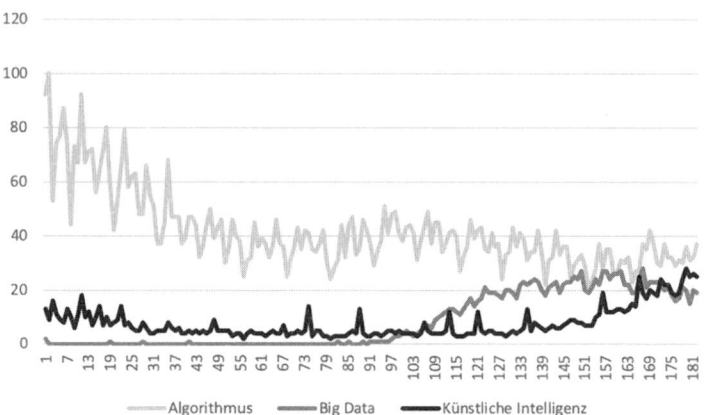

Relative Anzahl von Google-Suchen
zu »Algorithmus«, »Big Data« und
»Künstliche Intelligenz«

Algorithmus   Big Data   Künstliche Intelligenz

Abbildung 16

Das Tool »Google Trends« beruht auf **Big Data**: Die zugrunde liegenden Daten wurden nicht repräsentativ erhoben, sondern fielen beim Suchen eben an. Was die Menschen bewegt, wird wiedergegeben anhand dessen, was sie gesucht haben – obwohl das nicht immer notwendigerweise zusammenhängen muss.

Die zugrunde liegenden Daten haben dabei eine enorme Größe, was der Begriff »Big Data« ja auch ausdrücken soll: Die Zahlen variieren und können wohl auch nur von Google selbst korrekt angegeben werden, aber es wird geschätzt, dass Google pro Tag circa 3,5 Milliarden (!) Suchanfragen bekommt.[46] Die im Netz dazu kursierenden Zahlen gehen stark auseinander – manche schätzen, dass es bis zu 5 Milliarden Suchanfragen pro Tag sind.

»Google Trends« gibt für jeden Begriff auch an, ob die Nutzer außerdem nach etwas gesucht haben, das den Begriff (unter anderen) enthält oder stark mit diesem verbunden ist. Diese »verwandten Suchanfragen« zeigen, dass die Ergebnisse von Google Trends »verrauscht« sind. Unter dem Begriff »verrauscht« verstehen wir

Informatiker, dass nicht alle Daten wirklich relevant sind, sondern ein Teil davon – wie bei schlechtem Radioempfang – nur Rauschen darstellt. In diesem Beispiel bedeutet es, dass nicht jede Anfrage, die bei »Google Trends« mitgezählt wird und Begriffe wie »Big Data« oder »künstliche Intelligenz« enthält, auch anzeigt, dass die Suchenden etwas über diese Begriffe im engeren Sinne gesucht haben. Die von Google als »ähnlich« identifizierten Suchanfragen deuten darauf hin, dass einige Personen, die nach »KI« suchen, den Film »A. I. – Künstliche Intelligenz« meinten. Andere bezogen sich auf das Buch von Manuela Lenzen mit dem Titel »Künstliche Intelligenz«. Natürlich zeigen auch diese spezifischeren Suchanfragen ein Interesse am Thema auf, das aber jeweils etwas anders gelagert ist als die Suche nach dem Begriff an sich.

Und das sind auch schon die drei Hauptcharakteristika von Big Data: Es sind 1) **große Mengen** an Informationen, die 2) oftmals **in kurzer Zeit** entstehen und verarbeitet werden müssen. Oftmals werden auch 3) **mehrere dieser Datenquellen** miteinander verbunden.

Im Englischen fasst man diese drei Eigenschaften als die **drei V's** zusammen: *Volume* (Masse), *Velocity* (Geschwindigkeit), *Variety* (Vielfältigkeit). **Masse, Geschwindigkeit, Vielfältigkeit.** Andere fügen noch zwei weitere V's hinzu: Big Data wird dann genutzt, wenn ein **Mehrwert** *(Value)* hinter der Analyse vermutet wird, dazu muss aber die **Validität** *(Validity)* der Daten geprüft werden.

Big Data fällt auf jeden Fall überall dort an, wo Sensoren mit dem Internet verbunden sind. Und solche Sensoren sind jetzt nicht nur das GPS-System in Ihrem Smartphone und der Thermostat in Ihrem Smart Home, sondern auch alle Kameras, Tastaturen, Computermäuse, Siris und Alexas, in die Sie aktiv oder passiv Informationen fließen lassen.

Big Data fällt aber auch bei manchen Experimenten in der Biologie oder Physik an, zum Beispiel bei der Genomanalyse oder in der

Astrophysik. Erst kürzlich machte das erste Bild eines Schwarzen Lochs die Runde, das aus fünf Petabytes an Informationen berechnet wurde.[47] Ein Petabyte, das sind eine Million Milliarden Bytes........ Entschuldigung, mein Kopf ist gerade explodiert, ich kann mir das nicht mehr vorstellen. Sie? Auch der gängige Vergleich macht es nicht wirklich einfacher: Das ist so viel wie alle YouTube-Videos zusammen, die laut Google an einem typischen Tag im Jahr 2014 hochgeladen wurden. Auch das bleibt für mich unvorstellbar. Versuchen wir es anders: Ein moderner Computer (für den Hausgebrauch) hat eine Speicherkapazität von einem Terabyte. Man bräuchte also 5 000 solcher Computer, um die Datenmenge von einem Petabyte zu speichern. Die Speicher mit den gemessenen Daten des Schwarzen Lochs mussten von den Sternwarten übrigens per Flugzeug zu den Datenzentren gebracht werden, weil man solche Datenmengen nicht mehr sinnvoll über das Internet verschicken kann.[48] Es ist wirklich spannend, was hier geleistet wurde.

Wenn man die Artikel über die Erstellung des Bildes liest, merkt man schnell, wie aufgeregt die beteiligten Wissenschaftler:innen über ihre Entdeckung sind – und plötzlich kennt man sogar die Wissenschaftlerin, deren Algorithmus das überhaupt erst möglich gemacht hat: Katie Bouman, gerade frisch zur Professorin berufen. Es gibt ein Video, in dem sie das Resultat der Anstrengungen des insgesamt zweihundertköpfigen Teams beschreibt, und der »Heureka-Moment«, den wir Wissenschaftler:innen uns immer wünschen, spiegelt sich in ihrem Lachen und in den glänzenden Augen. Das Video ist unbedingt sehenswert, wenn Sie einen Teil der Begeisterung verstehen wollen, die wir verspüren, wenn wir in Daten Muster finden.[49]

Für mich persönlich ist Wissenschaft einfach die beste Mischung aus Detektivspiel und ernsthafter Suche nach Erkenntnis, die ich mir vorstellen kann. Ich glaube, dass das allen so geht, die Wissenschaft auf der Grundlage von großen Datenmengen machen: In Daten wühlen zu dürfen, die so noch keiner gesehen hat, ist enorm spannend. Wenn man mir eine Riesenfreude machen will, dann kippt man mir einfach einen schicken Datenhaufen vor die Tür, drückt meiner Familie einen Gutschein für eine Woche Disneyland in die Hand und verspricht mir eine regelmäßige Verpflegung, die bequem unter meiner Bürotür durchgeschoben werden kann.[50] Der Jagdeifer und die Freude daran, ein interessantes Muster in solchen Datenmengen zu finden, sind vielleicht schwer vermittelbar. Aber sie sind sicherlich vergleichbar mit dem Hochgefühl, das andere bei einem Geschäftsabschluss verspüren, bei einem sportlichen Erfolg oder wenn einfach einmal alles im Leben plötzlich richtig gut zusammenpasst. Auf dem Weg zum erhofften »Heureka-Moment« ist man wie berauscht,

man probiert alle möglichen Ansätze aus, steckt Niederlagen ein, steht wieder auf und versucht es erneut. Dabei kann es nachts schon einmal spät werden, und – ganz im Ernst – dabei werden ausreichender Schlaf, gesundes Essen und soziale Kontakte manchmal tatsächlich zur Nebensache.

Zu Beginn meiner Doktorarbeit im Januar 2003 war es allerdings richtig schwierig, an solche Daten heranzukommen – für eine theoretische Informatikerin ohne Industriekontakte eigentlich unmöglich. Als dann Netflix, eine damals in Deutschland noch unbekannte Firma, einen Wettbewerb eröffnete und uns den Zugang zu über hundert Millionen Bewertungen von etwas über 480 000 Nutzer:innen ermöglichte, die insgesamt 17 770 Filme betrafen, waren wir alle elektrisiert.

Der Netflix Prize: ganz großes Kino

Die Aufgabe war klar: Mithilfe der Daten sollten wir Algorithmen entwerfen, die für dieselben Nutzer:innen und Filme, deren Bewertung uns **nicht** bekannt war, vorhersagen, wie diese Bewertung aussah. Wir sollten also eine Art Glaskugel bauen, die entscheidet: »Frau Müller wird *Pretty Woman* lieben!« oder »Herr Schneider wird den Film *Titanic* ganz okay finden«. Das Wort **Vorhersage** benutze ich hierbei für eine Berechnung, die den prinzipiell beobachtbaren Ausgang einer realen Situation beschreibt. Dabei ist implizit gemeint, dass es für den Ausgang der Situation keine bisher bekannte Formel oder sonstige algorithmische Berechnung gibt, die ihn klassisch berechnen könnte. Das ist die Bedeutung, die Informatiker:innen im Kopf haben, wenn es um maschinelle Vorhersagen (*predictions* im Englischen) geht. Eine Datenbank macht beispielsweise keine Vorhersage, wenn ich abfrage, wie oft Frau Müller in letzter Zeit einen Film auf Netflix gesehen hat. Diese Information ist im Computer gespeichert und muss nur an der richtigen Stelle aus dem Speicher geholt werden. Auch die Lösung eines mathematischen Problems, zum Beispiel die Frage, welcher Wochentag der 23. Mai 1998 war, an dem Frau Müller ihre letzte Bewertung machte, ist keine Vorhersage in diesem Sinne, denn es handelt sich nicht um ein beobachtetes Verhalten, sondern um eine berechenbare Eigenschaft.

Das mit der Vorhersage der Bewertungen war aber gar nicht so einfach. Denn in den von Netflix veröffentlichten Daten war nicht viel Information enthalten. Die sahen nämlich im Wesentlichen so aus:

Nutzer 10 380 hat am 13.6.2005 den Film *Star Wars IV* (1977) mit 5 Sternen bewertet.
Nutzer 10 380 hat am 10.10.2000 den Film *Pretty Woman* (1990) mit 2 Sternen bewertet.

Über die Nutzer war also so gut wie gar nichts bekannt – nur ein kleiner Ausschnitt aus ihren Filmvorlieben. Dabei ist die Skala von 1 bis 5 Sternen sehr grob, und im Wesentlichen kann man damit nur so etwas sagen wie: 1 Stern = fand ich scheußlich, 3 Sterne = war okay, 5 Sterne = ich liebe es.

In jedem Fall handelte es sich damals wirklich um Big Data: 100 Millionen Datensätze – davon ging damals auf meinem Laptop nur ein Bruchteil in den Arbeitsspeicher.[51] Netflix hatte zusammen mit dem ersten auch ein zweites Dataset veröffentlicht, dessen Einträge so aussahen:

Nutzer 10 380 hat am 15.7.2005 den Film *Star Wars V* (1980) bewertet.

Die eigentliche Bewertung fehlte also. Für diese 2,8 Millionen Einträge sollte nun **vorhergesagt** werden, mit wieviel Sternen der Nutzer oder die Nutzerin den Film bewertet hat. Wie gesagt ist die Nutzung des Wortes »vorhergesagt« hier zwar branchenüblich, aber doch etwas irritierend. Denn natürlich wusste Netflix schon, wie die

Nutzer in diesem zweiten Datenset die Filme bewertet hatten. Schließlich liegt die Bewertung an sich bereits in der Vergangenheit.

Aber als »Vorhersage« *(prediction)* gilt bei uns eben alles, was die Maschine nicht explizit als Information bekommen hat, was aber das messbare Verhalten eines Systems oder Menschen betrifft. Ob dieses Verhalten schon stattgefunden hat oder noch in der Zukunft liegt, ist dabei unerheblich.

Ich weiß, was Du letzten Sommer getan hast!

Wenn diese Vorhersagen gut sind, kann man daraus ganz einfach Empfehlungen basteln: Sobald sich eine Nutzerin bei Netflix anmeldet, hat der Algorithmus bereits für sie und alle Filme, die sie noch nicht gesehen hat, die Vorhersage berechnet, und präsentiert ihr die Filme nun so, dass der mit der höchsten Vorhersage ganz oben steht und die übrigen in absteigender Reihung folgen.

Empfehlungsalgorithmen

Solche Empfehlungsalgorithmen begegnen Ihnen im Internet andauernd, und sie geben Ihnen einen ersten Vorgeschmack auf die Ansätze der künstlichen Intelligenz. Sie berechnen z. B. für Sie die Reihenfolge der Nachrichten Ihrer Freunde und Freundinnen auf Facebook, die Tweets in Ihrer Twitter-Timeline, die empfohlenen Produkte in Online-Shops, die Filme bei Netflix, aber im weitesten Sinne auch die Anordnung der Resultate für einen bestimmten Suchbegriff, die Stellenanzeigen auf Jobplattformen oder die passende Onlinewerbung. Und damit ist auch schon die enorme Bedeutung dieser Empfehlungsalgorithmen klar.

Außerdem zeigen uns die vielen Diskussionen der letzten Jahre, dass wahrscheinlich auch diese Art von Algorithmen mit dazu beigetragen hat, unsere Demokratien so angreifbar zu machen: mit Fake News und Manipulation. Daher möchte ich Ihnen im Folgenden ein paar dieser Algorithmen vorstellen. Und Sie werden feststellen, dass wieder das OMA-Prinzip greift: Um die Ergebnisse der Algorithmen sinnvoll interpretieren zu können, müssen die **Operationalisierung**, die **Modellierung** und der **Algorithmus** zusammenpassen.

Tja, was soll ich sagen: Das war nicht immer der Fall – und der Fehler ist auch lange nicht aufgefallen. Aber bevor ich dazu komme, stelle ich Ihnen vor, was wir Data Scientists so als Allererstes ausprobieren, um ein Gefühl für die Schwierigkeit einer solchen Vorhersage zu bekommen.

Ich weiß, was Du letzten Sommer getan hast: Stimmen aus der Vergangenheit

Im Fall von Netflix war es naheliegend, erst einmal einen personalisierten Ansatz zu testen. Ein ganz einfacher Algorithmus, den wahrscheinlich alle teilnehmenden Teams einmal ausprobiert haben, ist zum Beispiel, dass wir bei der obigen Anfrage

Nutzer 10 380 hat am 15.7.2005 den Film *Star Wars V* (1980) bewertet

für Nutzer 10 380 berechnen, mit wie vielen Sternen er im **Durchschnitt** Filme bewertet hat. Das heißt, die Vorhersage ist, dass der Nutzer 10 380 sich so benimmt, wie er oder sie es auch bisher getan hat. Ganz analog dazu kann man auch die durchschnittliche Anzahl an Sternen vorhersagen, die andere Nutzer:innen dem Film *Star Wars V* gegeben haben. Dies folgt dem **Verhaltensmodell**, dass alle Nutzer sich so verhalten wie der Durchschnitt.

Tja. Super Sache. Kann man erst einmal so machen. Aber wie misst man jetzt, wie gut oder schlecht diese Vorhersage jeweils ist?

Dazu brauchen wir ein **Qualitätsmaß** – und die Wahl eines solchen Maßes ist auch eine Voraussetzung für jeden Algorithmus des maschinellen Lernens. Das Qualitätsmaß bestimmt, ab wann wir einem Algorithmus eine Entscheidung zutrauen.

Gute Entscheidung: Die Wahl des Qualitätsmaßes

Die Qualität der Vorhersage wird nun wie folgt gemessen: Sagt der Algorithmus 3,6 Sterne vorher, der Nutzer gab aber 4 Sterne, dann wird der Unterschied quadriert – die Quadrierung macht es egal, ob man den Wert über- oder unterschätzt hat. Eine Vorhersage von 3,6 oder eine von 4,4 führt also zu demselben Ergebnis von 0,4 x 0,4 = 0,16.

Jetzt musste man ja aber nicht nur eine Vorhersage machen, sondern viele. Daher wurde der Durchschnitt dieser quadrierten Fehler über alle 2,8 Millionen Testdatensätze gebildet und daraus wieder die Wurzel gezogen.[52]

Mit einem solchen Qualitätsmaß ist es nun sehr einfach, die unterschiedlichen Algorithmen und die von ihnen gemachten Vorhersagen direkt zu vergleichen – wenn man denn die echte Bewertung kennt! Aber die kannten wir natürlich nicht, die kannte nur Netflix. Für das Testdatenset konnte man daher während des Wettbewerbs einmal pro Tag die Vorhersagen hochladen, und das System gab einem dann die Bewertung zurück. Es gab eine Bestenliste, die uns jederzeit zeigte, wie wir uns gerade schlugen – ein guter Anreiz, es noch einmal mit einem clevereren Ansatz zu versuchen! Denn natürlich waren die beiden oben genannten naiven Ansätze bei Weitem nicht gut genug, wenngleich auch nicht ganz daneben. Es ist nämlich schon ein bisschen so: Wenn eine Nutzerin grundsätzlich gut bewertet, tut sie das auch in Zukunft. Und wenn ein Film bei vielen beliebt ist, ist die Wahrscheinlichkeit hoch, dass ihn auch der nächste Nutzer mag. Aber dies sind eben keine hundertprozentig korrekten Regeln!

Netflix lobte nun eine Million Dollar für die Designer desjenigen Algorithmus aus, der die Bewertung des Netflix-eigenen Algorithmus namens »Cinematch« um mindestens 10 Prozent verbessern würde. Tatsächlich war die Vorhersagequalität von »Cinematch« noch nicht so doll: Im Schnitt verschätzte sich der Algorithmus um fast einen Stern! Für den ersten Algorithmus im Wettbewerb, dessen durchschnittlicher absoluter Fehler bei oder unter 0,8572 lag, sollte also das stattliche Preisgeld ausgeschüttet werden.

Ich spreche wohl für die meisten von uns, wenn ich sage, dass das Preisgeld zwar der Punkt war, der für eine hohe Medienaufmerksamkeit sorgte – aber unsere Motivation für die Teilnahme eine andere war: Cleverer zu sein als die anderen! Bessere Hinweise in den Daten zu finden als der Rest der Welt, um eine Empfehlung noch akkurater aussprechen zu können, und das Ganze auch noch so schnell und effizient wie nur möglich! Genau das ist der Zauber des Data Minings, des Ausbeutens von Daten: Darin kleine Datenschätze der besonderen Einsicht zu finden, die man in der Folge für Entscheidungen nutzen kann.

Schon sechs Tage nach der Veröffentlichung der Daten wurde die Performance von »Cinematch« geschlagen, nach 13 Tagen hatten es bereits drei Gruppen geschafft, dessen Fehlerrate zu unterbieten. Ein gutes halbes Jahr später hatten sich schon mehr als 20 000 (!) Entwicklerteams angemeldet und über 13 000 Mal Vorhersagen für das Testdatenset hochgeladen.[53] Am Ende des Jahres waren es schon 40 000 Teams, und die Qualität von »Cinematch« wurde um 8,43 Prozent verbessert. Im September 2009 wurde schließlich ein Algorithmus gefunden, der tatsächlich mehr als 10 Prozent besser war als Netflix' Empfehlungsalgorithmus drei Jahre zuvor.

Ich hatte auch ein bisschen mit verschiedenen Ideen für den Algorithmus gespielt, aber um den Wettbewerb zu gewinnen, musste man auch gut vorhersagen können, welche Filme eine Person **nicht** mag. Mich interessierte dagegen etwas anderes: Könnte man aus den wenigen Informationen, die im Datenset enthalten waren, auch herausbekommen, welche Filme ähnlicher Natur sind? Würde das Bewertungsverhalten der Nutzer:innen es ermöglichen, Gruppen von ähnlichen Filmen zu finden?

Große Erwartungen

Im Wesentlichen muss man ja nicht verstehen, was jemand **nicht** mag, sondern nur, was er oder sie **mag**. Daher habe ich einen Algorithmus entwickelt, der bewertet, ob die Anzahl gemeinsamer Fans zweier Filme ungewöhnlich und unerwartet hoch ist. Die Idee dahinter ist, dass Filme, die bisher von vielen gemeinsam gemocht wurden, dann auch für eine positive Empfehlung taugen. Nach dem Motto: Sie mochten Film A, dann werden Sie auch Film B mögen, weil schon vor Ihnen viele Personen sowohl Film A als auch Film B gemocht haben. Das könnte wiederum auch auf eine für die Zuschauer relevante Ähnlichkeit der Filme hindeuten. Aber woher weiß man, ob es wirklich genügend viele gemeinsame Fans sind, um eine solche Empfehlung zu machen?

Dazu stelle ich Ihnen zwei echte Filmpaare vor, nennen wir sie Film A und Film B, und Film X und Film Y. Von 10 000 Kunden mochten nur 23 Personen sowohl Film A als auch Film B. Von denselben 10 000 Kunden mochten aber 1 179 Personen Film X und Film Y. Könnten Sie daraus schon eine Empfehlung ableiten, wenn ein neuer Kunde sagt, dass er Film A mag? Oder Film X? Sie müssten in diesem Szenario bewerten, ob die 23 gemeinsamen begeisterten Kunden von Film A und Film B relevant sind, beziehungsweise, ob die 1 179 gemeinsamen begeisterten Fans der Filme X und Y relevant sind. Natürlich habe ich Sie aufs Glatteis geführt, denn die Frage können Sie so überhaupt nicht beantworten. Denn dazu müssten Sie erst einmal wissen, wie beliebt die Filme für sich genommen waren. Tatsächlich wurde Film A insgesamt nur von vierzig von 10 000 Nutzern positiv bewertet,[54] Film B von 73 Personen. Beides also keine Bestseller!

Filme X und Y sind hingegen typische Blockbuster: 4 080 (Film X) und 1 930 (Film Y) von 10 000 Netflix-Nutzern vergaben hier mindestens vier Sterne. Damit ist es schon nicht mehr so klar, ob nicht das Wissen über die 23 gemeinsamen Fans der Filme A und B mehr Information enthält als das Wissen über die 1 179 gemeinsamen Fans der Filme X und Y.

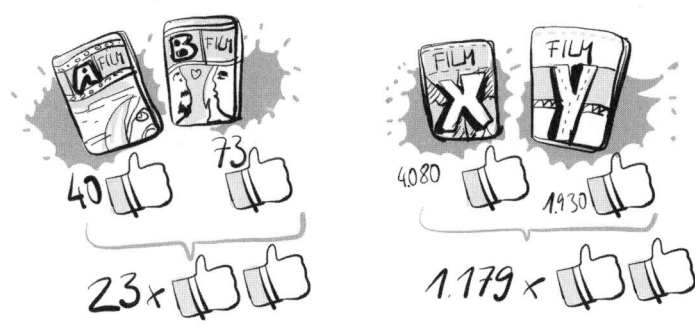

Abbildung 17: Kann die Anzahl von Personen, die zwei Filme mögen, Hinweise darauf geben, ob diese Filme ähnlich zueinander sind? Wenn ja, ist 23 genug, um auf Ähnlichkeiten hinzudeuten? Sind 1 179 Personen, die Filme X und Y mochten, ein klares Zeichen für die Ähnlichkeit dieser beiden Filme?

Wie oben schon erwähnt, sind Empfehlungsalgorithmen die Urmutter des maschinellen Lernens auf digitalen Daten. Es lohnt sich, hier ein bisschen in die Details hineinzusehen, um zu verstehen, wie viele Knöpfe, Schieber und Regler die Maschinerie bietet. Zudem wird noch einmal klar, dass es auch hier um die angemessene **Modellierung** der Fragestellung geht. Das Beispiel zeigt vor allen Dingen auch, wie schwierig es ist, bei so viel Gestaltungsspielraum nachher herauszufinden, ob die Entscheidungen des Algorithmus eigentlich richtig sind oder nicht. Tatsächlich gibt es **mehrere Dutzend (!) Arten und Weisen**, wie man die Anzahl der gemeinsam gemochten Filme in Abhängigkeit von allen bewerteten oder gemochten Filmen mathematisch quantifizieren kann.[55] Hier steckt also auch wieder eine **Operationalisierung**, nämlich die Frage danach, wie man die Ähnlichkeit von Objekten misst.

Aber hier hat mich wieder meine naturwissenschaftliche Vergangenheit eingeholt, und ich wollte versuchen, ob wir nicht einen Test auf statistische Signifikanz verwenden können. Könnte man also die

Anzahl der gemeinsamen Fans statistisch bewerten – ähnlich wie die Überlebenschancen bei meinen Hefezellen? Bei solchen Tests will man wissen, wie häufig etwas **zufällig** auftaucht, auch wenn gar kein tieferer Zusammenhang besteht. Dazu braucht man natürlich eine Kontrollgruppe. Bei den Hefezellen war das einfach, aber was **ist** hier überhaupt die Kontrollgruppe? Naja, mein Team und ich sind davon ausgegangen, dass es Gruppen von Filmen gibt, die manche Gruppen von Personen gerne sehen. Das ist einfach eine Alltagserfahrung: Wenn jemand einen Film mit Johnny Depp mag, ist die Wahrscheinlichkeit hoch, dass er oder sie auch andere Filme mit ihm mag. In diesem Fall heißt das, die Bewertungen von zwei Filmen mit Johnny Depp haben eine Verbindung, sie hängen voneinander ab. Was aber, wenn es diesen Zusammenhang nicht gibt? Wie oft würde es dann vorkommen, dass Menschen einfach zufällig sowohl den einen als auch den anderen Film mögen? Die Differenz zwischen der Anzahl gemeinsamer Fans, die wir aus reinem Zufall erwarten, und der Anzahl gemeinsamer Fans, die wir in der Realität beobachten, lässt dann Rückschlüsse darauf zu, ob die Filme inhaltlich wirklich etwas verbindet. Je höher die Anzahl gemeinsamer Fans ist als erwartet, desto höher die (statistische) Signifikanz, und desto eher können wir davon ausgehen, dass hier wirklich ein Paar von Filmen vorliegt, das Menschen immer wieder gut finden werden.

Um zu berechnen, wie viele gemeinsame Fans wir rein zufällig erwarten, teilen wir die Filmbewertungen neu zu – ohne Rücksicht auf Vorlieben. Das macht man dann zum Beispiel tausend Mal und zählt jedes Mal, wie viele gemeinsame Fans die Filme A und B unter diesen Umständen noch haben. Es ist klar, dass es – wenn zwei Filme insgesamt sehr beliebt sind – passieren kann, dass nach der zufälligen Neuverteilung aller Bewertungen eine gewisse Anzahl von Personen beide Filme mögen werden. Einfach nur deswegen, weil sie so beliebt sind. Wenn es extrem unwahrscheinlich ist, dass so viele gemeinsame Fans einfach so beobachtet werden, erhärtet das den Verdacht, dass hier nicht nur zufällig viele gemeinsame Fans dadurch entstanden sind, dass die Filme halt sehr populär sind. Dann stärkt das die Hypothese, dass der Befund **statistisch signifikant** ist und dass damit die Personen, die beide Filme mögen, das tun, weil sie sich inhaltlich ähneln.

Diese »zufällige« Neuverteilung der Bewertungen kann man unterschiedlich modellieren. Zufall ist nämlich nicht gleich Zufall.

Das einfachste Modell, das über dreißig Jahre lang sehr beliebt war, schaut bei der zufälligen Neuverteilung nur nach der Popularität der Filme. Wenn ein Film in echt von 70 Prozent der Nutzer gemocht wurde, wird der Film in diesem »Zufallsbewertungsmodell« mit 70 Prozent der Personen zufällig verbunden. Das macht man dann für jeden Film, bis jeder genauso viele Bewertungen wie im echten Datensatz hat, diesmal aber ohne jegliche Vorlieben für bestimmte Filme. Dieses Modell hat den riesigen Vorteil, dass man hier direkt berechnen kann, wie viele Fans zwei Filme im Durchschnitt haben werden. Die Rechnung beruht darauf, dass hier zwei Sachen unabhängig voneinander passieren: Damit Filme A und B einen gemeinsamen Fan haben, muss derselbe Nutzer zufällig für Film A und für Film B ausgewählt worden sein. Die Rechnung dazu ist einfach: Man multipliziert die einzelnen Wahrscheinlichkeiten. Warum das so ist, ist schnell erklärt: In Italien war ich einmal in einem Schuhladen, da ich dringend ein Paar Schuhe brauchte. Leider waren die Schuhe nicht nach Größe sortiert, ich musste also etwas herumstöbern. Im Durchschnitt gefiel mir nur jeder fünfte Schuh, also etwa 20 Prozent. Ich bemerkte aber auch, dass höchstens jedes zehnte Paar Schuhe überhaupt in meiner Größe vorhanden war – unabhängig davon, ob mir das Modell gefiel oder nicht.

Den Pumps im Schuhhaufen finden.

Die Wahrscheinlichkeit, dass unter den 20 Prozent schönen Schuhen auch noch welche in Größe 41 waren, lag also auch bei 10 Prozent. Um herauszubekommen, wie wahrscheinlich es ist, im Schuhladen einen schönen Schuh in Größe 41 zu bekommen, muss man dann die beiden Wahrscheinlichkeiten multiplizieren: Es sind dann nur noch 2 Prozent von allen Schuhen. Das Produkt der beiden Wahrscheinlichkeiten sagt aber nur aus, wie hoch die Wahrscheinlichkeit ist, dass ein beliebiger Schuh im Laden beide Eigenschaften hat: dass er mir gefällt und passt. Um zu wissen, wie viele es vermutlich sein werden, die beides erfüllen, muss man diese Zahl noch mit der Anzahl an Damenschuhen im Laden multiplizieren.

In einem Laden mit 200 Schuhmodellen wären das also gerade mal vier gewesen. Mit anderen Worten: Ich bin nach der kurzen Rechnung ohne Schuhe wieder rausgegangen, weil mir die Wahrscheinlichkeit zu klein war. Womit bewiesen wäre, dass man Mathe eben doch fürs Leben lernt und nicht für die Schule!

Genauso funktioniert es nun auch in diesem zufälligen Bewertungsmodell: Man muss nicht ewig herumexperimentieren, man kann direkt berechnen, was die erwartete Anzahl von gemeinsamen

Fans ist. Und das tun wir jetzt für 10 000 hypothetische Kunden und Kundinnen, die fiktiv keinerlei Vorlieben haben. Im realen Datenset hatten vierzig von 10 000 Kunden Film A gut gefunden und 73 Film B. Nach der obigen Formel, bei der wir die Einzelwahrscheinlichkeiten multiplizieren müssen, ist die Wahrscheinlichkeit, dass ein hypothetischer Kunde beide Filme, A und B, mag, nur 0,0000292, also 40 x 73/10 000^2. Da es 10 000 Kunden gibt, erwarten wir, dass das bei 0,292 Personen passieren würde – also so gut wie nie. Die in Wirklichkeit beobachtete Zahl von Kunden, die beide Filme mochten, ist mit 23 also um ein Vielfaches größer als diese Zahl. Der Vergleich mit diesem Modell würde in diesem Fall sagen: Das ist statistisch signifikant!

So, und jetzt wird es endlich Zeit, das Geheimnis zu lüften, um welche beiden Filme es sich handelt. Sie kennen Sie sicher – nicht. Es sind zwei Folgen aus der Serie *Veggie Tales*. Das lassen Sie sich jetzt einfach noch einmal auf der Zunge zergehen. Ahnen Sie es schon? Es handelt sich natürlich um Gemüse-Zeichentrickfiguren, die ethisch-moralische Geschichten erzählen, logo! Und das habe ich mir nicht extra für Sie ausgedacht, das ist tatsächlich so.[56] Schön, nicht? Das Interessante daran ist, dass wir diese beiden Filme tatsächlich gefunden haben, ohne irgendetwas über sie zu wissen, außer der Anzahl an Personen, die beide Filme mögen. So etwas lieben wir Informatiker von ganzem Herzen: Muster mit möglichst wenig Aufwand in chaotischen Datenheuhaufen finden. Großartig!

Und wie sieht es jetzt mit den Filmen X und Y aus? Ich lasse schon einmal ein Kätzchen aus dem Sack: Film Y ist *Star Wars V*. Was könnte wohl Film X sein? Auch hier rechne ich erst mal aus, wie viele gemeinsame Fans im Modell zu erwarten sind. Beide Filme sind beliebt: Film X gehörte mit 4 080 guten Bewertungen zu den absoluten Bestsellern, Film Y mit immer noch 1930 guten Bewertungen ebenfalls zu den Top-Filmen. Wenn also zufällig ausgewählte 4080 Personen von 10 000 Nutzern Film X mögen und 1930 zufällig gewählte Personen Film Y mögen, dann erwarten wir nur gut 787 gemeinsame Fans. Im echten Dataset sind es aber 1179 und damit 392 mehr als erwartet! Daraus folgern wir messerscharf, dass – wer *Star Wars V* mochte – auch unseren Film X lieben wird! Film X ist, tadaa, Vorhang auf:

Pretty Woman!!!

Abbildung 18: Manche Empfehlungsalgorithmen finden: Wer *Pretty Woman* mochte, wird auch *Star Wars V* mögen. Go, »Yoda Roberts«, go!

Pretty Woman? Der mit Julia Roberts? Also der, in dem gar keine Raumschiffe vorkommen? Richard Gere und so. Ich stelle mir das so vor, wenn ich als Programmiererin das als Ergebnis gesehen hätte: »Schahatz? Ihr habt doch heute Abend das Treffen mit den Kumpels vom Star Wars Club? Ich habe Euch dafür einen Überraschungsfilm mitgebracht, den werdet Ihr lieben, sagt mein Algorithmus. Aber nicht vorher reingucken, ja? Ist 'ne Überraschung!« Wäre das eine Überraschung geworden![57]

Dieser statistische Ansatz und die darauf aufbauenden Varianten waren eine ganze Weile sehr beliebt – die inhaltlichen Merkwürdigkeiten wurden einfach »wegerklärt«. Im vorliegenden Beispiel mit der Geschmacksverirrung »Yoda Roberts« hätte man vermutlich argumentiert, dass der Algorithmus eben herausfindet, dass beide Filme als Hollywood-Blockbuster Personen anziehen, denen der eigentliche Inhalt nicht so wichtig ist. Hauptsache, jeder andere hat ihn gesehen und findet ihn toll. Klingt das für Sie nachvollziehbar?

Eine Variante dieses Algorithmus wurde auch auf Supermarkteinkäufe angewendet. Eines der Ergebnisse des Algorithmus nennt man das »Bier-und-Windel«-Paradoxon. Man fand nämlich das unerwartete Muster, dass zu einer bestimmten Uhrzeit signifikant viele Windeln und Bier miteinander verkauft wurden. Und natürlich findet sich auch dafür schnell eine einfache Erklärung: »Stellen Sie sich vor, Sie sind ein junger Kerl mit kleiner Familie. Ihre Frau dreht zu Hause mit dem neuen Baby total durch und herrscht Sie am Telefon an, dass Sie ja eh keine große Hilfe seien. Sie fahren aufgebracht zum nächsten Supermarkt, packen die Windeln ein – und gleich noch ein Sixpack Bier zur eigenen Beruhigung.« So oder so ähnlich wurde »erklärt«, warum dieses scheinbare Paradoxon eine ganz wunderbare Einsicht in das Kaufverhalten junger Eltern bot, und dementsprechend wurden in den Supermärkten fleißig Bierpaletten neben Stapel von Pampers geschoben. Ich fand die Ergebnisse dieser Algorithmen dementsprechend unintuitiv, als ich 2007 begann, mich mit ihnen auseinanderzusetzen. Deswegen habe ich die grundsätzliche Idee des zwanzig Jahre alten Algorithmus noch einmal verfeinert und bei dem darauf beruhenden Zufallsbewertungsmodell ein paar Anpassungen vorgenommen. Bei dem ersten Modell für die Netflix-Filme wurde ja angenommen, dass jeder mit derselben Wahrscheinlichkeit den jeweils selben Film gut findet. Das führt im Modell als Nebenwirkung auch dazu, dass alle Kunden mehr oder weniger gleich viele Filme gut finden: Wenn im Modell 80 Prozent der Nutzer den ersten Film gut finden, 25 Prozent den zweiten, 30 Prozent den dritten und so weiter, dann finden durchschnittlich alle Nutzer im Modell ungefähr gleich viele Filme gut. Dass dies in echt nicht so ist, zeigte auch das Datenset von Netflix: Demzufolge hatten die meisten nur ein paar Filme bewertet, während andere Tausende Filme, manche sogar mehr als zehntausend Filme bewertet hatten! Und tatsächlich macht das einen riesigen Unterschied, ob man diese Eigenschaft der echten Daten mitmodelliert oder nicht. Das ist ähnlich wie beim Beispiel mit den Bahnhöfen und den Zugverbindungen: Um die Ergebnisse interpretieren zu können, müssen die jeweiligen Abfahrts- und Ankunftszeiten mitmodelliert werden. Hier sind es die Popularität der einzelnen Filme, aber auch die »Bewertungsaktivität« der Nutzer:innen, die beide mitmodelliert werden müssen.

Unsere Modellierung berücksichtigte daher beides: Ich teilte die Bewertungen in diesem Modell so zu, dass sowohl die Anzahl der Bewertungen einer Person (also ihre Bewertungsaktivität) erhalten bleibt als auch die jeweilige Popularität der einzelnen Filme. Das Verfahren dazu ist recht technisch und auch deutlich aufwendiger zu berechnen als das erste Modell. Daher sollte es dann schon auch besser sein, wenn man sich diese Mühe macht. Ein erster Erfolg des neuen Modells[58] war, dass die Empfehlung, *Pretty Woman* passe super zu einem *Star-Wars*-Filmabend, verschwand. Das ist schon einmal sehr heilsam für langjährige Beziehungen.

Der Algorithmus selbst ist für beide Modelle übrigens gleich: Wir nehmen die echten Daten und zählen für alle Paare von Filmen die Anzahl gemeinsamer Fans und vergleichen diese mit der Anzahl gemeinsamer Fans, die wir im jeweiligen Modell erwarten. Eine große Differenz interpretieren wir als eine große Wahrscheinlichkeit, dass auch andere Nutzer:innen die jeweiligen Filme beide mögen werden. Das heißt, für einen Film (zum Beispiel *Star Wars V*) können wir alle anderen Filme nach dieser Differenz sortieren. Dabei haben beide Modelle ihren Reiz: Das erste ist sehr einfach und schnell zu berechnen, das zweite ist wirklichkeitsgetreuer. Aber welches ist denn besser? Dafür brauchen wir jetzt eine Bewertungsmethode. Wenn wir immer nur auf einzelne Ergebnisse schauen und uns dafür im Nachhinein eine Geschichte ausdenken, warum dieses Ergebnis schon irgendwie stimmen könnte, werden wir nie herausfinden, welcher Algorithmus basierend auf diesen zwei unterschiedlichen Modellen jetzt wirklich am besten ist. Dazu bedarf es einer Methodik, die das Resultat mit bekanntem Wissen vergleicht.

Qualitätsbewertung

Als wir den neuen Algorithmus entwickelt hatten, wollten mein Team und ich also wissen, welches Modell die »bessere« Sortierung kreiert, sodass für jeden Film diejenigen weit oben stehen, die ihm am »ähnlichsten« sind. Natürlich kann man das nicht für **jeden** Film direkt benennen: Erstens gibt es keinen Menschen, der überhaupt alle Filme gesehen hat – insofern kann man auch nicht wissen, welcher der ähnlichste gewesen wäre. Zweitens wären sich die Menschen wahrscheinlich selbst dann nicht einig, wenn sie alle Filme gesehen hätten. Aber erinnern Sie sich an die komische Gemüsetrickfilm-Serie: Der Algorithmus hat es geschafft, herauszufinden, dass die beiden Teile weit über den Zufall hinaus gemeinsame Fans haben. Um zu bewerten, ob der Algorithmus das insgesamt gut macht, wollten wir für alle Paare von Filmen die Anzahl gemeinsamer Fans danach sortieren, wie signifikant diese Anzahl vom Zufall abweicht. Wenn unsere Idee mit den gemeinsamen Fans auch für andere Filme funktioniert, sollte der Algorithmus zumindest für

TV-Serien mit mehreren Staffeln und Filmserien – so wie *Star Wars*, die *James Bond*-Filme oder *Die nackte Kanone* – für einen Film aus dieser Serie die jeweils anderen Filme ganz nach oben sortieren, denn dies sind sicherlich die ähnlichsten Filme zueinander.

Natürlich hat der Algorithmus selbst keine Information darüber, ob ein Film zu einer Serie gehört und wenn ja, zu welcher. Der Algorithmus bekommt nur die Information, welcher Kunde welchen Film mag. Sonst nichts, keine Serieninformation, kein Genre, kein gar nichts. Wenn nun der Algorithmus trotzdem in der Lage ist, die anderen Filme oder Staffeln einer Serie ganz nach oben zu sortieren, sagt uns das zwei Dinge:

1. Die Information der Ähnlichkeit von Filmen steckt tatsächlich in den Kundenbewertungen drin.
2. Der Algorithmus ist zudem in der Lage, diese Informationen zu verwerten.

Interessant!

Wir haben also für einen Teil der Filme, die im Netflix-Datenset enthalten waren, eine Reihe von anderen Filmen, von denen wir denken, dass ein guter Algorithmus sie ganz nach oben einsortieren sollte. Damit haben wir etwas, mit dem wir die Vorhersage des Algorithmus bewerten können, genau wie vorher Netflix für sein Problem die echte Bewertung mit der Vorhersage verglich. Wir sprechen bei einer solchen **echten Beobachtung**, mit der das Ergebnis eines Algorithmus **verglichen** werden kann, von einer **Grundwahrheit** *(ground truth)*. Die Grundwahrheit alleine reicht aber noch nicht aus: Zudem muss noch operationalisiert (messbar gemacht) werden, wie man denn jetzt die Abweichungen für jede einzelne Vorhersage misst und wie man diese Abweichungen zusammenfasst. Das sogenannte **Qualitätsmaß** muss also ebenfalls definiert werden. Es legt fest, welche Art der Abweichung wieviel »kosten« soll und ab wann wir eine Vorhersage »gut genug« finden. Wir haben uns damals unter den vielen möglichen für die folgende

Qualitätsmessung entschieden: Wenn ein Film Teil einer Filmserie mit drei (oder vier oder fünf oder was-auch-immer-wie-vielen) Teilen ist, dann prüfen wir, wie viele unter den Top-3 (oder Top-4 oder Top-5 oder Top-was-auch-immer-wie-viele) ebenfalls Teil der Serie ist.

Als konkretes Beispiel dient die unter Informatikern im Allgemeinen sehr beliebte Serie *Star Trek (Raumschiff Enterprise) The Next Generation* mit sieben Staffeln. Für unsere Grundwahrheit verlangen wir nun, dass für jede Staffel von *The Next Generation* der Algorithmus die übrigen sechs Staffeln am höchsten bewertet.

Abbildung 19: Bewertung eines algorithmischen Empfehlungssystems. Es bekommt als Input einen Film und sortiert dann alle anderen Filme – wie im Text beschrieben, kann es mehrere Varianten geben, nach welcher Logik dies geschieht. Zur Qualitätsbewertung werden für jeden Film nur die Top-Einträge betrachtet.

Das heißt, wenn unser Algorithmus für Staffel 1 alle anderen 17 769 Filme sortiert und nur die Staffeln 3, 7, 6 und 5, nicht aber Staffeln 2 und 4 nach ganz oben sortiert, hat der Algorithmus nur vier von sechs, also zwei Drittel richtig sortiert.

Muss man das Qualitätsmaß so wählen? Sicher nicht. Die Reihenfolge der Staffeln innerhalb der ersten sechs Filme hat unser Qualitätsmaß nicht berücksichtigt. Genauso gut könnte man sich aber auch ein Qualitätsmaß ausdenken, das dies täte! Oder wir hätten messen können, was der durchschnittliche Rangplatz aller anderen Serienteile ist, anstatt nur auf die ersten Rangplätze zu schauen. Oder wir hätten erfassen können, was der jeweils letzte Rangplatz von einem der Serienteile ist. Ich erinnere mich, dass wir tatsächlich ein paar solcher Ideen ausgetestet haben. Manche eigneten sich nicht, weil es schwierig war, die Werte zwischen Serien mit unterschiedlich vielen Teilen zu vergleichen und zusammenzufassen – das ist ein nachvollziehbarer Grund, ein Qualitätsmaß nicht zu verwenden. Aber am Ende gibt es nicht für alles eine Begründung, und man entscheidet sich im Team, welches Qualitätsmaß man jetzt nimmt.

Die »Operationalisierung« des Qualitätsbegriffs – wie man also Qualität misst – muss daher transparent gemacht werden. Nur dann können andere Teams das Ergebnis reproduzieren oder mit einem anderen Qualitätsmaß neu berechnen und vergleichen, wenn sie mit dem von uns gewählten nicht einverstanden sind.

Ein damit verwandter Aspekt ist, dass sich unser Qualitätsmaß auch nicht davon beeindrucken lässt, wenn der Algorithmus wohlmeinend andere Staffeln des *Star-Trek*-Universums in die Reihenfolge hineinmixt, etwa aus der *Voyager*- oder der *Deep-Space-Nine*-Serie. Das würden wir ignorieren (obwohl es inhaltlich Sinn macht), weil wir in unserer Grundwahrheit festgelegt haben, dass nur die Staffeln derselben Serie *(The Next Generation)* zählen. Die Bewertung ist also sowohl von der gewählten Grundwahrheit als auch vom gewählten Qualitätsmaß abhängig, und **beide wurden durch individuelle und subjektive Entscheidungen definiert.**

Wenn Sie dieses Vergleichsdatenset und unser Qualitätsmaß akzeptieren, dann können die Ergebnisse der beiden Modelle daran gemessen werden. Und tatsächlich konnten wir damit zeigen, dass unser Modell besser geeignet ist, um ähnliche Filme zu finden.[59]

Die Qualitätsbewertung des Ergebnisses wird also dazu genutzt, dasjenige Modell zu bestimmen, das die »beste« Relevanzbewertung gegenüber der »Wahrheit« macht. Das ist ein bisschen so, als würden Sie verschiedene Astrologen, Wahrsager, Visionäre und Wirtschaftsweise befragen, welche Aktien bis in fünf Jahren den höchsten Gewinn versprechen, allen Empfehlungen folgen, in fünf Jahren auf das jeweilige Konto schauen und danach dann dem Astrologen, Wahrsager, Visionär oder Wirtschaftsweisen dauerhaft folgen, der Ihnen das dickste Plus (oder gar das kleinste Minus?) beschert hat.

Insbesondere sieht mein Modell wie gesagt auch keinen Grund mehr, *Pretty Woman* allen denjenigen zu empfehlen, die *Star Wars* mögen. Und ich vermute auch stark, dass das »Bier-und-Windel-Paradox« bei unserem Modell nicht aufgetaucht wäre. Ich halte es für ein Artefakt – also ein künstlich durch Menschen bedingtes Ergebnis –, das nur dem falschen Zufallsbewertungsmodell geschuldet ist. Da die Daten der ursprünglichen Studie aber nicht verfügbar sind, können wir das leider nicht testen.

Post-hoc Erklärungen

Wichtig ist bei Empfehlungssystemen also, dass sie Heuristiken sind. Wir Data Scientists geben vor, wie die Lösung für einen Teil der Eingaben aussehen sollte (*ground truth*, Grundwahrheit) und wie man misst, ob eine Lösung nahe dran ist an dieser Grundwahrheit oder nicht. Wir wählen dann den Algorithmus aus, der ihr am nächsten kommt. Mir hat die Arbeit an dem Empfehlungsalgorithmus daher vor allen Dingen eines gezeigt: Solange es keine Grundwahrheit gibt, die festlegt, was die richtige Antwort gewesen wäre, und die Ergebnisse eines Algorithmus »einigermaßen« vernünftig erscheinen, werden wir Menschen eine Geschichte erfinden können, die sie erklären.[60] So sind eben auch das »Yoda Roberts«-Phänomen (»*Pretty Woman* und *Star Wars V* sind halt beides Hollywood-Blockbuster«) und das Bier-und-Windel-Paradoxon lange wegerklärt worden. Das mag Ausdruck unserer Kreativität sein, ist aber eigentlich sehr schlecht. Denn das heißt, dass wir wenig Intuition dafür haben, wie »richtige« Ergebnisse aus Daten lauten sollten. Einigermaßen plausible reichen völlig aus, um uns zu überzeugen. Für künstliche Intelligenz, die beispielsweise die nächste Generation von »erfolgreichen Arbeitnehmern« finden oder die Rückfälligkeit von Kriminellen vorhersagen soll, ist das allerdings kein guter Ausgangspunkt: Denn auch hier ist es schwierig, die Daten einfach so, per Augenschein, auf ihre Qualität hin zu überprüfen.

Umso wichtiger ist es, dass es dann eine Grundwahrheit gibt, anhand derer man die Ergebnisse der Maschine testen kann und dass diese Grundwahrheit stimmt: Sie muss korrekt sein, repräsentativ sein und darf zudem keine Diskriminierungen enthalten. Das Qualitätsmaß macht dann messbar (operationalisiert), wie der Abstand einer Antwort zum durch die Grundwahrheit vorgegebenen Ideal gemessen werden soll. Das ist übrigens etwas, das auch alle diejenigen machen, die eine Note vergeben: Sie bestimmen, wie weit die Antwort eines Prüflings vom Ideal entfernt ist oder welche Anteile daran sie enthält, und benoten das.

In manchen Situationen gibt es nur sehr wenig Spielraum für das Qualitätsmaß: Wenn zum Beispiel eine Heuristik einen Weg von A nach B berechnet und wir diesen dann mit dem kürzesten Weg vergleichen, drängt sich als Qualitätsmaß die Differenz der Längen auf. Bei der Vorhersage von »erfolgreichen Bewerber:innen« wird es schon deutlich schwieriger: Sollte die Grundwahrheit aus zwei Mengen bestehen, also aus erfolgreichen und nicht erfolgreichen Bewerbern? Oder aus einer absteigenden Sortierung von den »erfolgreichsten« zu den »am wenigsten erfolgreichen« Bewerber:innen? Und wie bewertet man dann den Abstand der maschinellen

Antwort zur gewählten Grundwahrheit? Hier ergibt sich ein deutlicher Spielraum für Entscheidungen, die aber – wie Sie sehen – nicht wirklich technischer Natur sind. Hier können und sollten Data Scientists, Betriebsräte, Arbeitgeber und andere Betroffene gemeinsame Antworten finden, um gute Entscheidungen zu treffen.

Das klingt nun so, als wäre es ganz schön kompliziert, das alles richtig zu machen. Aber warum ist Big Data dann oft so erfolgreich? Nun, im Wesentlichen muss es ja nur erfolgreicher oder effizienter sein als Menschen es in einer bestimmten Situation wären. Und die große Klasse der Empfehlungsalgorithmen gehört zu diesen Systemen, die oft recht gut funktionieren.

Sind wir alle berechenbar?

Unser Verhalten als Gruppe lässt es tatsächlich oft zu, sehr genaue und gute Empfehlungen auszusprechen. Das überrascht das Publikum bei meinen Vorträgen immer wieder. Diese Überraschung ist aus der Sicht des Einzelnen auch gut nachvollziehbar, denn die meisten sind davon überzeugt, dass sie sehr individuell handeln, aber auch da nicht immer konsistent und gut vorhersagbar. Wie kann dann ein solches Empfehlungssystem so gute Vorhersagen machen, basierend auf den ebenfalls sehr inkonsistenten und individuellen Entscheidungen anderer?

Zudem wurden manche Accounts anfangs auch explizit für ganze Familien angelegt, etwa bei Netflix, Amazon oder YouTube. Tatsächlich gab es in den ursprünglichen Daten des Netflix-Preises die Situation, dass übermäßig oft Accounts sowohl *Sex in the City* als auch Kinderfilme sehr gut bewertet haben. Das lag vermutlich daran, dass Mütter zusammen mit ihren Kindern denselben Netflix-Account nutzten. Inzwischen haben die Anbieter natürlich reagiert: Um differenziertere Daten zu erhalten, lassen sie nun pro bezahltem Account mehrere Unter-Accounts zu. Falls Sie sich also schon einmal gefragt haben, warum Ihr Netflix-Account mehrere Nutzer zulässt, hier haben Sie die Antwort. Diese Aufsplittung verhilft jedem einzelnen Nutzer zu besseren Empfehlungen, dient aber insbesondere Netflix selbst, das damit seine Empfehlungen weiter schärfen kann.[61] Ich jedenfalls bin heilfroh, dass ich weder die Manga-Filme meines Mannes empfohlen bekomme noch die dreißigtausendste Folge von *Sponge Bob*. Gleichermaßen wäre mein Mann vermutlich stark unterwältigt, müsste er sich durch meine Koch- und Dokumentationsempfehlungen klicken.

Auch hier sind die Daten also wieder »verrauscht«. Die Daten, d. h. die Bewertungen der Filme pro Account, enthalten also sowohl sinnvolle Informationen als auch zufällige Elemente, ähnlich wie ein verrauschtes Fernsehbild. Das findet sich auch in anderen Big-Data-Quellen. Beispielsweise sind im Einkaufsverhalten von Nutzer:innen auf Online-Plattformen auch Informationen enthalten, die nicht wirklich etwas über sie selbst aussagen: Oftmals bestellt man Produkte ja nicht nur für sich selbst, sondern auch für Freunde und Verwandte, genauso wie man manchmal im Internet nach Informationen für andere sucht. Das eigentliche Muster – die Produkte, die mir persönlich gefallen – wird also überlagert von den Produkten, die meine Freunde und Verwandten mögen. Und wer jemals etwas für seine Großtante Elsie bestellt hat und mit den darauffolgenden Empfehlungen in den Wahnsinn getrieben wurde (»Nein, ich möchte WIRKLICH keine hautfarbenen Schlüpfer mehr, DANKE! Auch mein Jahresbedarf an Schnapspralinen ist gedeckt.«), weiß, was ich meine.[62]

Aber trotz dieser »fehlerhaften« Daten und trotz unserer Individualität kann man daraus wirklich qualitativ hochwertige Empfehlungen ableiten, die massiv zu den Erträgen von Onlinediensten beitragen. Woran liegt das? Nun, erstens sind wir leider im wirklichen Leben doch nicht so individuell, wie wir immer meinen. Die Individualität liegt eher in der **Zusammenstellung** unserer Einzelinteressen als in den Einzelinteressen selbst. Ich zum Beispiel kaufe unter anderem Informatikbücher, Bücher über Wissenschaftstheorie und ziemlich dusselige Liebesromane. Muster: Sie trifft ihn, alles geht schief, Happy End – gerne noch mit einer Who-dunnit-Geschichte dekoriert. Jetzt wird es aber die Kombination »Informatikbuch + Liebesgeschichte« nicht so furchtbar oft auch bei anderen Kund:innen geben. Auf der anderen Seite wird es recht viele Kunden geben, die zwei von mir gekaufte Informatikbücher ebenfalls gekauft haben, und andere Kundinnen, die zwei von mir gekaufte Liebesromane zusammen gekauft haben. Daher kann man aus der Masse aller Käufe die Muster schälen, die tatsächlich so oft auftreten, dass sie mit großer Wahrscheinlichkeit nicht einfach zufällig zustande gekommen sind. Das heißt: Innerhalb der Personengruppe, die eine bestimmte Art von Informatikbüchern kauft, ist mein Kaufverhalten einigermaßen vorhersagbar. Innerhalb der Gruppe, die eine bestimmte Art von Liebesromanen kauft, ist mein Kaufverhalten ebenfalls einigermaßen vorhersagbar. Erst die **Kombination** von Interessen in allen Lebensbereichen macht mich zum Individuum.

Trotzdem kommt es natürlich auch zu Fehlempfehlungen. So wird zu einem der absoluten Standardwerke von Uwe Schöning (»Theoretische Informatik – kurz gefasst«) unter der Rubrik »Kunden, die dieses Buch kauften, kauften auch« der neueste Band einer Science-Fiction-Romanserie empfohlen: der vierte Band der »Red-Rising«-Saga.[63] Das ist noch einigermaßen glaubwürdig, denn tatsächlich lesen fast alle Informatiker:innen, die ich kenne, Fantasy- und Science-Fiction-Romane. Wie zum Geier allerdings die Empfehlung für das Buch von Dieter Burdorf (im Großdruck!) mit dem ansprechenden Titel »Einführung in die Gedichtanalyse« dahin geraten ist, weiß nur der Amazon-Empfehlungsalgorithmus allein.[64]

Die zweite wichtige Erkenntnis besteht darin, dass der Computer in den Daten nicht magisch irgendwelche Gruppen und Kategorien erkennt, die zufällig unseren Interessen entsprechen. Es ist ja eigentlich gerade andersherum. **Weil** es Gruppen von Personen gibt, die sich für ein bestimmtes Thema interessieren, gibt es überhaupt die

Produkte dazu. Weil also ausreichend große Personengruppen Liebesromane kaufen und andere Gruppen sich für Informatik interessieren, gibt es für beide ein üppiges Angebot. Da dieses Verhalten das Angebot erzeugt hat, kaufen dieselben Personen dann auch weiterhin innerhalb dieser Gruppen ein und verstärken damit das Muster. Und diese Muster, die spüren Algorithmen mit den unterschiedlichsten Ansätzen wieder auf und spiegeln sie zurück. Mitnichten entdeckt also der Algorithmus ein Verhalten, von dem bisher niemand etwas wusste – die Produzenten wussten schon vorher, dass es diese Märkte gibt und reagierten darauf; wir Verbraucher verstärkten dann nur noch das von den Produzenten erkannte Muster weiter.

Empfehlungssysteme sind also klassische Anwendungen, die auf Big Data beruhen. Sie gehören definitiv auch zur großen Klasse von Verfahren des maschinellen Lernens. Diese Verfahren zeichnen sich dadurch aus, dass sie aus Daten der Vergangenheit Schlüsse ziehen und in einer geeigneten Struktur ablegen, um für zukünftige Daten Entscheidungen zu treffen. Alle Methoden des maschinellen Lernens wiederum gehören zum weiten Feld der künstlichen Intelligenz. Aber sind denn jetzt Empfehlungssysteme wirklich intelligent?

Zumindest zu Beginn der Ära von Online-Shops konnte sich wohl kaum jemand vorstellen, dass sie zur Bedrohung für Verkäufer:innen in echten Läden werden könnten: Nur diese, allen voran im Fachhandel, zeichneten sich durch eine auf den Kunden oder die Kundin abgestimmte individuelle Beratung aus. Das änderte sich mit dem Einsatz der hier vorgestellten Techniken. Die meisten von uns wurden positiv überrascht von der Güte der Empfehlungen, die Online-Shops mit der Zeit geben konnten. Verblüffend, wie so etwas Verrauschtes wie die Menge aller Produkte, die man jemals eingekauft hat, so viel sinnvolle Informationen beinhalten kann. Es gab auf jeden Fall eine Zeit, in der ich so viel gelesen habe, dass mein Lieblingsbuchladen, der »Osiander« auf dem naturwissenschaftlichen Campus in Tübingen, und selbst meine Lieblingsbuchhändlerin nicht mit mir Schritt halten konnten. Nur auf Amazon fand ich die neuesten Bücher, dank der genialen »Kunden, die dieses Buch kauften, kauften auch«-Funktion. Wenn man aber etwas völlig Neues finden will, dann empfinde ich die heutigen Empfehlungen auf Amazon selten als hilfreich. Die spannenden Neuerscheinungen sind oftmals begraben unter Unnützem und in völlig sinnfreie Gruppen unterteilt. Gerne würde ich da einmal mit den Daten spielen und sehen, ob wir das nicht verbessern könnten mit unseren Ansätzen. Und gleichzeitig gibt es glücklicherweise immer noch echte Buchhandlungen, die mit enormem Fachwissen aufwarten können und spannende Funde präsentieren, die weit über die algorithmischen Empfehlungen hinausgehen. Und so buche ich manchmal meine Züge so, dass ich im Frankfurter Hauptbahnhof eine Extrastunde bei »Schmitt & Hahn« in der ausgezeichneten Psychologie-/IT-/Wirtschaftsabteilung verbringen kann, oder husche zwischen zwei Meetings in Berlin noch schnell in den »Dussmann«, um wenig später mit schweren Taschen und vielen neuen Ideen wieder rauszuspringen.

Aber genau dieser Ansatz, in vermeintlich wenig einsichtsreichen Daten Muster zu suchen, macht die »künstliche Intelligenz« aus. Mit diesem Ansatz versuchen die Forscherinnen und Forscher in diesem Feld, neue Wege zu finden, um bisher spezifisch menschliche Aufgaben durch den Computer erledigen zu lassen. Und wenn sie das erst geschafft haben, dann kommt es uns gar nicht mehr so vor, als wäre es jemals undenkbar gewesen, dass Maschinen das können. Toby Walsh beschreibt es in seinem Buch »Machines that think« so:

»Für uns, die wir im Bereich der künstlichen Intelligenz arbeiten, ist es ein Erfolg, wenn die dahinterstehenden Technologien aus dem Blickwinkel geraten. (...) Am Ende wird künstliche Intelligenz wie Strom sein. (...) KI wird eine genauso essenzielle, aber unsichtbare Komponente unseres Lebens sein.«[65]

Unethische Datensammlung

Ein Problem von Big Data ist, dass diese sehr interessanten Datenmengen in der Hand von wenigen Firmen sind – oftmals hinter hohen Mauern. Ein anderes Problem ist, dass manche großen Datensätze **zu leicht** zu erheben sind: Mit einem sogenannten Crawler, einer kleinen Software, die automatisch im World Wide Web surft, können zum Beispiel große Mengen an Webseiten automatisch aus dem Netz gespeichert werden. Manchmal stellen Onlinedienste auch Methoden zur Verfügung, mit denen man solche Daten massenhaft abgreifen kann: Solche sogenannten Schnittstellen ermöglichen den Zugriff auf eine Datenbank. Wenn es so leicht ist, große Datenmengen zu erheben, ist es verführerisch, genau das zu tun – auch ohne die eigentlichen Urheber oder Betroffenen um ihre Zustimmung zu bitten. Mithilfe einer solchen Schnittstelle hat 2017 ein Forscher beispielsweise 40 000 Fotos von der Verkupplungsplattform Tinder heruntergeladen und der Öffentlichkeit über eine Webseite zur Verfügung gestellt.[66]

Vielleicht fragen Sie sich jetzt, warum es solche Schnittstellen überhaupt gibt. Darauf gibt es mindestens zwei Antworten. Die erste ist sehr pragmatisch: Im Prinzip kann jede Person, die sich – wie im obigen Fall – auf Tinder anmeldet, all diese Daten per Hand aufrufen und abspeichern. Eine Schnittstelle macht dies einfach leichter. Zweitens können andere Softwareanbieter dann für die Tinder-Nutzer:innen weitere Services entwickeln. Dadurch entsteht ein Ökosystem rund um die Plattform, das sowohl für den ursprünglichen Anbieter (Tinder) als auch für die Nutzer:innen gut sein kann.

Das erste Argument, dass eine Schnittstelle eine Aktion, die manuell ausgeführt werden kann, nur vereinfacht, ist natürlich nicht ganz korrekt. Denn es ist eben sehr wohl ein Unterschied, ob jemand sich die Mühe macht, 40 000 Fotos von Hand auszuwählen und abzuspeichern, oder ob dafür digitale Helfer bereitstehen. Und nur in der manuellen Variante funktioniert das Bauchgefühl, dass es nicht schlimm ist, wenn Daten öffentlich geteilt werden: Per Hand guckt sich eine Person nur dann sehr viele Daten an, wenn es dafür einen guten Grund gibt – den gibt es aber eigentlich nicht, also macht es auch keiner. Daher fühlen sich Nutzerinnen oft so sicher und haben das Gefühl »nichts zu verbergen zu haben«. Sie berechnen unbewusst den Aufwand, den ein realer Mensch hätte, jemanden auszuspähen, gleichen diesen Aufwand mit ihrer eigenen »Interessantheit« ab und beschließen: »Wer sollte das tun? Und selbst wenn: Ich habe nichts zu verbergen«.

Wenn es allerdings durch eine Schnittstelle so einfach wird, große Datenmengen digital abgreifen und diese dann auch digital durchsuchen zu können, verändert sich die Kosten-Nutzen-Rechnung radikal. Und dann man kann auch einfach einmal ausprobieren, ob und wieviel Informationen man gewinnen kann, wenn man 40 000 Fotos zur Verfügung hat. Und plötzlich ist jede und jeder interessant.

Das Veröffentlichen der Tinder-Fotos ist bei Weitem nicht der einzige Skandal rund um Big Data. 2016 veröffentlichten dänische Forscher ein ähnliches Datenset, das sie aus einer anderen Dating-Webseite gesaugt hatten; diesmal waren es 70 000 Datensätze mit persönlichen Daten der Nutzer:innen. Die moralische Entrüstung über diese Datensammlung war weltweit groß – der Datensammler selbst konnte die Aufregung nicht verstehen. Und auch das gehört zu unserer Community: Die rationale Sichtweise gewinnt manchmal einfach die Oberhand. Er verteidigte sich mit den Worten: »Alle Daten im Datenset sind oder waren auch vorher schon öffentlich verfügbar; sie gebündelt zu veröffentlichen, macht sie einfach leichter nutzbar.«[67]

Manchmal wird die Datensammlung auch anders durchgeführt: Im Januar 2019 ging ein Hashtag auf Facebook viral: die #10yearchallenge. Die Nutzer wurden aufgefordert, ein aktuelles Profilfoto neben einem zehn Jahre alten Bild von sich zu posten – ein Schelm, wer Böses dabei denkt. Oder eben die Autorin Kate O'Neill. Sie twitterte dazu: »Ich vor zehn Jahren: Hätte wahrscheinlich mitgemacht, bei dieser Profilfoto-Challenge auf Facebook und Instagram. Ich heute: Überlege, wie all diese Daten genutzt werden könnten, um damit Gesichtserkennung für die Veränderung im Alter oder die Alterserkennung voranzutreiben.«[68]

Sie führt in ihrem Artikel auf *WIRED* aus, dass es zwar insbesondere für Facebook einfach wäre, die Profilfotos über ein Jahrzehnt miteinander zu vergleichen. Aber wenn Nutzer diese Zehn-Jahres-Challenge mitmachten, seien die Daten, die die KI zum Training bekomme, vermutlich weitaus zuverlässiger.[69] Schließlich, so O'Neill, gebe es viele Leute, die als Profilfoto auch einmal ihren Hund, die Kinder oder sonst irgendetwas etwas Schräges posten.[70] Zu welchem Zweck genau dieser Hashtag von wem erfunden wurde, weiß heute keiner. Aber in diesen Zeiten der Datensammlung, der Datenweitergabe und der großen Anzahl von Analysemöglichkeiten sind wir Informatiker:innen sehr misstrauisch geworden.[71]

Bei der nächsten unethischen Datensammlung ist die Lage dagegen unstrittig: Hier wurden Videos von Personen, die sich einer hormonellen Geschlechtsangleichung unterzogen, als besonders schwierige Eingaben für verschiedene Gesichtserkennungssoftwares genutzt. In einer der wissenschaftlichen Studien dazu fehlt die Diskussion der Datenbasis komplett. Ebenso wenig wird angegeben, ob die Datensammlung mit Einwilligung der gezeigten Personen erstellt wurde. Die Standbilder aus den Videos tragen jedenfalls weder Copyright-Zeichen noch Einwilligungen der Urheberrechtsinhaber.[72] James Vincent schreibt 2017 im Mediennetzwerk *The Verge*, dass die Forscher sich zuerst die Daten sicherten und sich erst später die Frage stellten, ob dies rechtens sei.[73] Vincent erzählt auch von einem Gespräch mit einem Forscher, der eine Zeit lang eine Sammlung solcher Videos als Liste von Links an andere Forscher weitergab. Als diese Datensammlung Jahre später auf Twitter kontrovers diskutiert wurde, zeigte sich der Wissenschaftler überrascht: Es sei ja nur eine Liste von Links gewesen, er habe diese auch nie kommerziell genutzt und zudem seit drei Jahren überhaupt nicht mehr weitergegeben. Außerdem habe man bei den Personen »aus Höflichkeit« nachgefragt, ob das in Ordnung gehe – wer sich allerdings nicht gemeldet habe, sei möglicherweise trotzdem im Dataset gelandet.

Auch hier wurde nach dem Muster verfahren: »Was soll die Aufregung, die Daten sind öffentlich gewesen, ich habe sie doch nur digital zusammengestellt.« Aus der Perspektive des arglosen Forschers ist das nachvollziehbar, und ich erinnere mich daran, dass ich mich zu Beginn meiner Doktorarbeit beinahe an einer ähnlichen Datensammlung auf einer bekannten Dating-Plattform versucht hätte. Auch diese hatte in ihren AGBs die Datensammlung nicht explizit verboten – und ich wollte ja auch nichts Böses. Nur sehen, wie sich Leute auf einer solchen Plattform vernetzen. Meine E-Mail an die Plattform, in der ich darauf hinwies, dass ich nun davon ausginge, diese Informationen von den öffentlich einsehbaren Webseiten ablesen zu dürfen, führte zu einem ziemlich wütenden Telefonat der Geschäftsführerin mit meinem Doktorvater. Das Projekt wurde fallen gelassen, worüber ich heute froh bin. Tatsächlich kann einem im Datenrausch und mit reinem Gewissen bezüglich des eigenen Forschungsdrangs leider entgehen, dass sich das für die Betroffenen doch deutlich anders darstellt – nämlich als Verlust ihrer Privatsphäre.

Nach all diesen Erfahrungen bin ich daher inzwischen etwas paranoid. Vor Kurzem bat ich meine zu der Zeit neunjährige Tochter auf einer Autofahrt, dass sie für mich bei Google die Öffnungszeiten eines Ladens nachschlägt. Als sie sagte: »Hey Google, wann hat ...« grätschte ich vom Fahrersitz ohne zu zögern dazwischen: »Wir reden nicht mit Google!« Sie zuckte ganz schön zusammen und ich auch – um mich sofort mehrfach zu entschuldigen. Natürlich konnte sie das nicht wissen – sie hatte einfach das Mikrofonsymbol gesehen und es genutzt. Und ich weiß, dass meine Weigerung an dieser Stelle altertümlich und irrational ist – die Spracheingabe ist die Zukunft. Tastatur und Maus als Schnittstelle für Befehle an den Computer waren schon immer mehr Krücke als ernst zu nehmendes Interface. Und trotzdem möchte ich meine Stimme nicht kampflos hergeben; wer einmal gesehen hat, wie mithilfe von Software aus Videos und Sprachbeispielen sogenannte DeepFakes hergestellt werden, der weiß warum: Ein Mitte April 2018 veröffentlichtes

Video mit einer Rede von Barack Obama zeigt sehr eindrucksvoll, wie einfach es schon heute ist, ein überzeugendes Video zu erzeugen, in dem Berühmtheiten Beliebiges in den Mund gelegt wird.[74]

Die intransparente und teilweise unethische Datensammlung als Grundlage für das Training von künstlicher Intelligenz führt bei mir dazu, dass ich inzwischen auch Nein sage, wenn mir im Call-Center eine automatische Stimme ins Ohr säuselt: »Das Telefonat kann zu Trainingszwecken aufgenommen werden. Sagen Sie unserem Mitarbeiter Bescheid, wenn Sie das nicht wünschen«. Solange ich noch davon ausging, dass es wirklich um das Training von menschlichen Mitarbeiter:innen geht, war ich dazu gerne bereit. Den Kollegen Computer aber, den möchte ich nur dann trainieren, wenn ich genau weiß, was mit meiner Aufnahme gemacht wird.

Verantwortung der Algorithmendesigner für Data-Mining-Ergebnisse

Wer ist nun für die Ergebnisse eines Big-Data-Algorithmus verantwortlich? Nun, für das reine Ergebnis, die berechnete Zahl, bin ich als Algorithmendesignerin natürlich schon verantwortlich. Wenn ich einen Algorithmus wie meinen Netflix-Analyse-Algorithmus programmiere, sollte der schon das tun, von dem ich behaupte, dass er es tut. Ich bin also für die **Korrektheit** der Programmierung verantwortlich. Aber wenn den jetzt jemand anders auf andere Daten anwendet, inwieweit bin ich als Algorithmendesignerin dann auch für die Ergebnisse im Sinne ihrer Interpretation verantwortlich?

Meistens ist in einem solchen Fall eine andere Person mitbeteiligt: der oder die **Data Scientist**.[75] Ein »Data Scientist« ist eine Person, die sich mit verschiedensten Auswertungsmethoden von Daten und meistens auch mit der Visualisierung der Ergebnisse auskennt. In einem Artikel wird ihre Rolle so beschrieben: »Data Scientists sind die Personen, die wissen, wie man Antworten auf wichtige Geschäftsfragen aus einem unstrukturierten Datentsunami fischt.«[76]

Es handelt sich im Wesentlichen um eine neue Berufsbezeichnung, die auf der einen Seite etwas hipper ist als die des guten alten »Statistikers«, auf der anderen Seite aber tatsächlich auch ein anderes Ziel der Datenauswertung hat: Ist es in der Statistik eher ein deskriptiver (beschreibender) Zweck, soll die Data Science neue Muster in den Daten entdecken. Zudem wird erwartet, dass ein Data Scientist aktiv programmieren und seine Analysen visuell kommunizieren kann.

Bei mir haben Sie beides in Personalunion: Ich entwickle Algorithmen und wende sie auch gerne auf eine echte Problemstellung an. Meinen Empfehlungsalgorithmus habe ich – abgesehen vom Netflix-Datenset – zusammen mit meinen jeweiligen Co-Autoren auch auf zwei andere Fragestellungen angewendet: An der TU Kaiserslautern arbeitet mein Kollege Thorsten Stoeck an der Frage, wie Artenvielfalt zu beschreiben ist und wie sich diese an bestimmten Stellen verändert. Er hatte Zugang zu einem besonders interessanten Datensatz: Wissenschaftler hatten in jahrelanger Arbeit an verschiedenen Stellen der sieben Weltmeere Proben entnommen, um mehr über die dort existierenden Kleinstlebewesen zu erfahren.

Unsere Fragestellung war nun, ob sich diese Organismen zufällig über die Weltmeere verteilen oder ob es dort auch ökologische Nischen gibt. Eine alte ökologische Theorie, die *global dispersal theory*, besagte, dass Kleinstlebewesen so klein sind, dass sie von den Strömungen über die Weltmeere verteilt werden. Tatsächlich aber stellten wir fest, dass es signifikant viele der Wesen gab, die gemeinsam an denselben Probestellen auftauchten und an anderen nicht. Wir konnten somit nachweisen, dass es auch für diese Kleinstlebewesen ökologische Nischen gibt.[77]

Aber meine absolute Lieblingsanwendung des Algorithmus führte mich wieder zurück zu meinen biochemischen Wurzeln: Gemeinsam mit Özgür Sahin und David Zhang, damals beide tätig am Deutschen Krebsforschungszentrum in Heidelberg, und basierend auf Daten einer ganzen Reihe von Co-Autoren, suchten meine Doktorandin und ich nach einer neuen Methode, um eine besonders tödliche Brustkrebsvariante zu stoppen.[78] Wir testeten die Wirkung von 850 kleinen Molekülen, die als sogenannte microRNA in Zellen vorkommen können, auf die Proteine dieser Brustkrebsart. Und tatsächlich konnten wir mit einer Variante des ursprünglichen Empfehlungsalgorithmus zehn Moleküle identifizieren, von denen drei den Krebs im Labor schon einmal stoppen konnten.

Diese drei Beispiele – der Netflix-Datensatz, die Frage nach der Verteilung von Kleinstlebewesen in den Ozeanen und die Suche nach neuen Heilmitteln für eine besonders tödliche Brustkrebsart – zeigen eindrucksvoll, wie groß das mögliche Anwendungsgebiet für einen einzigen Algorithmus sein kann. Wie oben schon erwähnt, ist es die Superpower der klassischen Algorithmen, dass sie auf so viele verschiedene Kontexte anwendbar sind. Ohne Kontrolle über den Kontext der Anwendung kann ich daher als Algorithmendesignerin keine Verantwortung für die Interpretierbarkeit der Ergebnisse übernehmen. Beim Netflix-Algorithmus kann zum Beispiel das erste Zufallsbewertungsmodell nur unter bestimmten Bedingungen verwendet werden, sonst kommt es zum »Bier-und-Windel-Paradoxon«. Wenn mir als Designerin bewusst ist, dass die Daten nur unter diesen Umständen interpretierbar sind, muss ich das kommunizieren. Ich könnte sogar einen kleinen Test dafür schreiben, der das kontrolliert. »Hey, Nutzer, Deine Daten passen nicht zum Modell – bist Du sicher, dass Du es trotzdem nutzen möchtest? Die Interpretierbarkeit der Ergebnisse könnte darunter leiden! Klicke >Ja< oder >Nein< und rufe bei >Ich weiß es doch auch nicht< einfach die folgende kostenbewerte Selbsthilfenummer an: +49 1 23 45 67 89.« Als ich damals bei meiner Biochemie-Diplomarbeit vor der Frage stand, wie genau und unter welchen Umständen ich welche Analysemethode anwenden darf, hätte mir eine solche Information schon sehr geholfen. Daher sehe ich heute diese Kommunikation über die genauen Annahmen hinter einem Algorithmus als die Hauptverantwortung von Algorithmenentwicklerinnen und -entwicklern an. Als Algorithmendesignerin kann ich aber schwerlich die Verantwortung dafür übernehmen, **wer** meinen Algorithmus für welche Daten einsetzt und welche Schlüsse er oder sie daraus zieht. Zu groß ist die Bandbreite der möglichen Anwendungen – und damit auch der möglichen Fehlanwendungen. Es gibt eine weitere Beobachtung, die mir in diesem Zusammenhang wichtig ist: Die reine Überprüfung meines Algorithmus als Code bringt in diesem Zusammenhang nicht viel. Natürlich passieren Implementierungsfehler hin und wieder. Aber ihre Analyse und Reparatur sind genau der Teil, für den wir Informatiker:innen gut ausgebildet sind. Der von Mayer-Schönberger und Cukier 2013 diskutierte Algorithmen-TÜV, der den reinen Code auf Funktionstüchtigkeit prüfen soll, kann hier also nicht weiterhelfen, wenn es um die Frage nach der sinnvollen Verwendung des Algorithmus geht. Denn die wirklich gravierenden Fehler passieren bei der **Interpretation der Ergebnisse**. Das ist die wichtigste Erkenntnis, die Sie auch aus diesem Kapitel mitnehmen sollten: Das **OMA-Prinzip** ist es, das Probleme verursacht, wenn es nicht beachtet wird. Nur wenn die einzelnen **Modellierungsschritte** und alle **Operationalisierungen** (Messbarmachungen von sozialen Konzepten) mit dem Algorithmus fein abgestimmt sind, lässt sich das Ergebnis **interpretieren**. Aber wenn Daten aus sozialen Prozessen verarbeitet werden, dann fehlen uns als Informatiker:innen die für die Modellierung und Operationalisierung notwendigen Kenntnisse der gesellschaftlichen Konzepte, weil sie in unserer Ausbildung nicht vorkommen. Es ist mir sehr wichtig, zu betonen, dass es in dieser Breite auch weder sinnvoll noch in der Tiefe nötig ist, dass sie vorkommen; dieser oft gehörten Forderung kann ich mich daher nicht anschließen. Schließlich ist unser Betätigungsfeld in der Informatik sehr breit, wie vorhin gezeigt. Zudem ist die Menge der kritischen Softwaresysteme laut **Algoskop** eher klein. Unsere Lösung an der TU Kaiserslautern war es daher, einen neuen Studiengang namens Sozioinformatik einzuführen, der Studierende mit einer Mischung aus Informatik und anderen Disziplinen dafür ausbildet, gesellschaftliche

Effekte von Software zu erkennen, zu modellieren und – wo möglich – vorherzusagen. Dazu erzähle ich im dritten Teil des Buches noch ein bisschen mehr. Hier folgt jetzt erst einmal meine Antwort auf die oft gestellte Frage, wer denn nun verantwortlich ist für die Ergebnisse von Algorithmen auf Big Data.

Wer ist verantwortlich für den Einsatz eines Algorithmus? (II)

Im Bereich »Data Mining« ist es meistens so, dass Algorithmendesigner:innen den **Einsatzkontext** ihres Algorithmus nicht kennen. Die allermeisten grundlegenden Algorithmen werden für ein abstraktes mathematisches Problem entwickelt. Die Verantwortung der Designer:innen liegt hier vor allen Dingen darin, klar zu formulieren, wie das grundlegende mathematische Problem definiert ist und welche Voraussetzungen die Daten haben müssen, damit das Resultat grundsätzlich interpretierbar ist. Dann muss ein:e Data Scientist entscheiden, ob der Algorithmus in einem bestimmten Kontext sinnvoll eingesetzt werden kann.

Auf einen Blick: große Daten = große Verantwortung

Zusammenfassend: Als »Big Data«-Anwendungen bezeichnen wir Ansätze, die in Datenmengen nach Mustern suchen, wobei diese Daten meist nicht für diesen Zweck erhoben wurden und oftmals nicht fehlerfrei, dafür aber in riesigen Mengen erhältlich sind.

Im Netflix-Datenset waren beispielsweise die Bewertungen nicht vollständig: Die meisten Kunden hatten nur wenige Filme bewertet, sicherlich weniger als sie jemals in ihrem Leben gesehen haben. Zudem waren oft mehrere Personen durch denselben Account vertreten. Insgesamt also keine wirklich verlässlichen und vollständigen, sondern eher **verrauschte** Daten! Dass wir Big Data trotzdem sinnvoll verwenden können, kommt daher, dass wir so viele dieser im

Einzelnen wenig aussagekräftigen Informationen haben und darin nur nach Korrelationen suchen. Eine Korrelation ist dabei eine Information, die nur darin besteht, dass zwei Dinge oft gleichzeitig auftreten, wie zum Beispiel: »Oft mag eine Kundin auch Film Y, wenn sie Film X mochte«. Es ist eben im Onlinegeschäft oft schon hilfreich, wenn man versteht, dass viele Kund:innen an einem Produkt interessiert sein könnten, auch wenn es nicht **alle** sind. Auch mit kleinen Verbesserungen lässt sich im Internet viel Geld verdienen.

Um bewerten zu können, wie gut eine Software basierend auf solchen Mustern zukünftiges Verhalten vorhersagt, benötigen wir eine **Grundwahrheit**. Eine Grundwahrheit legt fest, womit wir die Vorhersagen vergleichen. Dazu benötigen wir auch noch ein **Qualitätsmaß**, das uns sagt, wie der Vergleich insgesamt zu bewerten ist. Das Netflix-Beispiel hat gezeigt, dass es sehr viele verschiedene Ansätze geben kann, diese Vorhersagen zu treffen. In diesem Fall verwenden Data Scientists einfach mehrere Ansätze und lassen die Qualitätsbewertung mithilfe einer Grundwahrheit über das beste Modell entscheiden.

Wir haben auch gesehen, dass Menschen nicht so gut darin sind, eigentlich falsche Ergebnisse eines Algorithmus zu erkennen, solange noch eine einigermaßen plausible Erklärung für sie gefunden werden kann. Bitte merken Sie sich das schon mal, dieses Thema wird uns später wieder begegnen. Da solche Fehlentscheidungen aber einen großen Einfluss auf das Leben Einzelner haben können, ist es umso wichtiger, dass Grundwahrheit und Qualitätsmaß in einem ausführlichen Prozess durch möglichst viele Betroffene und Anwender klar definiert sind.

Der Big Data-Ansatz nutzt also viele in sich wenig aussagekräftige Informationen, um darin wenigstens noch statistische Muster zu erkennen. Statistische Muster gelten nur für große Gruppen von Personen, aber nicht notwendigerweise für das Verhalten von Einzelnen. Die radikale Weiterführung dieses Ansatzes ist das maschinelle Lernen, das in Daten der Vergangenheit nach Mustern sucht, um damit Entscheidungen über neue Daten treffen zu können. Hier wird also direkt aus den gefundenen Korrelationen ein Regelwerk abgeleitet, das dann für Vorhersagen dient. Die Rechtmäßigkeit dieses Vorgehens, das wissenschaftstheoretisch betrachtet direkt von der Hypothesenbildung zum Einsatz der Hypothese springt, ohne eine experimentelle Validierung zu liefern, wird in der Verwendung von **Testdatensets mit einer Grundwahrheit** gesehen: Wenn die gelernten Regeln für bisher unbekannte Daten von Situationen, deren Ausgang wir kennen, zutreffen, dann muss es doch richtig sein, was wir gelernt haben.

Um diesen Ansatz mit Ihnen gemeinsam bewerten zu können, stelle ich Ihnen nun im letzten Teil des kleinen ABCs der Informatik die Methoden der Computerintelligenz vor.

KAPITEL 5

Computerintelligenz

Die Idee von Donald E. Knuth und Michael F. Plass, das automatische Layout von Texten durch eine »Schönheitsfunktion« für Zeilenumbrüche zu verbessern, würde heute vermutlich ganz anders angegangen werden. Wie erwähnt, entwarfen die beiden erst nach eigenem Geschmack eine Bewertungsfunktion mit vielen Parametern, die für ein ästhetisches Textbild sorgen könnte, und entwickelten dann einen Optimierungsalgorithmus, der die »Schönheit« eines Textes anhand dieser Bewertungsfunktion maximiert. Das ist der Ansatz von klassischen Algorithmen: Erst wird ein Modell der Welt entwickelt (»Was macht einen schön gesetzten Text für mich aus?«) und dann der Algorithmus, der versucht, die nach diesem Modell schönste Lösung zu finden.

Maschinelle Lerner würden hingegen gar nicht erst versuchen, selbst zu formulieren, was einen schön gesetzten Text ausmacht. Sie würden sich viele Texte besorgen, die von anerkannten Experten manuell gesetzt wurden – das wären dann die zugrunde liegenden Daten. Dann würden sie darin mithilfe von Algorithmen nach Eigenschaften suchen, die man quantifizieren kann (die also das Modell für »schönen Textsatz« aus den Daten generieren). Zuletzt würde auf diesem Modell basierend ein zweiter Algorithmus dann die Zeilenumbrüche generieren.

Und damit wären wir schon mitten im Thema: Die Algorithmen der künstlichen Intelligenz sollen Tätigkeiten übernehmen, die wir bisher für spezifisch menschlich gehalten haben – nämlich kognitive Tätigkeiten. Andere sprechen auch von einer **Automatisierung intelligenten Verhaltens**. Dementsprechend breit definieren wir in der Wissenschaft den Begriff heute:

Als **künstliche Intelligenz** (KI) bezeichnet man eine Software, mit deren Hilfe ein Computer eine kognitive Tätigkeit ausführt, die normalerweise Menschen erledigen.

Diese »Definition« von künstlicher Intelligenz zeigt natürlich mehrere Probleme: Erstens verlagert sie die Definition der künstlichen Intelligenz auf die Frage, was denn nun eine kognitive Tätigkeit oder menschlich-intelligentes Verhalten genau ist. Zweitens verändert sich die Definition, wenn das Ziel erreicht wurde: Sobald ein Computer das Gewünschte tun kann, nehmen wir diese Tätigkeit als weniger intelligent wahr, gerade **weil** ein Computer sie kann. Toby Walsh spricht daher von einem »beweglichen Ziel« (englisch *a moving target*).

Zudem unterscheiden wir zwischen einer **schwachen KI** und einer **starken KI**. Erstere kann nur ein spezifisches Problem lösen, zum Beispiel Schach spielen oder auf Bildern erkennen, was darauf zu sehen ist. Eine starke KI wäre ein Computersystem, das allgemein intelligent reagiert, auch in Situationen ohne genaue Faktenlage oder mit unklarem Handlungsziel. Im Allgemeinen sind wir uns in der Wissenschaft einig, dass der Name des Forschungsfeldes »Künstliche Intelligenz« eine Fehlbenennung darstellt und die Definition so schwammig ist, dass sie nahezu nutzlos ist. Professor Florian Gallwitz stellte in einem Artikel für *WIRED* denn auch fest: »Selbst ein handelsüblicher Taschenrechner genügt nach einer verbreiteten Definition den Anforderungen an eine sogenannte ›schwache Künstliche Intelligenz‹. Ähnlich sinnvoll erschiene es mir, Papierflugzeuge, Silvesterraketen und Tennisbälle mit großer Ernsthaftigkeit unter der Sammelbezeichnung ›schwache interstellare Raumfahrt‹ zusammenzufassen.«[79]

Auf jeden Fall fassen diejenigen, die in diesem Feld arbeiten, unter dem Begriff KI eine ganze Reihe von Technologien zusammen, die heute eher weniger gemeint sind, wenn in den Medien über »künstliche Intelligenz« gesprochen wird: Zu diesen Technologien gehören zum Beispiel Experten-, Diagnose- und Wissenssysteme. In ihnen sind bekannte Fakten und Entscheidungsregeln so gespeichert, dass das System auf gewisse Fragen eine Antwort geben kann. Zum Beispiel kann ein Diagnosesystem angeben, welche Symptome mit welcher Krankheit assoziiert sind. Das ist bei solchen Fragen möglich, bei denen wenige Entscheidungsregeln zu sehr guten Ergebnissen führen.

Das Problem ist, dass wir Menschen in den meisten Situationen so viele Regeln intuitiv berücksichtigen, dass es unmöglich erscheint, all dieses Wissen strukturiert abzulegen. So sagen wir beispielsweise:

»Er setzte sich auf den Teppich.«

»Er betrat den Teppich.«

In beiden Sätzen hat das Wort »Teppich« dieselbe Bedeutung. Diese »Regel« lässt sich auf die beiden folgenden Sätze nicht anwenden:

»Er setzte sich auf die Bank.«

»Er betrat die Bank.«

Die Verben sind dieselben, das Wörtchen »Bank« hat aber jeweils eine andere Bedeutung.

Und wenn wir den Satz lesen:

»Die Frau hörte auf, die Pille zu nehmen, weil sie schwanger war«, dann wissen wir, dass die Frau schwanger ist – nicht die Pille. Und wir wissen auch, dass es sich nicht um irgendeine Pille handelt, sondern um ein Hormonpräparat, das Schwangerschaften eigentlich verhindern soll.

Wenn eine Maschine diese Art des Textverständnisses haben soll, muss das dafür notwendige Wissen in einem Expertensystem so abgelegt werden, dass unlogische Ableitungen unmöglich werden. Solche Systeme wurden schon im letzten Jahrhundert entwickelt – und werden auch heute noch gepflegt. Es stellte sich aber heraus, dass es sehr mühsam ist, all das implizite Wissen abzulegen.

Insbesondere bei maschinellen Übersetzungen haperte es mit dem wissensbasierten Ansatz, vor allem dort, wo Sprichwörter oder mehrdeutige Wörter im Spiel waren. Ein paar Beispiele haben Manfred Stede und Dan Tidhar aufbereitet; dafür haben sie ein Über-

Abbildung 20: KAI im Jahr 1993. Er kann schon (ein bisschen) Englisch.

setzungsprogramm namens »Verbmobil« von Wolfgang Wahlster aus dem Jahr 1993 verwendet. Was dabei herausgekommen ist, sehen Sie in der obigen Abbildung.

Die Qualität der Übersetzung verbesserte sich erst mit einem radikal neuen Ansatz: Mit der Abkehr von menschengemachten Regeln hin zu der Idee, dass die Maschine anhand einer großen Menge an Beispielen »lernen« könnte, wie Menschen bestimmte Wörter übersetzen. Gefüttert wurde sie dabei mit Texten, die es in zwei Sprachen gab. So etwas findet man zum Beispiel sehr häufig in den Texten des Europäischen Parlaments, die immer in alle 24 Amtssprachen übersetzt werden. Anstatt also eine linguistische Analyse zu wagen, übersetzen diese Maschinen durch Analogiebildung.

Unter der Rubrik »künstliche Intelligenz« wird nun also alles zusammengefasst, was kognitive Tätigkeiten **nachahmt**. Dazu gehö-

ren die Expertensysteme und Wissensdatenbanken der 1980er-Jahre genauso wie die Algorithmen des maschinellen Lernens und dabei insbesondere die neuronalen Netzwerke und das sogenannte Deep Learning, von denen gerade so viel gesprochen wird. Ich werde Ihnen nachher kurz skizzieren, wie neuronale Netzwerke aufgebaut sind.

Diese sind es, mit denen momentan die großen Durchbrüche erzielt werden und die fast immer gemeint sind, wenn von »künstlicher Intelligenz«, »selbstlernenden Algorithmen« oder einfach nur vom »Algorithmus« die Rede ist.

Dass man hier stärker differenzieren sollte, werde ich gleich an ein paar Beispielen zeigen. Denn nicht alle Algorithmen lernen von Daten. Die allermeisten sind »klassische« Algorithmen und somit auch einigermaßen beherrschbar. Und die Algorithmen, die aus Daten »lernen«, sind selbst statisch – sie verändern sich nicht. Aber hier kommt jetzt erst einmal eine weitere kleine Definition für Sie zum Merken:

Wenn heute in den Medien von »KI« oder »(selbstlernenden) Algorithmen« gesprochen wird, geht es meistens nur um die **Methoden des maschinellen Lernens.**

Abbildung 21: Die Begriffswelt rund um die KI ist ziemlich verwirrend. Wissenschaftlich gesehen umfasst KI eine Reihe von Technologien, in den Medien sind meistens die Methoden des maschinellen Lernens gemeint, wenn es um »die KI« oder »den Algorithmus« geht.

Wie Computer lernen

Und damit komme ich nun endlich zu der Frage, wie genau denn so ein Computer lernt. Das haben wir Informatiker uns einfach von unseren Kindern abgeschaut – und auf den Rechner übertragen.

Mein kleiner Sohn mag zum Beispiel heißes Essen nicht. Und heiß, also quasi brodelnder Hexensud, fängt für ihn so bei 37,5 Grad an. Um kein Risiko einzugehen, aß er seine Suppe daher früher eher kalt. Irgendwann merkte er dann aber, dass sie warm ja schon besser schmeckt. Er lernte also, dass Suppen »sicher« sind, wenn sie nicht dampfen. Bis er sich an einer dieser harmlos aussehenden »Lavasuppen« (oben kalt, innen knallheiß) den Mund verbrannte. Ab da half dann nur noch Eltern-Magie: Kein Dampf zu sehen + jede Suppe dreimal umrühren + dreimal Pusten. Und schon kann man die Suppe essen!

So ein Kind lernt also durch Beobachten, durch das Bilden von Entscheidungsregeln und durch Feedback (Rückmeldung). Wenn das Feedback mit den Regeln übereinstimmt, stärkt es die bisher gebildeten Regeln, sonst werden diese geändert. Und so gehen wir im Wesentlichen auch bei Computern vor: Wir Informatiker:innen geben ihnen Informationen in Form von Daten, eine Struktur, in der Entscheidungsregeln abgelegt werden können, und im besten Fall auch Feedback.[80]

Dabei sollen Kind und Computer möglichst generalisierte Regeln lernen. Wenn mein Kleiner jetzt beispielsweise nur lernen würde, wie heiße Tomatensuppe aussieht, diese »gefährlichen Symptome« aber nicht auf andere heiße Suppen übertragen könnte, wäre er sein Leben lang mit der Sicherheitseinstufung von Vorspeisen beschäftigt. Ähnlich soll auch ein Computer niemals zu sehr an dem kleinen Ausschnitt der Realität lernen, der ihm zur Verfügung gestellt wird, sondern so, dass seine »Erkenntnisse« auch auf neue Daten möglichst gut anwendbar sind.

Woran genau ein Kind erkennt, dass eine bestimmte Situation vorliegt, ist nicht immer ganz klar. Das zeigte sich deutlich, als wir eine Katze bekamen. Unser Sohn war ziemlich begeistert von dem Tier, das eigentlich »Neo« heißt – oder einfach »Katze«. Er aber nannte es »Tktk« und machte dabei einen Schnalzlaut. Das konnten wir uns lange nicht erklären. Aber eigentlich war es ganz klar, was da passiert war: Wenn wir unseren Sohn riefen, dann oft in der Form: »Komm, Fabian, wir gehen nach Hause!« Und wenn ich die Katze rief, lockte ich mit: »Komm, tktk, komm!« Also hielt Fabian den Schnalzlaut für den Namen der Katze. Ein klassischer Kategorisierungsfehler.[81]

Dieses Beispiel fasst das maschinelle Lernen schon sehr gut zusammen: Ein Algorithmus des maschinellen Lernens lernt an Beispielen. Data Scientists legen ihm verschiedene Situationen vor und sagen ihm, wie diese einzuschätzen sind – das Letztere ist dann die **Grundwahrheit**, das zu lernende Ergebnis. Genauso, wie wir Kindern immer wieder sagen: »Jetzt kannst du sicher über die Straße gehen«, »Jetzt nicht«, und dabei hoffen, dass sie die dahinterliegenden Regeln lernen. Mithilfe einer definierten Handlungsanweisung durchsucht der Algorithmus dann diese Informationen nach auffälligen Mustern, die sehr häufig mit einem der gewünschten Ergebnisse auftauchen, aber selten bei den anderen Ergebnissen. Bei unseren Kindern wissen wir nicht genau, wie sie das machen, aber sie lernen vielleicht, dass eine Straße ohne Motorengeräusche sicher ist und dass sie bei vielen parkenden Autos vorsichtiger sein müssen als wenn sie freie Sicht haben.

Die vom Computer gefundenen Muster werden in Form von Entscheidungsregeln oder Formeln in einer geeigneten Struktur abgespeichert. Diese Struktur nennen wir auch das **statistische Modell**. Das ist ein Begriff, der zur Abwechslung mal wirklich aussagekräftig ist: Er gibt an, dass wir nur einen **Ausschnitt** der Wirklichkeit in einer **abstrakten Form** beschreiben und dass die Beschreibung **statistischer Natur** ist, also ohne Anspruch auf kausalen Zusammenhang oder hundertprozentige Korrektheit.

Und das war's. Das ist **maschinelles Lernen**: Automatisiertes Lernen an Beispielen, in denen Entscheidungsregeln gesucht und in einem statistischen Modell abgelegt werden.

Die Struktur, in der die Entscheidungsregeln dann abgelegt sind, ist mit einem zweiten, meistens extrem einfachen Algorithmus verknüpft. Dieser zweite Algorithmus geht mit neuen Daten durch das statistische Modell und die darin enthaltenen Regeln und trifft dann die eigentliche Entscheidung:

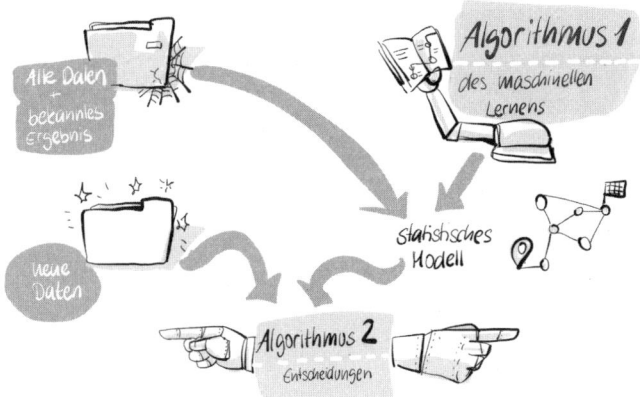

TWO ALGORITHMS
—to rule them all—

Alle Daten + bekanntes Ergebnis

Algorithmus **1**
des maschinellen Lernens

neue Daten

statistisches Modell

Algorithmus **2**
Entscheidungen

Abbildung 22: Die Grafik erklärt, warum so oft vom Algorithmus als »entscheidendem Element« die Rede ist: Wenn ein statistisches Modell erst einmal da ist, kann ein sehr einfacher Algorithmus für neue Daten die Entscheidung berechnen. Das eigentlich Interessante ist aber, wie es zu dem statistischen Modell kommt: Das Modell ist das Resultat aus Trainingsdaten, der Methode des maschinellen Lernens und ein paar weiteren Elementen, die weiter unten beschrieben werden.

Wenn in den Medien von »dem« Algorithmus« gesprochen wird oder das Bild von der »Macht der Algorithmen« aufgerufen wird, dann ist meist dieser zweite Schritt gemeint: Die Eingabe von Daten in den kleinen, simplen Algorithmus, der dann die Entscheidung trifft. Oftmals wird dabei das Wirken des ersten Algorithmus, der das eigentlich interessante Herzstück – das statistische Modell – gebaut hat, übersehen. Außerdem verschleiert die Formulierung von der »Macht der Algorithmen«, dass hier immer Menschen am Werk sind. Denn auch der erste Algorithmus hat nichts Magisches, er ist auch nicht »objektiv« im allgemeinen Sinne. Und der zweite Algorithmus, der die gefundenen Regeln abläuft und die eigentliche

Entscheidung trifft, enthält nur einfache Multiplikationen, Additionen und »Wenn-dann«-Entscheidungen. Er bedarf weder einer Regulierung noch einer Überprüfung durch einen TÜV.

Um Sie zu überzeugen, dass im maschinellen Lernen gar keine Magie drin ist, gehe ich im Folgenden bei drei Arten, wie Entscheidungsregeln gelernt werden können, in die Tiefe. Ich erkläre skizzenhaft, wie Algorithmen oder Heuristiken diese Regeln jeweils aus den Daten lernen und wie sie dann in einem statistischen Modell gespeichert werden:

1) Der Baum der Erkenntnis: Entscheidungsbäume
2) Der Holzspießtest aka Support Vector Machines
3) Und – sehr skizzenhaft – neuronale Netzwerke

Um es einfach zu halten, nutze ich Beispiele, in denen die Maschine sich nur für eine von zwei möglichen Ergebnissen entscheiden soll. Wir nennen solche Methoden **binäre Klassifikatoren**, weil sie nur entscheiden, zu welcher von zwei Klassen jemand oder etwas gehört. Jede dieser drei Methoden baut dazu ein statistisches Modell als Entscheidungsstruktur auf, und zwar anhand der **Grundwahrheit**, die der Methode als sogenanntes **Trainingsdatenset** zur Verfügung gestellt wird.

Der Baum der Erkenntnis

Mein Mann hatte in den letzten Monaten ein bisschen Pech beim Autofahren. Erst wurde er in einer gefühlten 100-km/h-Zone, die sich leider als 70-km/h-Zone erwies, bei 89 km/h mit einem teuren Porträtfoto belohnt und wenig später in einer Baustelle innerorts ähnlich ungünstig erwischt. Um herauszubekommen, wie schlimm sich das für ihn auswirken wird, kann der folgende Entscheidungsbaum hilfreich sein:

Abbildung 23: Dieser Entscheidungsbaum zeigt an, ob bei einem innerorts begangenen Geschwindigkeitsvergehen mit Fahrverbot zu rechnen ist.

Sobald wir wissen, um wie viel er zu schnell war, können wir den Baum mit einem einfachen Algorithmus »ablaufen«. Aus historischen Gründen stellen Informatiker:innen solche Bäume übrigens auf den Kopf, die Wurzel liegt also oben. Lassen Sie sich davon einfach nicht irritieren. Man startet bei einem solchen Baum also oben, an der »Wurzel«, und beantwortet jeweils die gestellte Frage. Hmm, das könnte schlecht ausgehen für meinen Mann. Falls er beim zweiten Blitzen wieder mehr als 25 km/h zu viel draufhatte, droht neben dem Bußgeld und dem zweiten Punkt in Flensburg auch ein Monat Fahrverbot. (Nachtrag: Es waren nur 20 km/h zu viel. Mein Mann lässt ausrichten, dass er jetzt nur noch höchstens 50 km/h fährt. Vorsichtshalber inner- wie außerorts. Sie wissen also Bescheid, wenn mal so ein Kaiserslauterer vor Ihnen herdrömelt.)

Ich habe diesen Baum aus den Bußgeldverordnungen abgeleitet. Aber könnte man die jeweiligen Strafen und die dahinterliegenden

Entscheidungskriterien auch einfach aus Beobachtungen ableiten? Natürlich – aber nur dann, wenn man eine große Datenbasis hätte. Wenn man beispielsweise alle Briefe an geblitzte Personen zur Verfügung hätte, würde man sehen, dass innerorts Geschwindigkeitsübertretungen von bis zu 20 km/h nur ein Verwarnungsgeld auslösen. Und dass zwei Vergehen mit jeweils mindestens 25 km/h zu schnell mindestens einen Monat Fahrverbot nach sich ziehen. Wenn es von jedem Vergehen genügend viele Beispiele aus einem bestimmten Zeitraum gäbe, würde man diese Regeln also auch einfach durch Beobachtung (Höhe der Geschwindigkeitsübertretung und Konsequenz) ableiten können. Dabei ist es hilfreich, dass die Regeln immer für alle Personen zu 100 Prozent dasselbe Ergebnis bringen. Dadurch brauchen wir nur wenige Fälle, um das Muster zu erkennen.

Auf der *Titanic*

Ein Entscheidungsbaum kann interessanterweise aber auch dann automatisch konstruiert werden, wenn die Entscheidungsregeln nicht wie im Blitzer-Beispiel zu 100 Prozent gelten. Ein Klassiker, an dem die meisten Studierenden ihre ersten Gehversuche im maschinellen Lernen machen, hat mit dem wohl berühmtesten Schiff der Welt zu tun: Gegeben sind die persönlichen Daten der *Titanic*-Passagiere als Eingabe; vorherzusagen ist, ob diese die Fahrt überlebten oder nicht. Bevor Sie sich nun fragen, wozu man hier einen Entscheidungsbaum bauen sollte, wo man doch längst weiß, wer überlebt hat und wer nicht: Klar könnte man einfach in den entsprechenden Listen nachsehen. Und klar, es geht wieder um eine »Vorhersage«, die in der Vergangenheit liegt. Wenn es aber möglich ist, diese Vorhersage mit hoher Treffsicherheit zu machen, heißt das, dass hier tatsächlich ein Muster in den Daten vorliegt. Und dieses lässt sich anschließend anhand der Listen der tatsächlich Überlebenden überprüfen.

Das Problem, die besten Entscheidungsregeln für einen Entscheidungsbaum zu finden, könnte man wie folgt beschreiben:

Gegeben eine Traningsdatenmenge, die ein paar Informationen über einige Passagiere der *Titanic* enthält, darunter auch die, ob sie die Fahrt überlebt haben.

Finde einen Entscheidungsbaum, der für die übrigen Passagiere möglichst wenig Fehler bei der Vorhersage macht, ob sie die Fahrt überlebt haben.

Das heißt, die Gesamtmenge aller Passagiere wird also in zwei Gruppen aufgeteilt. Der Algorithmus soll in den Eigenschaften der Personen der ersten Gruppe (dem **Trainingsset**) Muster finden, die eine weitgehend richtige Vorhersage ermöglichen, was das Überleben der Personen aus der zweiten Gruppe (dem **Testset**) angeht. Hier noch einmal der Vergleich mit Kindern, denen man das sichere Überqueren von Straßen beibringen will: Irgendwann fängt man als Eltern an, die Situation zuerst vom Kind beurteilen zu lassen. Je sicherer es in seinen Entscheidungen wird, desto eher trauen Eltern ihm zu, bald auch alleine den Weg zur Schule zu meistern. Diese Rolle spielt beim Computer das Testset: Wir Data Scientists schauen uns damit an, wie gut der Computer eine Reihe von ihm noch nicht bekannten Situationen beurteilt. Unser Vertrauen in die von der Maschine gefundenen Regeln steigt dann mit der Anzahl der von ihm richtig vorhergesagten Ergebnisse.

Der Entscheidungsbaum soll eine von zwei Vorhersagen treffen: »hat überlebt« oder »hat nicht überlebt«. Es können nun vier Dinge passieren:

1) Der Algorithmus sagt, dass Person X überlebt hat, und das stimmt. Es handelt sich um eine **richtig positive** Vorhersage (englisch *true positive*).

2) Der Algorithmus sagt, dass Person X überlebt hat, das stimmt aber nicht. Es handelt sich um eine **falsch positive** Vorhersage (englisch *false positive*).

3) Der Algorithmus sagt, dass Person X nicht überlebt hat, und Person X hat tatsächlich nicht überlebt. Es handelt sich um eine **richtig negative** Vorhersage (englisch *true negative*).

4) Der Algorithmus sagt, dass Person X nicht überlebt hat, aber Person X hat überlebt. Es handelt sich um eine **falsch negative** Vorhersage (englisch *false negative*).

Falls es Sie verwirrt, dass die eine Vorhersage als »positiv« und die andere als »negativ« bewertet wird, haben Sie völlig recht. Natürlich ist das Überleben einer Person positiv, aber die Benennung hat nichts damit zu tun, ob das vorhergesagte Verhalten als positiv wahrgenommen wird oder nicht. Die Benennung stammt aus der Medizin, bei der ein Test auf eine Infektion klassisch als »positiv« gilt, wenn der Erreger nachgewiesen wurde, und als »negativ«, wenn das nicht der Fall war. Diejenigen, die sich noch an eine Zeit vor HIV erinnern können, hatten sicherlich auch bei den ersten Zeitungsberichten, dass ein Patient »HIV-positiv« sei, dasselbe merkwürdige Gefühl – denn dies war zu diesem Zeitpunkt der Beginn eines langen Leidenswegs und damit keineswegs »positiv«. Bei einem binären Klassifikator (einem, der zwischen zwei Verhaltensweisen oder Eigenschaften unterscheidet), wird einfach eine der beiden Entscheidungen als die »positive« gesetzt. Welche das ist, ist egal. Oftmals nennt man die »wichtigere« Klasse die »positive«: Bei einer Rückfälligkeitsvorhersage wäre dies die Klasse der Rückfälligen, bei einer Kreditwürdigkeitsvorhersage vermutlich die Klasse der Kreditwürdigen.

Der Algorithmus soll natürlich einen Entscheidungsbaum bauen, der möglichst viele richtig positive und richtig negative Entscheidungen trifft. Dazu bekommt er nun die Informationen über einen Teil der Passagiere. Im folgenden Beispiel enthält das Trainingsset Informationen über 891 Passagieren – übrigens hätte man das Trainingsset auch größer oder kleiner machen können. Das ist eine Entscheidung der Data Scientists, die nach Erfahrungsregeln getroffen wird. Die Aufteilung des Gesamtdatensatzes in Trainings- und Testdatensets ist damit die erste von vielen »Stellschrauben«, die ich schon erwähnt habe, und die die Gestaltbarkeit des Verfahrens ausmachen.

Anhand dieser Daten wird dann der Baum aufgebaut.

Und wie könnte so ein Algorithmus für den Bau unseres Entscheidungsbaums nun aussehen? Die grundlegende Idee ist, dass der Algorithmus in jedem Schritt nach derjenigen Eigenschaft der *Titanic*-Passgiere sucht, die am besten zwischen den Überlebenden und den Ertrunkenen unterscheidet. Das Datenset enthält, wie bereits erwähnt, zwar eine ganze Menge an Informationen, aber nicht immer alle über alle Passagiere. So sind zum Beispiel die Namen von allen 891 Personen bekannt, das Alter ist aber nur von 714 eingetragen. Für alle ist die Klasse, die sie gebucht haben, im Datenset enthalten, außerdem der Ticketpreis. Zudem ist von allen bekannt, wie groß die Familie war, mit der sie reisten. Wir kennen ihr Geschlecht und bei vielen die Anrede. Und natürlich weiß der Algorithmus – um den Entscheidungsbaum aufbauen zu können –, welche Personen überlebt haben und welche nicht (die **Grundwahrheit**, die dem Algorithmus das nötige **Feedback** gibt). Von den 891 Personen, deren Daten im Trainingsset enthalten sind, haben insgesamt 38,4 Prozent überlebt.

Was glauben Sie: Welche Eigenschaft führt laut Algorithmus wohl zu den besten Überlebenschancen? Das ist natürlich eine Trickfrage, mit der ich herausbekomme, wie alt Sie sind. Wenn Sie 1998 mindestens zwölf Jahre alt waren, dann haben Sie den Film *Titanic* gesehen und mit Leonardo di Caprio gebangt. Und dann wissen Sie auch, wer die größeren Chancen hatte, zu überleben: die Frauen.

Tatsächlich findet auch der Algorithmus heraus, dass von all den genannten Informationen das Geschlecht die Überlebenden von den nicht Überlebenden am besten unterscheidet. Trennt man das Datenset nach Geschlechtern auf, sieht man das Folgende: Es gab im Trainingsdatenset 314 Passagierinnen (35 Prozent aller Passagiere), von denen fast 75 Prozent überlebt haben. Von den 577 männlichen Passagieren waren es dagegen nur 109 (knapp 19 Prozent).

Die Frauen stellen bereits eine relativ homogene Gruppe dar. Natürlich könnte man versuchen, die Gruppe der Frauen jetzt noch weiter aufzuschlüsseln: nach Alter vielleicht oder nach Ticketklasse. Wenn man am Ende nur noch Untergrüppchen übrig haben wollte, die zu 100 Prozent überlebt beziehungsweise nicht überlebt haben, müsste man vermutlich noch die Namen mit hinzunehmen: »Alle Frauen mit dem Namen Fatima Masselmani haben überlebt«. (Eine Passagierin dieses Namens gab es tatsächlich!) Aber wäre das wirklich eine hilfreiche Entscheidungsregel? Offensichtlich gab es nur eine Person mit diesem Namen auf dem Schiff. Eine solche Regel ist also zu spezifisch.

Grundsätzlich versucht man beim maschinellen Lernen, nicht zu viel in das vorliegende Datenset hineinzuinterpretieren – falls das doch passiert, nennen wir das »Overfitting«. Damit ist gemeint, dass das Trainingsdatenset vermutlich viele unwichtige Details enthält, die besser nicht mitgelernt werden sollten. So sollte sich mein Sohn beim »Heiße-Suppe-Problem« auch nicht zu sehr ablenken lassen von der Petersilie auf der Tomatensuppe, sondern lieber nach allgemeinen Eigenschaften von heißen Suppen suchen.

Aber wie können Data Scientists nun feststellen, ob eine Gruppe schon homogen genug ist oder ob sie weiter aufsplitten sollten? Tatsächlich gibt es mehr als ein Dutzend Methoden, um die Homogenität einer entstandenen Gruppe zu messen, und ebenso viele, um zu entscheiden, ob man weiter aufsplitten sollte. Dazu gleich mehr. Sehen wir uns zunächst noch kurz die Gruppe der Männer an: Die ist sogar noch homogener, denn hier ist das Verhältnis von Überlebenden zu nicht Überlebenden 19 zu 81; bei den Frauen war es dagegen 75 zu 25. Würde man also bei den Männern einfach die Vorhersage treffen: »Hat nicht überlebt«, und bei den Frauen »Hat überlebt«, würde man bei den Männern weniger Fehler machen als bei den Frauen. Aber der Algorithmus prüft bei den Männern trotzdem noch, ob es innerhalb dieser Gruppe eine weitere Unterteilung gibt, in der die Gruppen fast nur noch aus Überlebenden oder fast nur noch aus Nicht-Überlebenden bestehen. Tatsächlich habe ich den für den hier diskutierten Entscheidungsbaum verwendeten Algorithmus nicht selbst geschrieben – der Wikipedia-Nutzer Stephen Milborrow hat den Entscheidungsbaum erstellt und auf Wikipedia veröffentlicht.[82] Auf dieses Ergebnis beziehen sich die hier genannten Zahlen, zusätzlich habe ich mir die von ihm verwendeten Trainingsdaten noch genauer angesehen. Milborrow nennt zwar den allgemeinen Typ von Algorithmus, den er zur Erzeugung genutzt hat, dieser hat aber sehr viele kleine Hebel und Schaltknöpfe, die man als Data Scientist einstellen kann. Warum also der Algorithmus bei den Männern nochmal nach weiteren Unterscheidungskriterien gesucht hat, bei den Frauen aber nicht, ist für mich nicht nachvollziehbar. Das ist ein erster wertvoller Hinweis darauf, wie wichtig eine transparente Beschreibung aller eingestellten Knöpfchen, Hebel und Schalter sein kann, um das Ergebnis des Algorithmus vollständig nachvollziehen zu können.

Man kann also nur feststellen, dass der verwendete Algorithmus sein Ergebnis optimieren konnte, indem er weitere Unterscheidungen machte. Der Algorithmus fand heraus, dass die zweite Eigenschaft, die über Leben oder Tod der männlichen Passagiere entschied, das Alter war: Die Gruppe der männlichen Passagiere, die älter als 9,5 Jahre sind, hat eine noch geringere Überlebensrate (17 Prozent im Vergleich zu den 19 Prozent der Gesamtgruppe der männlichen Passagiere). Und in der Gruppe der kleinen Jungs kann man außerdem sehen, dass all diejenigen, die in der ersten und zweiten Klasse reisten, gerettet wurden. Jeder einzelne der elf Jungs. Von den Jungs in der dritten Klasse haben immerhin acht der verbliebenen 21 überlebt.

Eine Eigenschaft, die noch besser darstellt, wer überlebt hat, ist aber die Anzahl der mitreisenden Geschwister. Alle 18 Jungs mit höchstens zwei Geschwistern haben überlebt, aber nur einer mit mehr als zwei Geschwistern. An dieser Stelle hört der Algorithmus auf, weil die jeweiligen Stopp-Kriterien (Homogenität, Vermeidung von *overfitting*) erfüllt sind. Das Ergebnis des

Baumes, wie ihn Milborrow veröffentlicht hat, sehen Sie unten in Abbildung 24.

Wie wird nun ein solcher Baum verwendet, der eben keine 100-prozentig gültigen Regeln beschreibt? Die Teile des Baumes, wo keine weitere Unterscheidung getroffen wird, nennt man **Blätter**. Jede Person, die den Entscheidungsbaum anhand ihrer Eigenschaften durchläuft, landet in genau einem Blatt. Die »Vorhersage« für Personen, die in einem solchen Blatt landen, wird jeweils durch dasjenige Schicksal bestimmt, das die meisten Personen in der Gruppe ereilt hat. Für **alle** Frauen würde der Baum also vorhersagen, dass sie überlebt haben, obwohl das nur für 74,2 Prozent von ihnen gilt.

Abbildung 24: Ein algorithmisch erzeugter Entscheidungsbaum zu der Vorhersage, ob ein Passagier oder eine Passagierin der *Titanic* deren Untergang überlebt hat. Die Abbildung basiert auf dem Entscheidungsbaum, der von Wikipedia-Nutzer Stephen Milborrow erstellt wurde.[83]

Wie gut ist nun die Vorhersagekraft dieses Baumes? Um das herauszufinden, benötigt man neben dem Testset auch wieder ein Qualitätsmaß! Dieses bestimmt, wie man die richtigen und die falschen Vorhersagen nachher in einer einzigen Zahl zusammenfasst. Zuerst einmal kann man sich aber ansehen, wie viele Fehler der Baum bei der Vorhersage für das **Trainingsdatenset** macht. Das einfachste Qualitätsmaß zählt dafür bei den Blättern des Baumes jeweils zusammen, wie viele Personen die richtige Vorhersage bekommen: Man sieht, dass für 233 Frauen und für 18 kleine Jungs korrekt vorhergesagt wurde, dass sie überlebt haben. Zudem wird für 13 kleine Jungs und 455 weitere männliche Passagiere korrekt vorhergesagt, dass sie nicht überlebt haben. Für die 891 Personen im Trainingsdatenset trifft der Baum also bei 688 die richtige Vorhersage. Damit sind 81 Prozent aller Entscheidungen korrekt.

Aber das Trainingsdatenset ist eigentlich gar nicht relevant, denn hieran konnte der Algorithmus den Baum schließlich ausrichten. Wenn das das einzige Kriterium wäre, dann hätte man den Baum einfach ganz detailliert aufgeschlüsselt, bis jede Person korrekt vorhergesagt worden wäre. Das wäre dann das gefürchtete Overfitting. Der eigentliche Qualitätstest besteht also darin, wie gut die gefundenen Regeln auf den Teil der Daten anwendbar sind, die der Algorithmus **nicht** zur Verfügung hatte: Ich lasse nun die 1309 Personen aus dem **Testdatenset** durch den Baum laufen, schaue, in welchem Blatt sie jeweils landen, und vergleiche dann diese Vorhersage mit ihrem wahren Schicksal.

Das Ergebnis: Von den im Testdatenset enthaltenen Daten von 466 Frauen werden 339 korrekt als Überlebende klassifiziert; dazu kommen 24 von den kleinen Jungs. 15 kleine Jungs und weitere 664 männliche Passagiere, die laut Baum in die Klasse der Nicht-Überlebenden gehören, haben tatsächlich nicht überlebt. Von den insgesamt 1309 Passagieren aus dem Testdatenset werden also 1042 (80 Prozent) korrekt klassifiziert.

Ist das schon ein beeindruckender Wert? Um das festzustellen, macht man einen sogenannten **Baseline-Vergleich**. Die »Baseline«, die Vergleichslinie, findet man, indem man immer vorhersagt, was die jeweils größere Gruppe tut. Damit liegt diese Vergleichslinie also stets bei mindestens 50 Prozent. In unserem Fall ist die größere Gruppe der Passagiere ertrunken. Wenn wir keine weitere Information über eine Person hätten, als dass sie auf der *Titanic* war, müssten wir also davon ausgehen, dass sie ertrunken ist. Mit dieser einfachen Regel läge man schon in 61,6 Prozent der Fälle richtig. Die Differenz zu den 80 Prozent richtigen Vorhersagen, die der Entscheidungsbaum fällt, liegt also in der Ausnutzung von weiteren Informationen.

Der Entscheidungsbaum hat also tatsächlich Regeln gefunden, die auch für den bisher noch nicht betrachteten Teil der Personen funktionieren. Aber diese Regeln entsprechen Korrelationen, nicht Kausalitäten: Man hat nicht überlebt, **weil** man weiblich war. Wenn das der Fall gewesen wäre, hätten **alle** Frauen überleben müssen. Der Computer hat hingegen herausgefunden, dass Frauen deutlich **bessere Chancen** als Männer hatten – das Überleben ist also mit dem Geschlecht korreliert, das Geschlecht bedingt es aber nicht. Ich komme gleich noch einmal auf diesen Punkt zurück.

Insgesamt ist so ein Entscheidungsbaum für uns Menschen einigermaßen nachvollziehbar, insbesondere, wenn er nicht allzu tief geht. Nur die letzte Regel bei den kleinen Jungs bleibt etwas rätselhaft. Warum sollte es eine Rolle spielen, wie viele Geschwister jemand hat? Warum genau das so ist, wird sich abschließend wohl nicht klären lassen. Vielleicht, weil Eltern mit weniger Kindern schneller an Deck kamen. Es könnte aber auch einfach Zufall sein – denn Korrelationen sind, wie gesagt, nicht notwendigerweise auch Kausalitäten.

Die ethische Dimension des Datensatzes

Finden Sie es eigentlich makaber, dass ich am Beispiel der *Titanic*-Daten argumentiere? Es stecken ja echte Schicksale dahinter, die man bei der Behandlung von Passagieren als »Datenpunkte« nur allzu schnell vergisst. Die Zusammenfassung des Untergangs auf Wikipedia lässt einen wirklich erschaudern. Aber ich will Ihnen mit diesem Buch ja auch zeigen, wie Data Scientists so ticken. Und wie bereits erwähnt, ist das *Titanic*-Datenset eines der oft gewählten Einsteigerbeispiele. Das liegt unter anderem daran, dass es auch zu diesem Datenset einen kleinen Wettbewerb gibt.[84] Und, auch das wissen Sie bereits, über Wettbewerbe sind Informatiker:innen und Data Scientists ganz gut zu triggern! Daher gibt es unzählige Teilnehmer und Teilnehmerinnen, die ihren Ansatz zur möglichst genauen Vorhersage in Blogs diskutieren. Die vielen Diskussionen über das Datenset lassen aber nahezu alle eine Diskussion der Einzelschicksale vermissen. Das ist irritierend, aber ich bitte Sie, nicht vorschnell darüber zu urteilen. Auch die statistische Analyse von Medikamenten entscheidet anhand der Gesamtdaten, ob ein neuer Wirkstoff besser ist als der alte – und nicht nach Einzelschicksalen. Doch während es gute Gründe für die statistische Analyse von Medikamenten gibt, kann man sich fragen, warum man dies im Fall der *Titanic*-Daten machen sollte. Nun, weil man anhand dieses relativ kleinen und überschaubaren Datensatzes tatsächlich eine ganze Menge lernen kann. Natürlich gibt es hier nicht wie bei einem Verkehrsdelikt klare Entscheidungsregeln, die uns sagen können, wie die Situation jeweils ausgegangen ist. Wir wissen aber, dass die Personen in den Rettungsbooten fast alle überlebt haben und dass es – bei der zwar vorschriftsmäßigen, aber zu kleinen Menge an Plätzen in den Rettungsbooten – tatsächlich Präferenzen gab, wer diese bekommen sollte: »Frauen und Kinder zuerst«. Und diese Präferenz findet unser Algorithmus auch. Von den Daten her gesehen ist es genau das, was maschinelles Lernen leisten können soll: Versteckte Entscheidungsregeln offenlegen, auch wenn diese nicht zu

100 Prozent das Handeln leiten und weitere Eigenschaften eine Rolle spielen könnten.

Die gewonnenen Einsichten sind historischer Natur – wir können damit ein bisschen besser nachvollziehen, was damals wohl geschehen ist. Dagegen steht, dass diese Analyse ansonsten kaum einen Nutzen hat – ihre Erkenntnisse sind nicht übertragbar. Wir können aus ethischer Sicht wohl auch festhalten, dass die Daten an sich vermutlich nicht direkt von den Betroffenen freigegeben wurden. Die Datensammlung allein könnte hier also schon problematisiert werden, ebenso, dass ein großer Nutzen der Analyse nicht erkennbar ist. Diese und ähnliche Punkte werde ich auch bei allen folgenden Beispielen immer wieder ansprechen. Denn sie liefern – neben anderen – gute Gründe dafür, warum beim maschinellen Lernen als einem der Hauptpfeiler der künstlichen Intelligenz jeder Bürger und jede Bürgerin mitsprechen sollte, wenn es um Entscheidungen über Individuen geht.

Feature Engineering: Die vielen kleinen Stellschräubchen mit großer Wirkung

Ich habe Ihnen nur einen möglichen Entscheidungsbaum gezeigt. Tatsächlich bleibt man bei diesem ersten statistischen Modell niemals stehen, sondern versucht immer, es weiter zu verbessern. Die Richtschnur ist dabei immer das gewählte Qualitätsmaß. Es beginnt also ein Wettbewerb mit sich selbst: Kann ich meinen eigenen Ansatz noch weiter verbessern? Ein möglicher Ansatz dafür ist das sogenannte Feature Engineering: Als »Feature Engineering« bezeichnet man alle Schritte, bei denen die genaue Zusammensetzung der Eingangsdaten entschieden wird. So haben manche Teilnehmer:innen des *Titanic*-Wettbewerbs ihren Entscheidungsbaum verbessert, indem sie im Datensatz nach Namenszusätzen gesucht haben, die zum Beispiel auf Adlige hinwiesen. Andere haben die Anzahl der Geschwister plus die Anzahl der Eltern zusammengerechnet, um die Gesamtfamiliengröße zu kennen – diese Zahlen waren im ursprünglichen Datensatz getrennt voneinander gespeichert. Daraus haben dann wieder andere den Ticketpreis pro Person berechnet. Auch hier läuft alles manuell, und wenig davon kann automatisiert werden. Der Informatiker Pedro Domingos sagte 2012 über das Feature Engineering: »Es ist oft der spannendste Teil des Projekts, wo Intuition, Kreativität und ›schwarze Magie‹ genauso wichtig sind wie der technische Kram.«[85] Und meistens verwenden wir eben auch nicht nur eine Methode des maschinellen Lernens, sondern arbeiten uns von den einfacheren Methoden, deren Ergebnisse noch relativ gut einsehbar und für Menschen nachvollziehbar sind, zu den komplizierteren hoch. Bei diesen haben wir dann oftmals kein allgemeines Verständnis ihres Verhaltens mehr – ähnlich wie bei dem Beispiel mit dem Textsatz von Knuth und Plass. Wir können berechnen, was mit einzelnen Dateneingaben passiert, aber haben nicht mehr unbedingt eine Einsicht darin, was mit anderen, scheinbar ähnlichen Eingaben passieren würde.

Auf einen Blick: Entscheidungsbäume

Entscheidungsbäume können relativ schnell aus Daten gelernt werden. Die Algorithmen dahinter sind im Wesentlichen simpel, aber nicht trivial, da so viele Entscheidungen getroffen werden müssen. Viele dieser Entscheidungen führen zu Handlungsanweisungen, die technisch gesehen keine Algorithmen mehr sind, sondern nur **Heuristiken**. Das ist bei den allermeisten Methoden des maschinellen Lernens der Fall. Insofern können wir nicht wissen, ob der gefundene Entscheidungsbaum der bestmögliche ist. Trotzdem sind auch diese Heuristiken nützlich. Denn wie der Entscheidungsbaum aufgebaut wird, ist nahezu unerheblich, da seine Qualität immer mithilfe von Testdatensätzen und Qualitätsmaßen beschrieben werden kann. Damit wird aber auch klar, dass dann die Testdatensätze von höchster Qualität sein müssen und dass das Qualitätsmaß sinnvoll gewählt sein muss.

Sobald der Entscheidungsbaum gelernt wurde, ist ein sehr einfacher Algorithmus dafür verantwortlich, eine Vorhersage für neue Daten zu machen. Dieser Algorithmus startet an der Wurzel des Baumes, beantwortet die jeweilige Frage und entscheidet danach, wo er weitermachen muss. Landet er in einem Blatt, gibt er als Vorhersage aus, wie sich die Mehrheit der Personen in dieser Gruppe verhalten hat. Alternativ kann er auch die Anteile von Personen in den jeweiligen Klassen angeben (im Fall der *Titanic:* Anteil der Überlebenden beziehungsweise der Nicht-Überlebenden).

Warum ich das alles so detailliert aufgeschrieben habe? Weil man bei diesem Beispiel gut die jeweiligen Schritte in der **langen Kette der Verantwortlichkeiten** sieht, die den Entwicklungsprozess von algorithmischen Entscheidungssystemen beschreibt. Die folgenden Beobachtungen sind wichtig, da sie sich generalisieren lassen:

1) Beim maschinellen Lernen handelt sich um ein Handwerk, nirgendwo ist »Magie« im Spiel, die aus Daten direkt Wahrheiten generiert. Die Methode, mit der ein Entscheidungsbaum aufgebaut wird, folgt Schritt für Schritt einer detaillierten Handlungsanweisung.

2) Es müssen für den Aufbau des Entscheidungsbaumes selbst auch einige Entscheidungen getroffen werden: Wie groß ist das Trainingsset, wie groß das Testset? Wann soll gestoppt werden? Solche Entscheidungen nennt man »Hyperparameter-Tuning«. Erst das Herumprobieren bei diesem »Tuning« ermöglicht, deutlich bessere Bäume zu entwickeln. Es ist wichtig, das zu wissen, denn hier wird händisch viel ausprobiert, damit das statistische Modell nachher gut funktioniert. Hier liegt ein Teil der Gestaltbarkeit.

3) Es sind eigentlich eine Heuristik und ein Algorithmus beteiligt. Die Heuristik zum Aufbau des Entscheidungsbaumes und ein Algorithmus, der dann mit neuen Daten durch den Entscheidungsbaum durchgeht, um zu einer Entscheidung zu kommen.

4) Diese beiden Methoden sind so simpel, dass sie selbst nicht durch den TÜV müssen. Die vielen Varianten sind vor Ewigkeiten pro-

grammiert worden, von Hunderten bis Tausenden Personen genutzt worden und vermutlich fehlerfrei. Es sind vielmehr der Gesamtvorgang der Modellierung und die vielen dabei notwendigen Entscheidungen, die unter Umständen kontrolliert werden müssen.

Es gibt auch wichtige Beobachtungen zur Datenauswahl. Erstens sind beim *Titanic*-Datenset wie in vielen anderen Fällen auch die Daten nicht vollständig und teilweise vielleicht falsch. Zweitens steckt eine Diskriminierung in den Daten: Frauen und Kinder wurden bei der Besetzung der Rettungsboote bevorzugt. **Würde man also den entstandenen Baum nutzen, um für das nächste Unglück Entscheidungen zu treffen, wen man rettet, würden diese Diskriminierungen verstärkt!** Wenn der Entscheidungsbaum jeweils nach der Mehrheit in den Blättern entscheidet, kämen sogar nur noch Frauen, Mädchen und kleine Jungs in die Boote. **Eine Datenbasis mit einer Diskriminierung schreibt diese also fort und kann sie sogar noch verstärken** – je nachdem, wie das gefundene statistische Modell genutzt wird.

Zum Gesamtverfahren kann festgehalten werden, dass Data Scientists nicht nur ein statistisches Modell aufbauen. Das erste Modell wird oftmals immer weiter verfeinert, etwa durch »Feature Engineering« (Verfeinerung der initialen Datenauswahl) oder durch Wechsel der Methode. **Und dabei wird das Qualitätsmaß zum Maß aller Dinge.** Es entscheidet darüber, wann die Designer:innen mit der Software zufrieden sind und sie nicht weiter verbessern.

Warum es für Sie wichtig ist, zu wissen, dass im Prozess des maschinellen Lernens so viele manuelle – also vom Menschen gemachte – Entscheidungen getroffen werden müssen, und dass es so viele Knöpfe gibt, an denen man drehen kann? Das ist eben der vorne schon erwähnte Daniel-Düsentrieb-Ansatz:

Sie müssen das wissen, weil das bedeutet, dass wir alle dem Verdikt der Maschine nicht ausgeliefert sind, weil die Maschine nicht einfach pure Mathematik anwendet, die unwidersprochen Fakten auf objektive Art und Weise identifizieren kann. **Weil das heißt, dass manche Entscheidungen auch falsch sein können, und weil Sie einen Teil der Fragen auch ohne vertiefte Technikkenntnisse mitentscheiden können und sollten.** Und deswegen müssen Sie jetzt selbst einmal eine solche Entscheidung treffen. Und dazu werden Sie selbst zu einer Maschine werden, zu einer **Support Vector Machine.**

Wie Sie »zur Maschine« werden

Haben Sie sich schon einmal geärgert, weil Sie bei einem völlig sinnlosen Bewerbungsgespräch dabei waren? Dabei ist es ja tatsächlich auch ziemlich egal, auf welcher Seite des Tisches man sitzt. Ich erinnere mich auf jeden Fall an mehrere Stunden in der Studenten-WG, wo wir mit Kandidat:innen, die eigentlich niemand wollte, noch 15 Minuten lang unser äußerst innovatives und vielleicht ein klitzekleines bisschen überkandideltes Waschmaschinenrefinanzierungsmodell bekakelt haben.[86]

Wäre es nicht großartig, wenn man für jede Art von Job und Bewerbung einfach aus den Bewerbungen der letzten Jahre diejenigen Eigenschaften lernen lassen könnte, die zum Erfolg geführt haben? Und wenn die Maschine diese Entscheidungen zudem ohne Ansehen der Person durchführen würde, ohne dass man Sorge haben müsste, dass diskriminiert wird? Eine völlig objektive Entscheidung, mit viel weniger sinnlosen Bewerbungsgesprächen?[87]

Und siehe da, ich habe ein paar schicke Daten für Sie: Die Daten der letzten 27 Bewerber:innen für einen Job bei der Fantasiefirma Good Work. 13 von ihnen wurden eingestellt und blieben für mindestens zwei Jahre auf dem Arbeitsplatz, für den sie sich beworben hatten. Letzteres ist für die Geschäftsführerin der entscheidende Aspekt einer gelungenen Einstellung. Die beiden wichtigsten Eigenschaften dafür wurden auch schon identifiziert: Es sind die Jahre der Berufserfahrung und die Jahre der Arbeitslosigkeit. Für jeden der Kandidat:innen der letzten Jahre können Sie diese beiden Eigenschaften auf der folgenden Abbildung ablesen.

Wie Sie sehen, waren in der Vergangenheit Personen mit langen Arbeitslosenzeiten bei der Bewerbung oder nachher im Beruf bei der Firma Good Work tendenziell weniger erfolgreich (quadratische dunkelgraue Smileys).

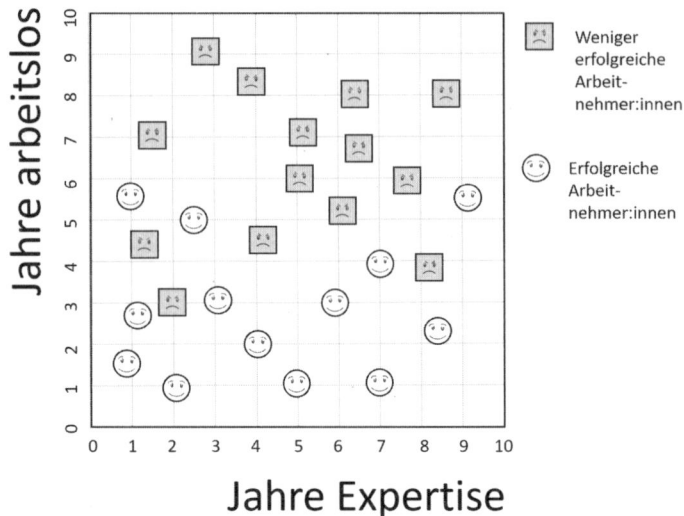

Abbildung 25: Ziehen Sie mit dem Stift eine möglichst gut trennende und gerade Linie zwischen die quadratischen grauen und die kreisförmigen hellen Smileys.

Nun werden Sie gebeten, auf diesen Daten eine **Support Vector Maschine** zu trainieren. Eine was? Und wie? Sie können gar nicht programmieren? Kein Problem. Suchen Sie sich jetzt bitte einen Stift und ein Lineal und malen Sie zwischen die quadratischen und kreisförmigen Datenpunkte der Abbildung eine gerade Linie, sodass die Linie möglichst gut die quadratischen (erfolglosen) Smileys von den kreisförmigen (erfolgreichen) Smileys trennt, wobei jeder Smiley für einen Bewerber oder eine Bewerberin steht. Die Linie kann von links oben nach rechts unten (diagonal) oder von rechts nach links, von oben nach unten oder sonst wie verlaufen. Sie muss nur **gerade** sein. Malen – Sie – jetzt! (Wartemusik ertönt.)

Und? Wo verläuft Ihre Linie? In jedem Fall weiß ich, dass Sie keine perfekte Linie finden konnten – dank meiner geheimen Professorinnentelepathie. Vielleicht auch, weil ich das Datenset so gewählt habe, dass dies gar nicht möglich ist: Sie werden immer erfolglose (quadratische graue) Bewerber auf der Seite der erfolgreichen (kreisförmigen hellen) Bewerber:innen haben und/oder umgekehrt erfolgreiche auf der erfolglosen Seite.

Die kleinste Anzahl dieser Fehler liegt bei vier – und wenn es einem egal ist, welche Art von Fehlern man macht, gibt es mindestens drei optimale Linien.

Wenn Sie bei diesem kleinen Test mitgemacht und eine Linie gezogen haben, dann haben Sie, liebe Leserinnen und Leser, durch das Einzeichnen dieser einfachen Linie im Wesentlichen eine Support Vector Machine trainiert.[88] Der Name ist kompliziert, aber was das Verfahren tut, nicht: Die dahinterstehende Heuristik sucht eine Trennlinie, die die beiden Gruppen von Bewerber:innen möglichst gut unterteilt, sodass möglichst viele Objekte (Datenpunkte) der einen Gruppe auf der einen Seite liegen und möglichst viele der anderen auf der anderen Seite. Und diesen Teil kann man gut automatisieren und vom Computer erledigen lassen. Da es bei Bewerber:innen meist mehr als nur zwei wichtige Eigenschaften gibt, ist das Verfahren in der Realität etwas aufwendiger. Mathematisch gesehen suchen wir dann nach einer (Hyper-)Ebene, die die zwei Gruppen trotzdem möglichst gut voneinander trennt. Stellen Sie sich das vor wie ein Messer, dass durch die Daten schneidet. Unabhängig davon, wie genau diese trennende Linie oder Ebene genau aussieht, stellt sie das statistische Modell dar. Und damit kann jeder neue Datenpunkt (also Bewerber oder Bewerberin)[89] leicht kategorisiert werden: Liegt er auf der Seite mit den erfolgreichen Bewerber:innen, nimmt man an, sagt der Algorithmus vorher, dass auch der neue Bewerber erfolgreich sein wird. Liegt er auf der anderen Seite, naja, dann kann man sich ein Gespräch wohl sparen.

In der nächsten Abbildung sehen Sie die Linien, die meine Studierenden in der Vorlesung »Einführung in die Sozioinformatik« im Wintersemester 2018/19 gewählt haben, von denen die wenigsten in diesem Sinne optimal waren:

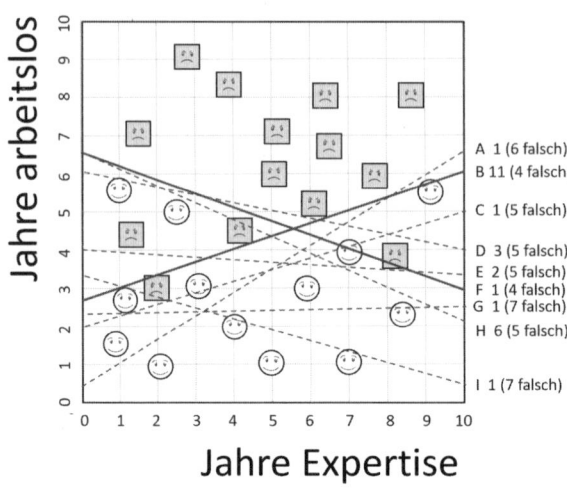

Abbildung 26: Von meinen Studierenden platzierte Trennlinien. Jede Linie hat einen Bezeichner (A-I). Daneben steht die Anzahl von Personen, die diese Linie gewählt haben. In Klammern steht jeweils die Anzahl der auf der »falschen« Seite liegenden Datenpunkte. Durchgezogene Linien sind optimal, da sie nur vier Fehlklassifikationen erzeugen.

Nur die Linien B und F erzeugen die minimale Anzahl von Fehlern – immerhin zwölf meiner Student:innen haben sie so eingezeichnet. Interessant finde ich die Linien I und G. Ganz eindeutig sollen sie dafür sorgen, dass **nur** erfolgreiche Kandidat:innen eingeladen werden. Dafür nehmen die beiden Studierenden, die diese Linien gezogen haben, jeweils sieben falsch kategorisierte Personen in Kauf, die eigentlich auch hätten erfolgreich eingestellt werden können.

Jetzt also die Gretchenfrage: Sie erhalten eine neue Bewerbung von einer Person mit 5,5 Jahren Berufserfahrung und insgesamt vier Jahren ohne Beschäftigung. Laden Sie sie ein oder nicht?

Die folgende Abbildung zeigt mit dem »X« an, wo Sie den neuen Datenpunkt finden können. Vergleichen Sie die Lage mit der Linie, die Sie vorhin gezogen haben und treffen Sie eine Entscheidung! Laden Sie die Bewerberin ein oder nicht?

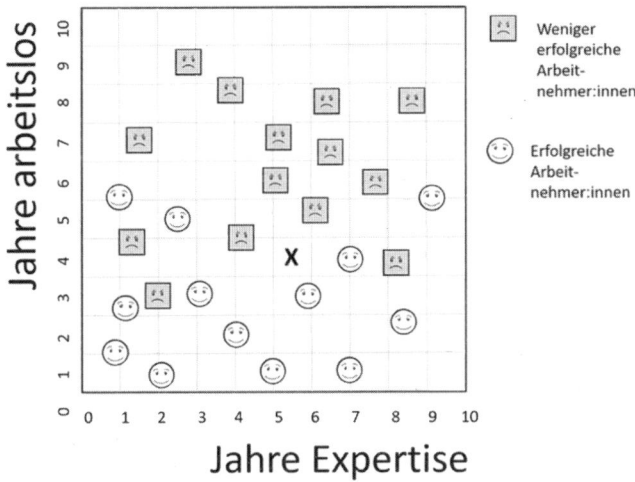

So haben sich meine Studierenden entschieden:

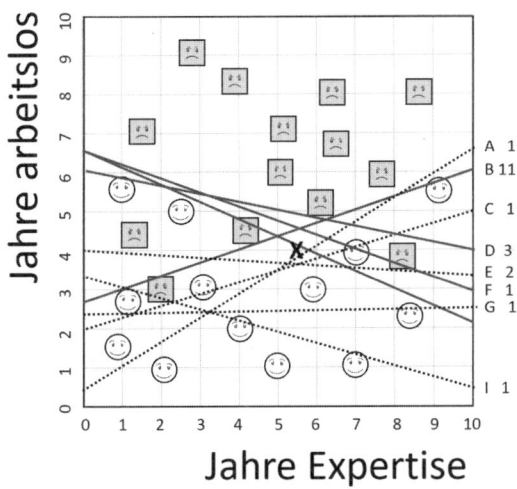

Abbildungen 27/28: Die gepunkteten Linien weisen den Datenpunkt mit 5,5 Jahren Erfahrung und vier Jahren Arbeitslosigkeit der »erfolglosen« Seite zu, die durchgezogenen Linien sehen ihn auf der »erfolgreichen« Seite.

Sechs Studierende haben ihre Linie so gezogen, dass der Datenpunkt auf der »erfolglosen« Seite der quadratischen dunklen Smileys zu liegen kommt. Das sind in Abbildung 27 die Linien A (eine Person hat diese gezeichnet), C (eine Person), E (zwei Personen), G (eine Person) und I (eine Person). Die anderen 21 sehen den Datenpunkt auf der »erfolgreiche« Seite bei den kreisförmigen Smileys. Das heißt: 22 Prozent würden unseren Bewerber/unsere Bewerberin nicht einladen.

In meinen Vorträgen sind es normalerweise nicht so viele, die so abweisend sind, eher so um die 5 Prozent. Aber vor allen Dingen ist es ja interessant, dass die Linien so unterschiedlich gezogen werden! Woran liegt das?

Zuallererst natürlich an der Wischiwaschi-Aufgabenstellung, die durchaus gewollt war: Denn leider bekommen wir Data Scientists auch sehr oft eher schwammige Aufträge, die eben nicht genau spezifizieren, was eigentlich optimiert werden soll. Was eine »gute« Entscheidung ist, muss also erst wieder operationalisiert, also messbar gemacht, werden. Und dazu haben Data Scientists eine ganze Reihe von Qualitätsmaßen entwickelt, denn diesen Punkt können uns Maschinen prinzipiell nicht abnehmen: **Menschen müssen definieren, was eine gute Entscheidung ausmacht, damit das Resultat des maschinellen Lernens überhaupt gute Entscheidungen produzieren kann.**

Die Qualitätsmaße – und daneben auch etwas, das wir »Fairnessmaße« nennen – bestimmen maßgeblich, was der Computer lernt. Und glücklicherweise bedarf es wenig technischen Grundwissens, um hier mitreden zu können! Denn es geht, fachlich gesprochen, um Operationalisierungen des **sozialen Konzeptes der Entscheidungsgüte.** Das klingt langweilig für Sie? Au contraire!

Algorithmen haben kein Taktgefühl

Cassie Kozyrkov ist die leitende Entschei-
dungsintelligenzingenieurin bei Google
und damit definitiv die Frau mit der läs-
sigsten Berufsbezeichnung, die ich jemals
gehört habe.  Sie spricht mir aus der Seele,
wenn sie sagt, dass oftmals die Falschen
(nämlich wir Data Scientists) mit der Frage
betraut werden, was genau die KI denn
können soll, während die eigentlichen Entscheider so etwas murmeln wie: »Gehen
Sie los und streuen Sie ein bisschen maschinelles Lernen auf unsere wichtigsten Ge-
schäftsentscheidungen, damit ... gute Dinge
passieren!«[90] Aber ganz ehrlich: So wird
das nichts.

In ihrem Blogpost »Der erste Schritt beim Design einer KI wird
Sie überraschen« (ja, Clickbaiting kann sie auch!) greift Kozyrkov
die Analogie zum Training eines Hundes auf. Man müsse zwar nicht
wissen, wie welche Trainingsmethoden dazu führen, dass der Hund
lernt, aber man müsse schon wissen, ob man jetzt eher einen Polizeihund oder einen Hütehund wolle. Und wenn der Hund Schafe hüten soll, wäre es gut zu checken, ob man überhaupt genug Schafe hat,
um ihm zu zeigen, was ein Schaf ist.

Wie kann man nun Computern sagen, was sie lernen sollen? Das
eine ist natürlich, dass die Trainingsdaten die Information enthalten, wann welche zu lernende Eigenschaft beobachtet wurde. In
den allermeisten Fällen wird aber kein Algorithmus der Welt eine zu
100 Prozent gültige Entscheidungsregel finden, die zweifelsfrei
klärt, welche messbaren Eigenschaften zu welcher anderen Eigenschaft führen werden. Und das gilt insbesondere für die Vorhersage
künftigen menschlichen Verhaltens auf der individuellen Ebene,
denn dieses Verhalten hängt in der Regel nicht nur von der zu

bewertenden Person an sich ab, sondern auch von der Situation, in der sie sich befindet. Wenn es aber nicht möglich ist, eine hundertprozentig gültige Regel zu finden, müssen die verschiedenen Fehler einer Entscheidung gegeneinander abgewogen werden.

Ist es also gleich schlimm, wenn eine Person fälschlicherweise zum Gespräch eingeladen beziehungsweise fälschlicherweise nicht eingeladen wird? Die Kommunikation mit der Maschine, die diese Abwägung umsetzen soll, läuft über das Qualitätsmaß. Wann immer also ein Data Scientist meint, ein statistisches Modell mit guten Entscheidungsregeln gefunden zu haben, wird die Güte dieser Entscheidung mithilfe dieses Maßes auf einem Testdatenset gemessen. Fällt die Prüfung zufriedenstellend aus, kann das Training beendet werden. Wenn nicht, gehen die Data Scientists zurück zu den vielen Knöpfen und Skalen, justieren entsprechend – oder entscheiden sich vielleicht sogar für eine der vielen anderen Methoden des maschinellen Lernens.

Und damit ist das Qualitätsmaß wirklich der entscheidende Beitrag, der das Training lenkt. In der Analogie des Hundetrainings entscheidet das Qualitätsmaß, wann es das Leckerli gibt: Polizeihund verbeißt sich in Hose der Ladendiebin, um sie an der Flucht zu hindern? Feiner Hund! Hütehund verbeißt sich in Schafbein und zerrt das Tier zur Herde? Böser Hund!

Der Twitternutzer @smingleigh hat dazu eine schöne Geschichte auf Twitter geteilt,[91] die gut erklärt, wie das System sich mithilfe eines Qualitätsmaßes auch gleich selbst optimieren kann: Er hatte seinen Saugroboter namens »Fenton« mithilfe von maschinellem Lernen verbessern wollen, weil Fenton ihm zu langsam war. Aber natürlich wollte Smingleigh auch seine Möbel schonen, und daher entwarf er ein Qualitätsmaß, das Geschwindigkeit positiv bewertet, und Zusammenstöße, die über die Stoßfängersensoren gemeldet wurden, negativ bewertet. Das Ergebnis war fantastisch: Fenton sauste einfach rückwärts und sprichwörtlich ohne Rücksicht durch die Wohnung und rammte dabei alles außer den Katzen, die schnell genug wegsprangen. Und warum? Weil Fenton hinten keine Stoß-

fängersensoren hat! Weil das »Training« hohe Geschwindigkeiten belohnte, die nicht zu **messbaren** Zusammenstößen führen, hat Fenton fortan verstärkt den Rückwärtsgang eingelegt, wo kein Sensor irgendeinen Zusammenstoß meldete. Problem gelöst! Oder auch nicht.

Smingleigh hat übrigens ein neuronales Netzwerk verwendet – darüber möchte ich Ihnen kurz etwas erzählen. Tatsächlich sind es ja diese neuronalen Netzwerke, denen wir die ganzen Diskussionen im Moment hauptsächlich zu verdanken haben. Mit ihrer Hilfe können aktuell Probleme bewältigt werden, die lange Zeit weit außer Reichweite lagen: die Bilderkennung beispielsweise und wirklich gute maschinelle Übersetzungen. In einem kleinen Exkurs zum Thema neuronale Netzwerke möchte ich Ihnen zeigen, dass es auch hier keinen Automatismus gibt, der ohne menschliches Zutun weiß, wo die »Wahrheit« in den Daten liegt – auch diese Methoden sind davon abhängig, wie wir Data Scientists ihnen die Daten präsentieren, welche Daten wir auswählen und was wir optimieren.

Kleiner Exkurs zu neuronalen Netzwerken

In seinem Tweet spricht @Smingleigh nicht von einem Qualitätsmaß, sondern von einer Belohnungsfunktion. Eine Nutzerin fragt: »Wie kann man denn bitteschön einen Roomba belohnen?« »Sie LIEBEN es, Cornflakes aufzusaugen«, scherzt Smingleigh zunächst – erklärt es dann aber im Detail. Der Begriff »Neuronales Netzwerk« ist dabei wieder ein großer Name für eine relativ simple mathematische Struktur. Es handelt sich um mathematische Funktionen, die in Reihen angeordnet sind. Die allererste Reihe von Funktionen wird dabei mit Inputdaten gefüttert – in unserem Fall sind es beispielsweise die momentane Geschwindigkeit des Roomba, ob der Stoßfängersensor aktiv ist, das Kamerabild. Dieses Bild kommt möglicherweise in eine Vorverarbeitung, die ergibt, wie weit entfernt und wo genau mögliche Hindernisse sind.

Wenn diese Inputdaten von der ersten Reihe an Funktionen verarbeitet wurden, gehen die Ergebnisse dann als Inputdaten in die zweite Reihe, deren Ergebnisse in die Funktionen der dritten Reihe und so weiter. Die letzte Reihe entspricht den möglichen Aktionen des Roomba: anhalten, sich nach rechts oder links drehen, nach vorne oder nach hinten beschleunigen und so weiter.

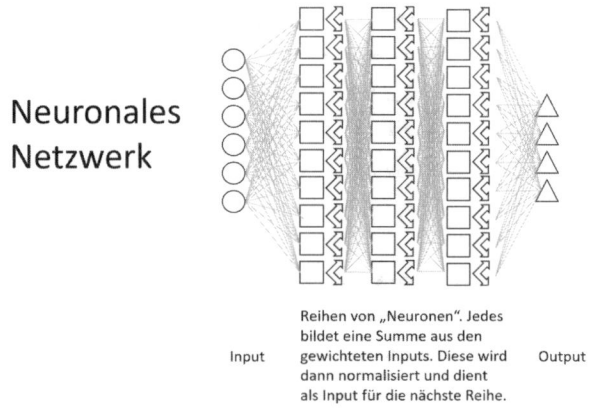

Neuronales Netzwerk

Input — Reihen von „Neuronen". Jedes bildet eine Summe aus den gewichteten Inputs. Diese wird dann normalisiert und dient als Input für die nächste Reihe. — Output

Abbildung 29: Vereinfachtes Schema eines neuronalen Netzwerkes.

Die mathematischen Funktionen der ersten Reihe können im Prinzip alle Inputdaten verwenden, aber sie tun dies mit jeweils unterschiedlicher Gewichtung: Manche werten eher das Kamerabild aus, andere eher die Stoßfängersensoren oder beliebige Kombinationen daraus. Das Ergebnis ihrer so gewichteten Berechnung läuft noch durch eine zweite Funktion, die das Resultat wieder zwischen 0 und 1 bringt – man nennt das »Normalisierung«. Jede dieser kombinierten Funktionen aus Berechnung und Normalisierung ist ein »Neuron«. Das entspricht der Idee, dass auch unsere Nervenzellen verschiedenen Sensorinput bekommen und dann im Wesentlichen »feuern« (ein Signal weitergeben) oder nicht – daher die Normalisierung auf Werte zwischen 1 (feuern) und 0 (inaktiv). Zudem können Nervenzellen nicht nur mit sensorischen Zellen verbunden sein, sondern auch untereinander. Das wird in den neuronalen Netzwerken repräsentiert, indem der Output der vorhergehenden Reihe zum Input der nachfolgenden Reihe wird. Auch zwischen den Reihen hören die mathematischen Funktionen wieder manchen Vorläufern mehr zu als anderen, die Inputs sind also wieder gewichtet. In der letzten Reihe stehen die möglichen Aktionen des Roomba. Die Aktionen, deren Werte nachher nahe 1 sind, werden ausgeführt und hinsichtlich der Belohnungsfunktion ausgewertet. Wenn die Situation und die ausgewählte Aktion dazu führen, dass der Roomba schnell unterwegs ist und keinen Zusammenstoß spürt, werden die Zellen, die für diese Aktion gestimmt haben (einen hohen Wert geliefert haben, der positiv dazu beitrug, dass die Aktion ausgewählt wurde) noch stärker mit denjenigen Zellen verbunden, die ebenfalls dazu beigetragen haben. Hier verändern sich also die Gewichtungen der jeweiligen Inputs, die positiv beigetragen haben – ein positives Feedback für die Nervenzellen, die »richtig« entschieden haben. Um wie viel genau zu welchem Zeitpunkt die Gewichte verändert werden – darin besteht die Kunst der Data Scientists, die an den Knöpfchen des neuronalen Netzwerkes drehen, Skalen justieren und Schalter umlegen.

Führt die Aktion dagegen zu weniger Speed oder zu einem messbaren Zusammenstoß, werden die Gewichte geschwächt, die zu dieser Aktion geführt haben (negatives Feedback). Die »Nervenzellenverbindungen«, die es »gut« gemacht haben, bekommen also ein Leckerli und die anderen einen Klaps auf den Po. Gut, das war jetzt ein sehr schräges Bild, das dafür hoffentlich ordentlich hängen bleibt. Schräg is beautiful.

Na, Du bist ja ein ganz akkurater!

Aber zurück zu unserem Problem mit dem »richtigen« Qualitätsmaß für die Support Vector Machine, um die besten Bewerber:innen für ein Vorstellungsgespräch auszuwählen. Oben sprach ich davon, dass wir einfach zusammenzählen könnten, wie viele richtige Entscheidungen die gezogene Linie für die Bewerber:innen im Testdatenset macht. Dazu zählen also Einladungen an Bewerber, die bekanntermaßen erfolgreich eingestellt wurden, wie die Entscheidungen, jemanden nicht einzuladen, der tatsächlich auch nicht erfolgreich eingestellt wurde. Nicht vergessen: Das Testdatenset besteht ja aus Personen, über die die Firma schon weiß, ob sie erfolgreich eingestellt wurden. Nur der Algorithmus weiß das nicht und trifft seine Entscheidung nur aufgrund der anderen ihm bekannten Eigenschaften der Bewerber:innen.

Die Zahl, die wir beim Zusammenzählen aller korrekten Entscheidungen herausbekommen, gibt Auskunft über die **Akkuratheit** des Systems (englisch *accuracy*). Wenn Ihnen also jemand sagt: »Meine KI entscheidet mit einer Akkuratheit von 83 Prozent«, dann wissen Sie, dass von **allen** getroffenen Entscheidungen 83 Prozent korrekt waren. Sie wissen auch, dass es sich bei der Akkuratheit um ein Qualitätsmaß handelt, denn es misst ja, wie weit die Vorhersage von der Wahrheit entfernt ist.

Obwohl die Sache mit der Akkuratheit so einfach erscheint, ist sie manchmal trotzdem schwierig zu interpretieren. Insbesondere wenn sich in einer der beiden Gruppen deutlich mehr Datenpunkte (Bewerber:innen) befinden, ist es leicht, eine sehr beeindruckende Akkuratheit vorzuweisen. Dazu ein Beispiel: Bei manchen Firmen bewerben sich tausendmal mehr Personen, als es offene Stellen gibt. Es sind also weniger als ein Promille erfolgreich. Wenn das Vorhersagesystem nun einfach gar niemanden einlädt, hat es für 999 von 1 000 Personen die richtige Entscheidung getroffen. Damit liegt die Akkuratheit bei 99,9 Prozent! Für diese und viele andere Situationen gibt es daher insgesamt rund 25 **verschiedene Qualitätsmaße.** 25! Und wie bereits erwähnt, hängt es von der genauen Einsatzsituation ab, welches davon richtig ist. Daher ist es, sobald es um Softwaresysteme geht, die menschliches Verhalten vorhersagen sollen, auch so schwierig, vortrainierte Systeme zu kaufen. Es ist einfach unwahrscheinlich, dass das Qualitätsmaß, mit dem das System trainiert wurde, der Situation in Ihrer Firma entspricht. Und dann bekommen Sie einen Hund, der schon ein halber Polizeihund ist, und jetzt plötzlich Schafe hüten soll. Und unter Umständen merken Sie das noch nicht einmal. Da Sie allein die Kenntnis über die genauen Umstände haben, in denen das System eingesetzt wird, müssen Sie in jedem Fall mitreden können. Denn ansonsten ist es den Data Scientists überlassen, sich einfach für das Qualitätsmaß zu entscheiden, das die scheinbar besten Werte erzielt.

Noch wichtiger ist aber, dass über das Qualitätsmaß auch moralische Urteile gefällt werden, wie ich Ihnen im nächsten Beispiel demonstrieren werde.

Wie die Ethik in den Rechner kommt

Erinnern Sie sich noch an meinen Mitarbeiter und mich, wie wir fassungslos vor seinen Ergebnissen zur Rückfälligkeitsvorhersage eines in amerikanischen Gerichtssälen verwendeten KI-Systems saßen?

Wie sieht es denn in diesem Fall aus, wenn Sie eine Support Vector Machine trainieren würden? Wonach würden Sie in diesem Fall optimieren? Dazu habe ich hier exakt dieselben Datenpunkte wie oben genommen, die Smileys haben jetzt nur eine andere Bedeutung. Stellen Sie sich vor, wir könnten angeblich anhand zweier Hormone im Blut einigermaßen vorhersagen, ob jemand kriminell wird oder nicht. Das eine Hormon heißt dabei »Kriminolin«, das andere »Sanftosan«. Die quadratischen Smileys sind hier hell und stellen männliche und weibliche Kriminelle dar, die kreisförmigen grauen Smileys sind unschuldige Bürger:innen. Hier ist die Datenlage:

Legen Sie wieder Ihre Trennlinie durch die Datenpunkte, die dann im nächsten Schritt für die Einordnung weiterer Personen genutzt werden soll. Unterscheidet sich diese von der Trennlinie, die Sie oben bei den Bewerber:innen gezogen haben? Ändert vielleicht der Kontext das, was Sie optimieren wollen?

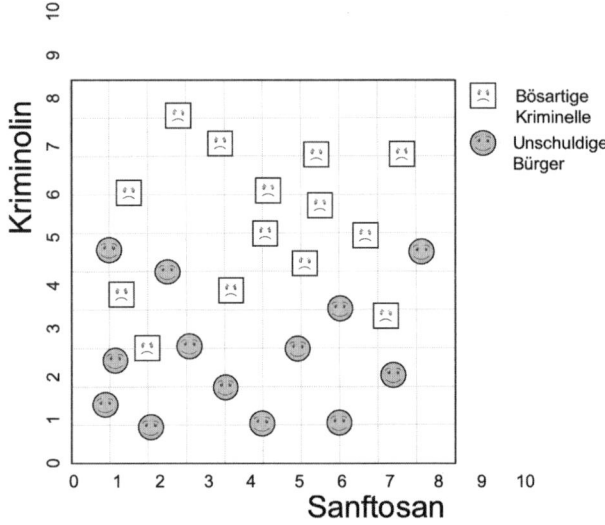

Abbildung 30: Fiktives Datenset von Kriminellen und unschuldigen Bürgern mit zwei Eigenschaften: den Spiegeln der Fantasiehormone »Kriminolin« und »Sanftosan« im Blut.

Tatsächlich geht es hier um eine schwierige Güterabwägung: Auf der einen Seite hat die Gesellschaft ein berechtigtes Interesse daran, möglichst alle Kriminellen zu identifizieren. Aber natürlich sollen Unschuldige geschützt werden. Schon 1760 prägte der Rechtsphilosoph William Blackstone daher die folgende Maxime: »Es ist besser, dass zehn Schuldige entkommen, als dass eine unschuldige Person leidet.«[92] Dick Cheney, Ex-Vizepräsident der USA, äußerte dagegen in einem Interview zum Folterreport der CIA über die Verhältnisse in Guantanamo Bay und anderen Lagern im Jahr 2014 einmal die folgende Meinung: »Ich bin besorgter über die Schurken, die gegangen sind und entlassen wurden, als über die paar, die in Wirklichkeit unschuldig waren.« Der Reporter Chuck Todd hakte nach, ob das auch angesichts der geschätzten 25 Prozent an Unschuldigen gelten würde, die illegal inhaftiert gewesen seien. »Solange wir damit unsere Ziele erreichen, habe ich damit kein Problem«,[93] lautete Cheneys Replik.

Die moralische Grundlage der Optimierungsfunktion würde die beiden also sehr unterschiedliche Entscheidungen treffen lassen: Blackstone würde die Linie so einzeichnen, dass kein Unschuldiger auf der falschen Seite landet und Cheney so, dass wirklich alle Kriminellen gefangen werden.[94]

Das Beispiel zeigt, dass die Wahl des Qualitätsmaßes **immer** auch eine **moralische Abwägung** enthält, nämlich die Frage, welche Fehlentscheidung schwerer wiegt. Es ist auch gar nicht möglich, **keine** Entscheidung darüber zu treffen. Die oben erwähnte Akkuratheit bestimmt beispielsweise implizit, dass die Fehler gleich schlimm sind: Sie zählt die richtigen Entscheidungen und gewichtet dabei nicht, ob eine Person korrekt als Krimineller bezeichnet wurde oder korrekt als unschuldiger Bürger. Beide richtigen Entscheidungen sind gleich viel wert. Wie man an Blackstone und Cheney sieht, kann man das ändern, indem man Gewichte einführt. Aber wer genau soll die wie bestimmen? Hier haben wir also ein weiteres Rädchen, eine neue Skala, die immer ethischer Natur ist und die nie »neutral« oder »objektiv« ist. Die Frage ist nur: Gewichten Sie eher so wie Blackstone? Oder so wie Cheney? Sie haben die Wahl!

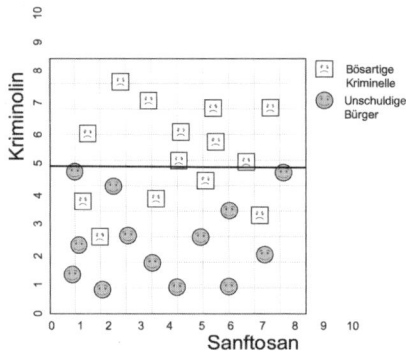

Abbildung 31: Der Rechtsgelehrte William Blackstone hätte die Trennlinie so angesetzt, dass fünf Personen freigelassen werden, die eigentlich hinter Gitter gehört hätten, damit alle Unschuldigen auf der »richtigen« Seite landen.

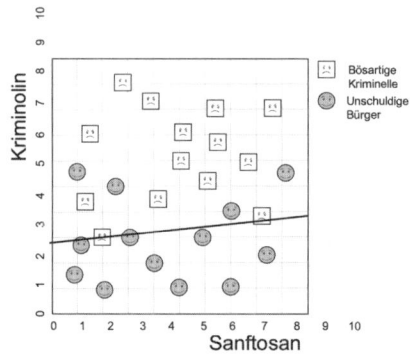

Abbildung 32: Dick Cheney dagegen findet es deutlich wichtiger, Kriminelle zu fassen, als Unschuldige zu schonen. Daher sieht auch seine Trennlinie anders aus: Er fasst alle Kriminellen, bringt aber vier Unschuldige ins Gefängnis.

Sozialer Kontext von Qualitätsmaßen

Nachdem Sie mit der Akkuratheit ein erstes wichtiges Qualitätsmaß kennengelernt und sich mit der Schwierigkeit moralischer Abwägungen vertraut gemacht haben, kann ich Ihnen jetzt auch skizzieren, wieso ein paar US-Bundesstaaten ein Rückfälligkeitsvorhersagesystem benutzen, das dafür wenig geeignet scheint.

Im Jahr 1998 wurde eine Software entwickelt, die nach der Entlassung von Kriminellen deren Rückfälligkeitsrisiko bewerten sollte. Die Bewertung diente als Grundlage für die Entscheidung über die Bewilligung von Fördermaßnahmen. Zu diesem Zweck wurde ein Fragebogen entwickelt, außerdem wurden Datenbanken mit Informationen zu bisherigen Straftaten genutzt. Mit einem geheim gehaltenen Algorithmus wurden dann aus einem Trainingsdatensatz Entscheidungsregeln gelernt, die jetzt für die Risikobewertung von neuen Kriminellen genutzt werden.

Es ist hier also anders als bei unserem fiktiven Bewerbungsbeispiel, in dem Menschen direkt in zwei Klassen einsortiert werden: erfolgreich versus nicht erfolgreich. Stattdessen werden die Menschen hier erst einmal nach ihrem Risikowert sortiert. Erst in einem zweiten Schritt werden dann zwei Schwellwerte bestimmt: Wessen Risikowert unter dem ersten Schwellwert bleibt, kommt in die Niedrigrisikoklasse. Wessen Wert zwischen den Schwellwerten liegt, wird von der Maschine in die Klasse der Personen mit »mittlerem Risiko« gesteckt. Wessen Wert über dem zweiten Schwellwert liegt, der bekommt den Stempel »Hochrisikogruppe«. Das Verfahren an sich folgt dem einer Versicherung: Menschen, die in derselben Klasse landen, werden anhand des Risikos der anderen Menschen in dieser Klasse bewertet, also der tatsächlich in der Vergangenheit beobachteten Rückfälligkeitsrate dieser Personen.

Die Firma ließ die Software in Studien testen und gab an, dass 70 Prozent der Entscheidungen richtig seien.[95] Jetzt denken Sie:

»Aha, Akkuratheit, kenne ich schon, habe ich verstanden.« Hier war aber nicht die Akkuratheit das Qualitätsmaß, sondern etwas mit dem bombastischen Namen »Area under the Receiver-Operator Characteristic Curve (ROC AUC)«. Sollte Sie damit jemand beeindrucken wollen, lassen Sie sich nicht einschüchtern, es handelt sich bei der ROC AUC um nichts weiter als eine Prozentzahl. Um sie zu bestimmen, betrachtet man **paarweise** Personen eines Testdatensets: eine der beiden wird rückfällig, die andere nicht. Wir Data Scientists können diese Paare zusammenstellen, denn wir wissen ja, wer im Testdatenset rückfällig wurde und wer nicht. Das Testdatenset enthält ja immer nur Datenpunkte, für die das Ergebnis schon beobachtet wurde. Wir sagen das aber dem Algorithmus nicht. Für jedes dieser Paare testen wir dann, wie oft es das algorithmische Entscheidungssystem schafft, die Person, die rückfällig geworden ist, mit einem höheren Risikowert zu beziffern als die andere. Diese Quote lag nun beim COMPAS-Algorithmus bei 70 Prozent. Das heißt auch, dass er bei 30 Prozent der Paare die resozialisierte Person schlechter bewertete als die, die rückfällig wurde. Interessanterweise ist dieses Qualitätsmaß ungefähr gleich groß bei zwei recht verschiedenen Risikoscores: Einmal kann man mit der Software die **allgemeine Rückfälligkeit** vorhersagen, aber eben auch das Risiko für eine **gewalttätige Straftat** bewerten. Es handelt sich also um zwei verschiedene Scores und zwei verschiedene Sortierungen, aber beide bekommen einen Wert von um die 70 Prozent in der ROC AUC.

Ich persönlich finde diesen Wert an sich schon nicht toll. Wenn man die Personen völlig zufällig bewerte, hätte man schon eine Trefferquote von 50 Prozent.[96] 70 Prozent ist also nicht besonders viel. Aber für die Situation, in der die Software ursprünglich eingesetzt wurde, ist das vielleicht noch erträglich: Wenn es fünf Personen gibt, die an einem Tag aus der Haft entlassen werden, es aber nur einen Sozialarbeiter gibt, der bei der Resozialisierung helfen kann, dann könnte ein Algorithmus, der paarweise die richtigen Schlüsse zieht, hier mit einiger Wahrscheinlichkeit die hilfebedürftigste Person finden. In dieser sozialen Situation geht es also darum, dass hier eine erzwungene Entscheidung ansteht: Ein Sozialarbeiter soll in diesem Moment an denjenigen aus einer Gruppe von Personen vergeben werden, der den größten Bedarf hat.

Dasselbe Rückfälligkeitsvorhersagesystem wird heute allerdings auch für eine Einordnung **vor dem Gerichtsurteil** *(pre-trial)* genutzt. Warum ist das relevant? Weil dieser soziale Prozess anders funktioniert. Hier sollen tendenziell die Personen länger hinter Gitter, bei denen die Richter:innen eine Rückfälligkeit für am wahrscheinlichsten halten. Es geht hier also insbesondere um die Gruppe der Personen mit dem höchsten Risikowert. Können wir darauf schließen, dass ein Algorithmus mit einer ROC AUC von 70 Prozent auch 70 Prozent Rückfällige in die Hochrisikokategorie sortiert? Nein, ganz und gar nicht.

Stellen wir uns dazu vor, dass alle vom Algorithmus bewerteten Personen nach ihrem Risikowert sortiert werden – ganz links die harten Jungs und Mädels, in der Mitte dann die mit mittlerem Wert und ganz rechts die eher Harmlosen.

Das Problem ist, dass das Modell per ROC AUC darauf trainiert wurde, auch Paare in der Mitte der Kette noch richtig herum zu sortieren. Jetzt aber interessieren wir uns nur für die Gruppe ganz links. Auf die wurde beim Training nicht so richtig geachtet: »Leckerli« gab es für alle korrekt sortierten Paare, egal wo. Das heißt, wenn der Algorithmus die Gewichtung für Eigenschaft A entweder so wählen kann, dass zwei Rückfällige mehr in der Hochrisikogruppe landen oder fünf Rückfällige in der Mitte weiter nach links platziert werden, wählt er Letzteres.

Für diejenigen Leser:innen, die es genau wissen wollen, verdeutlichen die Zeichnungen, was die ROC AUC eigentlich misst:

Ein algorithmisches Entscheidungssystem hat Kriminellen einen »Risikowert« für Rückfälligkeit zugeordnet, nach dem diese nun sortiert wurden. Links sind die Personen mit einem hohen Wert. Farbe und Form geben an, ob die Personen rückfällig wurden oder nicht. Helle kreisförmige Smileys repräsentieren Personen, die nicht rückfällig wurden, graue Kastensmileys solche, die rückfällig wurden.

Wenn der Algorithmus einem Rückfälligen ein höheres Risiko zuspricht als einem Nicht-Rückfälligen, ist dies ein »gutes Paar«, sonst ein »schlechtes Paar«.

Die ROC AUC gibt den Anteil »guter Paare« an allen möglichen Paaren an. Es gibt 6 Rückfällige mal 7 Nichtrückfällige = 42 viele Paare. Der ganz linke Smiley (ein »Rückfälliger«) steht links von 7 hellen, die nicht-rückfällige Personen repräsentieren, das sind also 7 »gute Paare«. Der zweite graue von links trägt zu 6 »guten Paaren« bei, weil er links von 6 hellen Smileys steht. Die nächsten beiden grauen Smileys nehmen an jeweils 5 »guten Paaren« teil, weil sie jeweils einen höheren Risikoscore als fünf helle Smileys bekommen. Die beiden letzten tragen nur noch zu 4 bzw. 3 »guten Paaren« bei. Insgesamt sind von 42 Paaren 30 Paare »gut«, d. h. ca. 71 Prozent. Das ist die ROC AUC dieser Sortierung.

Vor Gericht interessiert im Wesentlichen aber nur die Hochrisikogruppe – und dann ist es relevant, diese Gruppe danach zu bewerten, wie viele aus dieser Gruppe auch wirklich rückfällig werden.
Diese Prozentzahl nennt man den **Positive Predictive Value.** »Positive« deswegen, weil wir bei der Rückfälligkeitsvorhersage ähnlich
wie bei einem medizinischen Test besonders auf die Gruppe der
Rückfälligen schauen, nicht, weil das Verhalten in irgendeiner Weise
»positiv« ist. Aber das hatten wir ja schon.

Bei der Vorhersage allgemeiner Straftaten wurden in der Hochrisikogruppe etwas über 70 Prozent des Testdatensets wieder rückfällig. Hier stimmt der Prozentwert von ROC AUC und Positive
Predictive Value also überein. Bei der Vorhersage von schweren Ge-
walttaten waren dagegen nur circa 25 Prozent in der Hochrisikogruppe wirklich wieder rückfällig geworden. Andersherum waren
also drei von vier Personen des Testdatensets, die vom Algorithmus
in die Hochrisikogruppe einsortiert worden waren, **nicht** rückfällig
geworden! Diese Zahlen habe ich übrigens aus einer Studie der
Firma selbst,[97] die sich also durchaus der Tatsache bewusst ist, dass
die Einordnung einer Person in die Hochrisikokategorie nicht unbedingt heißt, dass hier tatsächlich ein »hohes Risiko«, im Sinne
von »Fast jeder wird rückfällig«, vorliegt.

Warum aber wurde die ROC AUC dann gewählt, um die Güte
des Systems zu bewerten? Das kann von außen letztlich nicht abschließend erklärt werden. Erstens aber gilt die ROC AUC in der
wissenschaftlichen Community tatsächlich oft als das wertvollste
Qualitätsmaß. Zweitens ist dieses Maß ja für manche sozialen Prozesse angemessen: Nämlich dann, wenn man aus einer kleinen zufälligen Menge an Personen zeitnah die am stärksten gefährdete
identifizieren will. Genau dafür wurde es nämlich einmal entwickelt. Wenn das algorithmische Entscheidungssystem allerdings in
einer Situation eingesetzt wird, in der nur die Hochrisikogruppe
relevant ist, wäre es besser, ein Qualitätsmaß zu nutzen, das angibt, wie viele denn jetzt in dieser Klasse tatsächlich zur Gruppe
der Rückfälligen gehören. Hier komme ich also zurück zu meinem

Beispiel aus Kapitel 2, wo der Gebrauchtwagenhändler Ihnen ein Auto ohne TÜV, aber mit fantastisch erhaltenen Sommerreifen andrehen will: Wenn das Qualitätsmaß nicht zur Situation passt (Sommerreifen sind kein Garant für Fahrsicherheit), kann es so hoch sein, wie es will. Auch die andere Analogie aus diesem Artikel ist hier hilfreich als Eselsbrücke: Der Algorithmus, der mit dem falschen Qualitätsmaß im Sinn trainiert wurde, ist der Polizeihund, der als Hütehund arbeiten soll. Hier greift also immer das OMA-Prinzip: Das **Modell** der Welt muss abgeglichen werden mit den erfolgten **Operationalisierungen** und dem **Algorithmus**.

Der dritte mögliche Grund für die Verwendung der ROC AUC als Qualitätsmaß ist profan: Es ist meistens einfach, bei der ROC AUC hohe Prozentzahlen zu erreichen, ohne dass das notwendigerweise heißt, dass alle Aspekte von Qualität so hoch liegen.

Das Beispiel zeigt auf jeden Fall eindrücklich, dass insbesondere dann, wenn der Staat algorithmische Entscheidungssysteme kauft, er dringend Expert:innen an seiner Seite benötigt, die auf diese Aspekte achten.

Vorsicht, Terrorist!

Denn auch an anderer Stelle werden algorithmische Entscheidungssysteme mit Qualitätsmaßen beschrieben, die das Ausmaß von Fehlentscheidungen nicht intuitiv erfassbar machen: So beispielsweise auch bei einem Identifikationssystem für Terroristen namens SKYNET,[98] von dessen Existenz die Welt durch den Leak von Edward Snowden erfahren hat. Das Dokument, das dazu im Netz kursiert, zeigt in Form von Präsentationsfolien, wie verschiedene Methoden des maschinellen Lernens genutzt werden sollten, um aus den Handydaten von 55 Millionen Nutzern deren Risiko für terroristische Aktivitäten zu bewerten.[99] Genau genommen sollten Kuriere zwischen terroristischen Gruppen identifiziert werden. Dazu sind Handydaten ideal geeignet: Sie zeigen an, wann eine Person aktiv ist, wo sie sich bewegt, mit welchen Leuten sie in Kontakt steht und wie diese wiederum miteinander kommunizieren. Der mehrfache Austausch von SIM-Karten, viele Reisebewegungen, die Kommunikation mit Gruppen, die untereinander wenig reden, nächtliche Aktivitäten – dies alles könnte auf Kuriertätigkeiten hinweisen.

Um die Eigenschaften von solchen Kurieren zu lernen, braucht man also ein Trainingsdatenset mit genügend Kurieren und Nicht-Kurieren. Gelernt wurde aber zu Beginn mit nur sieben rechtmäßig verurteilten terroristischen Kurieren in der einen Klasse. Sieben. Von 55 Millionen! Das ist natürlich völlig unmöglich: Algorithmen des maschinellen Lernens sind sehr datenhungrig.

Insbesondere neuronale Netzwerke brauchen eher jeweils Tausende von Datenpunkten aus beiden Klassen. Im konkreten Fall wurde daher zunächst mit Entscheidungsbäumen gearbeitet, aber auch für die gilt, dass deutlich mehr als eine Handvoll Datenpunkte der vorherzusagenden Kategorie benötigt werden. Dieser Knackpunkt wurde auch im geleakten Dokument angemerkt. Daher wurden

in einem zweiten Schritt nicht nur die rechtmäßig verurteilten Terrorist:innen zum Lernen benutzt, sondern auch sogenannte Selektoren. Wer dazu gehört, wird in den Folien nicht genauer erklärt. Vermutlich handelt es sich entweder um Verdächtige oder um Kontaktpersonen der bereits Verurteilten.

Das auf diesen neuen Daten gelernte statistische Modell weist nun jedem der 55 Millionen Handynutzer einen Risikowert zu. Da ein binärer Klassifikator gebraucht wurde – also einer, der hopp oder topp sagt –, musste noch ein Schwellwert bestimmt werden. Der wurde dann willkürlich so gesetzt, dass 50 Prozent der »Terroristen« (Verurteilte + »Selektoren«) links und 50 Prozent rechts von diesem Wert lagen. Im besten Fall hätte man also mit diesem Algorithmus 50 Prozent der »Terroristen« in der Hochrisikoklasse gehabt. Das wäre formidabel, wenn außer diesen »Terroristen« sonst nur wenige in der Hochrisikoklasse landen würden. (Diese nervigen Gänsefüßchen sollen übrigens anzeigen, dass es sich hier eben nicht um echte Terroristen, weil rechtmäßig verurteilt, handelt, sondern hier eine ganze Reihe anderer mitgemeint ist.)

Die Güte der Vorhersage wurde nun mit der sogenannten Falsch-Positiv-Rate angegeben. Die beschreibt, wie viel Prozent aller unschuldigen Personen fälschlich vom Algorithmus verdächtigt wurden: Dieser Anteil liegt bei 0,008 Prozent.

Und? Klingt doch gut, oder? So eine kleine Prozentzahl! Klasse!

Aber halt: Wie viele Personen waren noch einmal im gesamten Datenset? 55 Millionen – und davon sind ja fast alle nicht als Terroristen verurteilt. Und wie viel davon sind 0,008 Prozent? Das sind 4 400 Personen! (Zum Nachrechnen: 55 000 000 * 0,008/ 100 = 4 400.) Die ganz Datengläubigen würden jetzt sagen: »Naja, vielleicht sind das ja auch alles Terroristen!« Bevor Sie dem nickend zustimmen, lassen Sie mich Ihnen jetzt den Hauptverdächtigen mit dem größten Risikowert vorstellen: Ahmed Zaidan. Die Folien geben an, dass er Mitglied von Al-Qaida und der Muslimbrüder sei. Das ist – nach allem, was wir heute wissen – falsch. Richtig ist, dass Ahmed Zaidan als Journalist beim Fernsehsender *Al Jazeera* arbeitet. In einem Artikel, der auf das algorithmische Ergebnis Bezug nimmt, legt er dar, wie seine Arbeit als Büroleiter von *Al Jazeeras* Außenstelle in Islamabad ihn zum Top-Verdächtigen machte: Tatsächlich bewegte er sich viel in verdächtigem Gebiet und interviewte auch Bin Laden und andere Terroristen. Als Journalist sieht er seine Rolle als Vermittler, »insbesondere, wenn es einen totalen Kommunikationsabbruch zwischen den Parteien gibt«. Er schreibt, dass ihn ein solcher algorithmischer Befund als »Gefährder« in Lebensgefahr bringt, und dass er sich um die Sicherheit von Journalist:innen in aller Welt sorgt, die diese Vermittlerrolle ausüben.

Besonders wichtig für Sie ist, dass es wieder eine **ethische Entscheidung** ist, wo man den Schwellwert setzt, der eine Person zum Verdächtigen macht. **Dies ist keine Entscheidung, die irgendein Algorithmus alleine treffen kann** – und wir Data Scientists sollten es auch nicht alleine tun. Diese Entscheidung ist davon abhängig, wie wir als Gesellschaft die beiden möglichen Fehlurteile in Relation zueinander bewerten: übersehener Terrorist versus unschuldiger Bürger. Ob Sie persönlich diese mehr als 4 400 Personen in der Hochrisikoklasse jetzt angesichts der Gefahr weiterer Anschläge für angemessen halten und dabei in Kauf nehmen, dass auch Unschuldige in den Fokus geraten, oder ob Sie hier anders gewichten, das weiß ich nicht. In jedem Fall aber halte ich es für absolut geboten, dass eine solche Entscheidung demokratisch legitimiert ist und von einem dafür geeigneten Gremium gefällt wird, das volle Einsicht in die zugrunde liegenden Daten, die Algorithmen und ihre Ergebnisse bekommt.

Die letztgenannten Beispiele zeigen klar und deutlich, dass die Qualitätsmaße jeweils ethische Grundhaltungen beinhalten. Zudem ist auch einsichtig, dass es hier nicht primär um technisches Know-how geht, sondern darum, dass die **Gesellschaft** definiert, was für sie eine gute Entscheidung ist. Diese Entscheidung kann uns niemand abnehmen, denn Algorithmen haben kein Taktgefühl und keinen Sinn für Verhältnismäßigkeit. Sie haben nur ihr Qualitätsmaß – von dem wir oben gesehen haben, dass dieses wiederum von dem sozialen Prozess abhängig ist, in dem das algorithmische Resultat nachher genutzt wird.

Ethik der Grundwahrheit

Aber vielleicht ist Ihnen ja noch etwas anderes aufgestoßen: Die Frage nach den zugrunde liegenden Daten und der Grundwahrheit wäre da etwas, das ich noch einmal diskutieren möchte.

»Rückfällig geworden« – diese Wendung habe ich in den letzten Absätzen bestimmt ein Dutzend Mal benutzt. Wie misst man das eigentlich? Man legt eine bestimmte Zeitspanne (meistens zwei Jahre) nach Entlassung aus dem Gericht/der Haft fest, und sollte die Person in dieser Zeit wieder eine Straftat verübt haben, gilt sie als rückfällig.

Es gibt zwei große Probleme mit der Definition dieser Grundwahrheit. Das erste ist, dass das Verüben einer Tat alleine gar nicht ausreicht, damit jemand als rückfällig markiert wird: Die Person muss auch erwischt, für die Tat angeklagt und verurteilt werden. Nun ist es aber insbesondere in den USA so, dass manche Personengruppen deutlich häufiger von der Polizei angehalten und durchsucht werden,[100] und es insgesamt bestimmte Arten von Straftaten gibt, die einfacher zu ermitteln sind. Auch die Verurteilungsraten sind nicht gleichmäßig zwischen den verschiedenen Bevölkerungsgruppen verteilt – das ist ja genau ein Grund dafür, dass sich die Amerikanische Vereinigung für Bürgerrechte 2011 dafür einsetzte, dass Algorithmen die verschiedenen Phasen von Strafprozessen unterstützen sollen.[101]

Es wäre nicht so schlimm, wenn die Systeme mit einer noch nicht ganz so optimalen Qualität starteten und sich dann mit der Zeit verbessern könnten. Dies ist beispielsweise bei Produktempfehlungssystemen möglich: Die Nutzer geben durch Klick und – im besten Fall einem Kauf ein schnelles Feedback darüber ab, ob sie die empfohlenen Produkte interessant finden oder nicht. Durch diese millionenfachen Rückmeldungen können die dahinterliegenden Systeme einfach verbessert werden. Vermutlich beruht das übermäßig hohe Vertrauen von Staat und Industrie in die Vorhersagbarkeit menschlichen Verhaltens auch auf diesen Anwendungen, die in einem ganz anderen Kontext tatsächlich hilfreich sein können.

Ein großes Problem in der Vorhersage menschlichen Verhaltens im Allgemeinen und im Speziellen (etwa bei der Vorhersage kriminellen Verhaltens) ist jedoch, dass die beobachtete Rückfälligkeit in den meisten Fällen nicht so einfach als Feedback genutzt werden kann. Das **Feedback** ist nämlich sehr häufig **einseitig** in seiner Natur: Wenn die Maschine jemanden in die Kategorie »niedriges Risiko« steckt und Richter:innen diese Person dann freilassen oder gar nicht erst ins Gefängnis schicken, können wir zwar messen, ob die Person rückfällig wird, und die Knöpfchen korrigieren, wenn dies nicht der Fall ist. Schwieriger ist aber der Fall, wenn eine Person fälschlicherweise in die Hochrisikokategorie sortiert und dadurch eine Gefängnisstrafe verlängert wird. Diese Person ist nach Verbüßung der Strafe eine andere als davor: Ihr fehlen jetzt mehr Jahre Berufserfahrung, und die Haftstrafe verkleinert ihre Jobchancen weiter. Dies könnte wiederum die Wahrscheinlichkeit einer weiteren Straftat begünstigen – eine vermeintliche Bestätigung der Vorhersage, die aber eher eine sich selbsterfüllende Prophezeiung darstellt. Auch wenn der oder die Entlassene nach einer Haftstrafe nicht wieder rückfällig wird, ist das nicht unbedingt ein Zeichen dafür, dass sich der Algorithmus geirrt hat. Es wäre ja auch möglich, dass die Haftstrafe dazu geführt hat, dass die Person ihr Leben geändert hat. In jedem Fall wird klar, dass es für diejenigen in der Hochrisikokategorie kein einfaches korrigierendes Element durch den Vergleich der Vorhersage mit ihrem Verhalten gibt, weil das zukünftige Verhalten durch die Vorhersage und die daraus abgeleitete

Handlung verändert werden könnte. Es ist also immer dann problematisch, wenn es zu einer **selbsterfüllenden Prophezeiung** kommt, oder wenn die Vorhersage dazu führt, dass das genaue Gegenteil eintritt.

Ist es schlimm, wenn es nur ein solches **einseitiges Feedback** gibt? Dazu nochmal zurück zum kleinen Schlaumeierroboter »Fenton«. Er hat sich zwar graduell verbessert in Bezug auf seine Optimierungsfunktion, die aber leider – sobald er rückwärts gefahren ist – nur noch eine Sorte von »Rückmeldung« gab: »Faster, harder, Scooter!«[102] Er hörte nichts über die Fälle, bei denen er vorausgesagt hatte: »Freie Fahrt voraus«, aber eigentlich das Kommodenbein von Omas Frisiertisch im Weg stand, weil er im wahrsten Sinne des Wortes »rück-sichts-los« war. Und wer schon einmal Kinder erlebt hat, die immer nur gelobt oder immer nur kritisiert werden, der weiß auch, dass daraus oft nicht gerade die ausgeglichensten Persönlichkeiten werden.

Ein einseitiges Feedback ist daher eine schlechte Grundvoraussetzung für das Training von algorithmischen Entscheidungssystemen, insbesondere, wenn zu Beginn nur verhältnismäßig wenige Trainingsdaten zur Verfügung stehen. **Einseitige Rückmeldungen sind aber im menschlichen Bereich eher die Norm als die Ausnahme,** wenn es um Risiko- oder Erfolgsvorhersagen geht. Denn meistens versucht der Verwender eines algorithmischen Entscheidungssystems, die Personen mit hohem Risiko zu meiden und sucht die mit hohem Erfolgspotenzial. Daher werden Bewerber mit angeblich niedrigem Potenzial nicht beweisen können, dass sie den Job gut gemacht hätten; Personen mit maschinell vorhergesagtem zu hohem Risiko werden nicht demonstrieren können, dass sie den Kredit zurückgezahlt hätten; Kinder mit als »gering« prognostiziertem Bildungspotenzial werden nicht beweisen können, dass sie das Studium doch geschafft hätten.

Also was kann es denn nun, das maschinelle Lernen? Die bisherigen Beispiele zur Rückfälligkeit, zur Terrorgefahr, Kreditwürdigkeit oder zur Auswahl von Bewerber:innen scheinen nicht gerade Paradebeispiele für den Einsatz maschinellen Lernens zu sein. Aber tatsächlich gibt es Gebiete, wo das sehr gut klappt und die Systeme nachweislich besser funktionieren als Menschen. Zwei solcher Systeme werde ich Ihnen im Folgenden vorstellen.

KAPITEL 6

Maschinelles Lernen versus Mensch (2:0)

Tatsächlich nutzen Sie alle, liebe Leserinnen und Leser, vermutlich täglich mehrere Produkte, die auf maschinellem Lernen beruhen und meistens sehr respektable Ergebnisse zeigen. Zum einen sind dies alle Sorten von Empfehlungssystemen: für Produkte, Werbungen, Suchmaschinenergebnisse oder die personalisierte Zusammenstellung von Nachrichten in sozialen Medien. Die Empfehlungen passen oft, manchmal sogar richtig gut. Sie ersetzen damit menschliche Verkäufer:innen, Anzeigenvermittler und Bibliothekar:innen, da die Empfehlungen zumindest »gut genug« sind. Ich habe Ihnen hier jetzt zwei weitere Beispiele mitgebracht, wo die Maschine nachweislich sogar besser ist als der Mensch. Aus diesen werde ich danach auch ableiten, unter welchen allgemeinen Bedingungen die Maschine Vorteile hat. Bei den Beispielen handelt es sich um die Bilderkennung und die Hautkrebserkennung für einen speziellen Fall.

Bilderkennung oder: Was sehe ich da eigentlich?

Um besser zu verstehen, was es mit der Bilderkennung auf sich hat, erinnern Sie sich bitte mal an Ihren letzten Zoobesuch, idealerweise an einen mit Wassertieren. Garantiert hat irgendein Kind angesichts der lustigen Planschereien von braunhaarigen Tieren seine armen Eltern gefragt: »Mama, was ist das? Ist das ein Walross?« Die Mama dann: »Also, das ist ein Seehund. Halt, nein, vielleicht doch eher ein Seelöwe!« Daraufhin mischt sich eine ältere Dame ein: »Nein, nein. Das ist ein Seeleopard, das sieht man doch an der Schnauze!« Auf dem Schild vor dem Gehege lesen Sie dann nach, dass es sich ganz klar um einen Seebären handelt. Angeblich soll man ja lernen können, woran man die Viecher unterscheidet,[103] ich scheitere jedes Mal wieder daran und warte darauf, dass beide Kinder die Schilder endlich selbst lesen können. Wenn Sie all diese Tiere prima auseinanderhalten können, weil Sie einen Doktor der Veterinärwissenschaften, Fachgebiet Pinnipediae, haben, dürfen Sie einfach im nächsten Herbst mit einem Pilzbestimmungsbuch versuchen, sich ein paar Kilo Essbares zusammenzusuchen.

Das, was wir sehen, einer klaren Kategorie zuzuordnen – und das macht die Bilderkennung –, ist nicht immer leicht. Insbesondere dann, wenn Experten viele kleine Unterkategorien mit Fantasienamen belegt haben, die genauso gut anders hätten vergeben werden können. Die Sache wird zusätzlich erschwert, wenn jemand einfach nur grob in eine Richtung zeigt und aufgeregt schreit: »Mama, guck mal, siehst du das? Was ist das?« oder das Objekt der Kinderbegierde sich halb hinter einem Wasserball versteckt. Das alles sind auch die Herausforderungen für Bilderkennungssysteme, die in der Industrie und beim autonomen Fahren dringend benötigt werden. Damit Roboterarme kleine Werkzeuge aufnehmen können und damit das autonome Fahrzeug ein Kind erkennt, das gerade dabei ist, seinem Ball hinterherzuhechten, benötigen beide eine oder mehrere Kameras und eine Software, die ihnen sagt, was sich wo in der Umgebung befindet.

Und tatsächlich haben Computersysteme in diesem Bereich in den letzten Jahren massiv an Qualität zugelegt. Auch hier war es ein Wettbewerb, der verschiedenste Arbeitsgruppen auf den Plan gerufen hat: die »ImageNet Large Scale Visual Recognition Challenge (ILSVRC)«.[104]

Fehlerrate [TOP 5-error %]

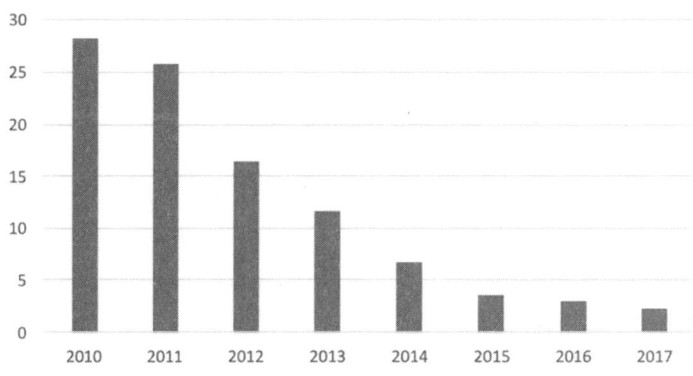

Abbildung 33: Von 2010 bis 2017 sank die Fehlerrate in der Bilderkennung durch KI von 28 auf knapp über 2 Prozent (Ergebnisse der ILSVRC, Sparte: Klassifizierung und Lokalisation.)[105]

Aber was wurde eigentlich genau gemessen? Das Datenset besteht aus 1,2 Millionen (!) Bildern, die jeweils genau einer von tausend möglichen Kategorien zugeordnet sind. Jede Challenge besteht aus einem Trainingsset, also Bildern mit bekannter Kategorie, auf dem die Maschinen lernen. Wie bei den anderen schon genannten Wettbewerben gibt es auch wieder ein Testset mit bekannter Kategorisierung. Für jedes Bild soll die Maschine nun bis zu fünf Kategorien aus den tausend möglichen angeben, in die das Bild eingeordnet werden könnte. Ein Bild gilt dann als richtig erkannt, wenn eine der angegebenen Kategorien mit der übereinstimmt, der das Bild zugeordnet ist.

Wenn Sie so ticken wie ich, fragen Sie sich an dieser Stelle vielleicht, ob diese Vorgehensweise den Computer nicht ziemlich bevorteilt. Wenn er auf einem Bild meint, a) einen Sonnenuntergang, b) ein Gesicht, c) eine Zahnbürste, d) einen Fisch und e) einen Fernseher zu erkennen und eins davon stimmt, hat er schon gewonnen? Nun, ganz so einfach macht man es der Maschine dann doch nicht. Denn auf vielen Bildern ist mehr als ein Objekt zu sehen – und es ist oft nicht klar, welches das Hauptobjekt sein soll. Es ist weder immer in der Mitte, noch nimmt es den meisten Platz ein.

Wer sich die Bilder einmal ansehen will, findet unter http:// image-net.org/challenges/LSVRC/2012/browse-synsets eine Liste der tausend Kategorien, die gelernt werden sollten – diese stammen aus einem größeren Datensatz namens ImageNet[106]. In jeder Kategorie von ImageNet sind unterschiedlich viele Bilder enthalten, und sie sind teilweise wirklich absurd schwierig: Unter der Kategorie »Dungeness Crab« (eine Riesenkrabbenart) findet man auf der einen Seite Fotos von lebenden Exemplaren und auf der anderen Seite lecker angerichtete, säuberlich zerlegte, denen nur noch ein Spritzerchen Zitrone fehlt. Auf einem der Bilder hält ein ziemlich bleicher Tourist mit nacktem Oberkörper an einem Strand zwei seiner Funde hoch, die damit nur noch marginal sichtbar sind.[107]

Wenn Sie sich mal durch die Bilder klicken, werden Sie feststellen, dass auch völlig falsch zugeordnete Bilder darunter sind. So enthält die Kategorie »foot rule« – also Lineale mit einem Fuß Länge – auch eine Reihe Bilder von Füßen, ganz ohne Lineal, aber offensichtlich »einen Fuß lang«. Der Ordner enthält auch enorm viele Bilder von Fischen, die auf einem Lineal liegen – wohl um sie für einen Wettbewerb zu messen. Das Lineal ist dabei kaum noch zu sehen. Hier kann man also zu Recht bezweifeln, dass dieses Bild der Hauptkategorie richtig zugeordnet wurde, wo es sich doch so eindeutig um einen Fisch, ach, was sag ich: um eine amerikanische Bachforelle mit linksseitigem Gehörgang und gepunkteter Nachtigallenzunge handelt. Wie jeder weiß.

Vor diesem Hintergrund kann man nur den Hut vor dem ziehen, was Maschinen in Sachen Bilderkennung inzwischen leisten: Wenn selbst verdeckte Objekte, die noch nicht einmal unbedingt die Hauptrolle spielen, von ihnen entdeckt werden und dabei noch sehr spezifische Kategorien wie unterschiedliche Hunderassen zum Einsatz kommen, ist es nahezu unglaublich, dass die Maschinen heute nur noch 2,25 Prozent der Bilder falsch klassifizieren, während es 2010 noch 28 Prozent waren.

Aber halt, es wurde doch noch ein Vergleich mit menschlichen Bewertern versprochen, oder? Sie werden jetzt sicher darauf tippen, dass eine ganze Horde von Testpersonen rekrutiert wurde, um denselben Auftrag wie die Maschine zu lösen. Diese müssten dann für ein Bild aus tausend Kategorien fünf möglicherweise passende wählen, wobei die tausend Kategorien von den Zuordnern erst einmal gelernt werden müssten. Aber wer lernt denn mal eben tausend Kategorien auswendig? Gute Frage! Zuerst wollten die Organisatoren des Wettbewerbs diesen Job auf Amazon Mechanical Turk auslagern. Das ist ziemlich oft der Fall bei sogenannten Mikrojobs. Registrierte Nutzer:innen können auf dieser Plattform Mikrojobs annehmen und bekommen dafür ein ziemlich geringes Entgelt. Es ist also mehr ein Zeitvertreib als eine lukrative Beschäftigung. Aufgrund der hohen Komplexität dieser Aufgabe waren die menschlichen Tester aber nicht in der Lage, die Zuordnung zufriedenstellend zu erledigen. Die Bewertung wurde daher schließlich von zwei Experten vorgenommen, die zu Trainingszwecken zunächst 500 Bilder inklusive der richtigen Klassifizierung bekamen. Einer der Experten ordnete 258 Bilder zu, dann warf er das Handtuch. 12 Prozent dieser Bilder hatte er falsch zugeordnet. Der andere hielt deutlich länger durch: Er ordnete insgesamt 1 500 Bilder zu, bei einer Fehlerquote von 5,1 Prozent.

Und das ist er: der menschliche Standard, mit dem seither alle anderen Systeme verglichen werden. Mit anderen Worten: Die sogenannte und oft zitierte »menschliche Bilderkennungsrate« beruht auf der Leistung einer einzigen, kurzfristig angelernten Person.

Es geschieht übrigens ziemlich oft in der Wissenschaft, dass sich Befunde und Resultate quasi verselbstständigen. Wobei es schon schöner wäre, wenn aus »eine einzelne Person« im Originalartikel der Studie über das Kopieren und Zitieren von Artikeln aus Artikeln aus wiederum anderen Artikeln nicht »**die** menschliche Bilderkennungsrate« würde. In diesem Fall aber würde es wohl kaum einen Unterschied machen, ob man mehr oder besser ausgebildete Personen um ihre Entscheidung bäte. Das Ergebnis bleibt dasselbe:

Die Maschinen sind inzwischen gut genug, um in Bildern die Objekte zu erkennen, die darin enthalten sind. Und wen die 2,25 Prozent Fehler in Bezug auf das autonome Fahren schrecken, dem sei versichert: Die Systeme in solchen Autos haben den Vorteil, dass sie von jedem Objekt während der Fahrt sehr viele Bilder sehen. Sie können also nachbessern: Was von Weitem nur aussieht wie zwei Leuchtstreifen, wird beim Näherkommen schnell als Leuchtstreifen an zwei Turnschuhen registriert, die zu einer Frau gehören, die bei Nacht ein Fahrrad über die Straße schiebt. Aber das ist eine andere Geschichte, und sie muss an anderer Stelle erzählt werden. Festzuhalten bleibt, dass die Bilderkennung in einem im Großen und Ganzen sinnvollen und beeindruckenden Wettbewerb für eine Vielzahl von Kategorien und Bilder so vorangetrieben wurde, dass sie einsatzfähig ist.

Ethik der Datensammlung und Grundwahrheitsbeschaffung

Und trotzdem muss ich noch etwas bemerken, was die Ethik der Datensammlung angeht. Ich habe schon erwähnt, dass Bildrechteinhaber:innen nicht immer gefragt werden, ob ihre Bilder zur Bilderkennung genutzt werden dürfen. Das ist im Wesentlichen auch bei der ImageNet Large Scale Visual Recognition Challenge (INLSVRC)[108] der Fall. ImageNet selbst zeigt nur Thumbnails, also kleine Versionen des Originalbildes, und die jeweilige URL des Fotos an und warnt: »Images may be subject to copyright«. Damit ist dem Gesetz Genüge getan. Auch der Trainierende muss die URLs ja nur der Reihe nach aufrufen und die Information auf dem Bildschirm dann nutzen, um die Maschine zu trainieren. Ein richtiges permanentes Herunterladen ist zum Lernen nicht notwendig, das Anzeigen der bunten Pixel auf dem eigenen Bildschirm ist dazu genug. Ich hätte Ihnen gerne ein paar der Bilder hier gezeigt, musste aber feststellen, dass die Lizenzen, unter denen die Bilder hochgeladen wurden, das nicht ohne Genehmigung erlauben.

Sind Sie bereit für einen weiteren Fun Fact? Google ist ebenfalls ziemlich gut in der Bilderkennung und war auch oft unter den Führenden bei der ImageNet Challenge. Dazu nutzte es übrigens wahrscheinlich auch Ihre freundliche Mithilfe!

Wie? Sie wurden gar nicht gefragt, ob Sie mitmachen wollen, sagen Sie? Tja. Aber Sie wollten irgendetwas von irgendeiner Webseite, die sich nicht sicher war, ob Sie auch wirklich ein Mensch sind. Da Sie jetzt gerade ein Buch in der Hand halten und darin lesen, kann ICH ziemlich sicher sein, dass ich gerade mit einem Menschen rede. Digitale Dienste nutzen dafür gerne sogenannte **Captchas**, entwickelt von Luis van Ahn. »Captcha« steht für »**C**ompletely **A**utomated **P**ublic **T**uring test to tell **C**omputers and **H**umans **A**part« (vollautomatischer Turing-Test zur Unterscheidung von Mensch und Maschine).

Abbildung 34: Ein Captcha-ähnliches Rätsel, das die Buchstaben smwm zeigt.

Captchas sind kleine Rätsel, die schwer für Maschinen zu lösen sind, aber einfach für den Menschen. Sie dienen letztlich der Sicherheit, denn sie prüfen, ob eine Eingabe in einem Internetformular von einem Menschen (also von Ihnen) oder von einem missbräuchlich eingesetzten »Bot« stammen. Bots sind kleine Programme, die autonom im Web surfen und sich dort ähnlich wie Menschen verhalten.

Die bekanntesten dieser Rätsel, um Mensch und Bot auseinanderhalten zu können, sind sicherlich die verzerrten, schlecht lesbaren Buchstaben, die man auf Webseiten mit einer höheren Sicherheitsstufe in ein Extrafeld eintippen muss; etwa, um einen Zahlungsauftrag zu bestätigen. Abbildung 34 zeigt ein Beispiel.[109] In den ersten Jahren wurden die Captchas extra dafür kreiert. Eine Studie der Carnegie Mellon University ergab, dass Internetnutzer weltweit pro Tag rund 150 000 Stunden damit zubrachten, solche künstlichen Captchas zu lösen. Luis van Ahn überlegte, ob man diese Zeit nicht für sinnvolle Zwecke einsetzen könnte und gründete die Firma »reCaptcha«. Die nutzte nun statt der künstlichen Fragestellungen echte: Wörter, die beispielsweise auf Fotos für den Computer nicht gut genug erkennbar waren, werden jetzt den darin viel besseren Menschen vorgelegt. Eine andere Aufgabe besteht darin, aus einer Reihe von Bildern nur diejenigen auszuwählen, die beispielsweise ein Fahrrad oder eine Brücke zeigen. Ich habe gerade extra für Sie die Bilddatenbank Pixabay.com so lange geärgert, bis sie mir so ein reCaptcha geschickt haben. Kommt Ihnen bekannt vor? Im Wesentlichen leisten Sie damit die Klassifizierung des Bildes, Sie erarbeiten eine »Grundwahrheit«, die als Grundlage für das Training einer Maschine genutzt werden kann. An dieser Stelle wurde Google aktiv und kaufte die Firma reCaptcha. Ein kleines Script in der Webseite eines Webservices analysiert seitdem, wie Sie sich auf der Webseite verhalten. Wenn das Skript Sie für einen Menschen hält, müssen Sie nur die kleine Checkbox »I am no robot« anklicken. Wenn Sie sich allerdings roboterhaft verhalten, bekommen Sie eines der modernen, nützlichen reCaptcha-Rätsel[110] – und verbessern damit für Google seine Google-Books-Dienste oder Google Maps oder Google Street View.[111] Heute weiß niemand mehr, wie viele Arbeitsstunden pro Tag damit verbracht werden, Captchas und reCaptchas zu lösen – die Schätzung von 2004 ist vermutlich eher vorsichtig. Google selbst spricht von Hunderten von Millionen reCaptchas, die pro Tag (!) gelöst werden.[112] Einen allerletzten Fun Fact kann ich mir ebenfalls nicht verkneifen: Auf YouTube gibt es ein kurzes Filmchen, das einen Roboterarm dabei zeigt, wie er den »I am not a robot«-Test besteht.[113] Wir müssen uns also definitiv schwierigere Aufgaben überlegen, um Mensch von Maschine unterscheiden zu können.

Auf einen Blick: Bilderkennung

Zusammenfassend lässt sich auf jeden Fall sagen, dass die Bilderkennung von nun an fest in der Hand von Maschinen sein wird. Das liegt vor allem an zwei Dingen:

1) Menschen können nur für wenige Kategorien zu Expert:innen werden. Der eine kennt 30 000 Strickmuster, die andere kann alle Robbenarten auseinanderhalten. Kein Mensch kann gleichzeitig Motoren, Pilze, Robben und Strickmuster mit gleichbleibender Qualität erkennen. Die Maschine kann beliebig viele Kategorien erkennen. Dabei ist zu bemerken, dass beim Hinzufügen von Kategorien von Grund auf neu gelernt werden muss.

2) Die zugrunde liegenden Bilddatenbanken und ihre Grundwahrheit, also die den Bildern zugeordneten Kategorien, werden in den folgenden Jahren immer vollständiger und besser werden. Irgendwann werden von jedem Pilz, jedem Motorentyp, jedem Strickmuster und jeder Tierart genügend hochauflösende gelabelte Bilder aus allen Perspektiven und mit den unterschiedlichsten Hintergründen vorliegen, mit denen die Genauigkeit der Maschine perfektioniert werden kann.

Solche Situationen sind ideal für lernende Systeme. Über die Jahre und durch die freiwillige Mitarbeit von vielen Millionen Menschen wird hier eine Datengrundlage geschaffen, auf der ein umfassendes Training möglich ist. Darauf basierend wird die Menschheit in wenigen Jahren beispielsweise automatisierte Bestandsaufnahmen der Artenvielfalt durchführen können – ein wichtiger Baustein, um die Konsequenzen menschlicher Eingriffe in wichtige Ökosysteme dauerhaft und kostengünstig zu überwachen. Natürlich ist Bilderkennung auch die Grundlage für alle Arten autonomen Verhaltens von Maschinen – und die Grundlage der Videoüberwachung. Denn genauso wie es mit der Zeit genügend Bilder von Tierarten und technischen Artefakten geben wird, wird auch nahezu jede:r

Einzelne von uns mit vielen Aufnahmen in Bilddatenbanken zu finden sein. Das zweite Beispiel eines KI-Systems, das mindestens so gut wie menschliche Expert:innen arbeitet, wurde für eine medizinische Studie gebaut. Es erkennt eine bestimmte Form von Hautkrebs.

Mensch gegen Maschine in der Krebserkennung

In meiner Familie sind wir alle ziemlich hellhäutig – was meinen Vater nicht davon abgehalten hat, im tiefsten Afrika bei seinen Recherchen auch ohne Sonnencreme herumzulaufen. Dementsprechend häufig muss er mit seinen vielen Sommersprossen und Hautmalen zur Hautärztin – die auch prompt beim letzten Mal etwas gefunden hat, das entfernt werden musste. Hätte er sich lieber einem Computer anvertrauen sollen? Hätte dieser die Hautveränderung früher entdecken können?

Ganz so weit sind wir noch nicht. Aber im August 2018 wurde eine vielversprechende Studie veröffentlicht, die zeigte, dass ein neuronales Netzwerk einen bösartigen Tumor anhand von Bildern besser erkennt als 58 Dermatologen und Dermatologinnen![114] Die Maschine wurde hier darauf trainiert, anhand von Bildern gutartige und bösartige Melanome (Hautkrebs) zu identifizieren. Die Maschine vergibt dafür wieder einen Risikoscore – ähnlich wie bei den schon behandelten Rückfälligkeitsvorhersagesystemen. Im Wesentlichen können die Bilder also nach »Krebsrisiko« sortiert werden. Um einen Vergleich von Mensch und Maschine zu ermöglichen, wurden gleichzeitig Expertinnen und Experten gebeten, die Bilder zu kategorisieren. Diese konnten aber nur zwischen »Krebs« oder »kein Krebs« wählen. Das ist übrigens ein übliches Vorgehen und dient nicht der Schlechterstellung des Menschen. Für Menschen ist es einfach viel schwieriger, hundert Bilder nach Risiken zu sortieren, als bei jedem einzelnen zu bewerten, ob es in die eine oder in die andere Kategorie gehört. Im Durchschnitt erkannten die Experten von zwanzig bösartigen Fällen 17. Von den achtzig gutartigen Fällen klassifizierten sie aber im Durchschnitt 23 fälschlicherweise ebenfalls als bösartig. Bei der Sortierung der Bilder durch die Maschine legten die Autoren nun den Schwellwert so fest, dass auch die Maschine 17 der bösartig erkannten Tumore korrekt erkannt hätte. Man ging also solange von den Bildern mit höchstem berechnetem Risikowert zum niedrigsten, bis insgesamt 17 Bilder dabei waren, die wirklich einen Tumor zeigen. Die Frage, die sich die Forscher um Prof. Dr. Hänßle vom Deutschen Krebsforschungszentrum nun stellten, war, ob die Maschine an dieser Stelle weniger oder mehr Bilder **fälschlich** als positiv klassifizieren würde. Und hier schnitt der Computer ganz klar besser ab: Er klassifizierte nur 14 gutartige Hautveränderungen fälschlicherweise als bösartig, etwas mehr als halb so viele wie die menschlichen Expert:innen.

Von hundert Patienten und Patientinnen wären also neun weniger mit einer beunruhigenden Diagnose nach Hause gegangen, hätte die Maschine entschieden. Es ist ein kleiner Trost, dass diejenigen Hautärzte, die schon mehr als fünf Jahre in diesem Beruf arbeiten, tatsächlich im Durchschnitt bessere Entscheidungen treffen als die Anfänger auf diesem Gebiet – alle Gruppen aber tendieren dazu, lieber einmal mehr als einmal zu wenig zu schneiden. Man kann es ihnen kaum verdenken: Hat doch ein übersehener bösartiger Tumor viel schlimmere Konsequenzen als die relativ geringen Kosten, Schmerzen und möglichen Nebenwirkungen einer kleinen Hautoperation. Neben den konkreten Konsequenzen für die Patienten könnte eine Ärztin hier auch die asymmetrischen Kosten für sich selbst mit hinzuziehen: Ein Schadensersatzfall ist bei einem übersehenen Tumor sowohl wahrscheinlicher als auch kostenintensiver – auch wenn er über eine Berufshaftpflicht abgefedert wird. Ein Patient, der die gute Nachricht bekommt, dass die Hautveränderung doch nicht bösartig war, ist wohl vor allen Dingen erleichtert. In jedem Fall aber wäre die erfolgreiche Klage bei einer nicht notwendigen Operation deutlich billiger als die bei einer fälschlich nicht erfolgten Operation.

Ethik der zugrunde liegenden Daten

Die Autoren der Studie rund um Professor Hänßle geben zu bedenken, dass ihr algorithmisches Entscheidungssystem nur auf einem recht überschaubaren Datensatz mit hauptsächlich hellhäutigen Patienten beruht. Das ist etwas, das bei vielen Bilderkennungssystemen momentan für Probleme sorgt. So versagte ein Google Bilderkennungssystem bei der Erkennung von dunkelhäutigen Menschen völlig. Ein Sprecher von Google schrieb dazu an die Zeitschrift *WIRED*: »Die Technologie hinter der Bilderkennung ist immer noch jung und noch nicht ansatzweise perfekt.«[115] Joy Buolamwini, Forscherin am MIT-Media Lab, hat in einem TEDx Talk,[116] der schon über eine Million Mal angesehen wurde, darauf aufmerksam gemacht, dass sie mit ihrer dunklen Haut von gängiger Gesichtserkennungssoftware überhaupt nicht gesehen werde.[117] Daraufhin gründete sie die »Algorithmic Justice League«, eine der NGOs, die für diskriminierungsfreie Software kämpfen. Auch dunkelhäutige Hände werden oft von Bilderkennungssoftware übersehen, etwa von den Sensoren in Seifenspendern.[118]

Im Wesentlichen sind diese Erkennungsprobleme auf fehlerhafte und unvollständige Trainingsdaten zurückzuführen. Und auch der medizinische Bereich ist bekannt dafür, dass seine Daten vor allem auf Studien in eher wohlhabenden Gegenden beruhen. Dies bevorzugt die Einsicht in die Wirkung von Therapien und Medikamenten bei vornehmlich hellhäutigen Personen – historisch gesehen dominieren hier die Daten von hellhäutigen Männern.[119] Solche Datenbanken müssen also dringend vervollständigt werden, bevor auf ihnen trainiert wird – oder ihre Anwendung muss klar beschränkt werden auf solche Fälle, wo sie nachweislich getestet wurden. Insgesamt ist aber gerade der medizinische Bereich einer, wo über die Jahre genügend Daten in ausreichender Qualität gesammelt werden könnten – wenn wir als Gesellschaft das wollen. Auch die notwendigen Trainingsdaten inklusive einer sorgfältigen Grundwahrheit könnten durch den Einsatz von Pathologen in hoher Güte und Zahl erhalten werden, um neuronale Netzwerke darauf zu trainieren.

Für das genannte Beispiel der Hautkrebserkennung müsste also ein System aufgebaut werden, das Melanome tatsächlich auf allen Hauttypen erkennen kann – oder eins für jeden Hauttyp. Sollte das funktionieren, könnte eine Arbeitsteilung die Dermatologen und Dermatologinnen besonders in den Fällen unterstützen, wo keine Behandlung notwendig ist: Die asymmetrischen Kosten für Patienten und Ärzte bei Fehlurteilen in dieser Richtung könnten dadurch ausgeglichen werden. Der Mediziner Yu, der ebenfalls zur Frage nach algorithmischer Diskriminierung gearbeitet hat, hat hier auch wenig Sorge, dass die Maschine Mediziner:innen ersetzt: »Es wird eher so sein, dass Ärzte und Ärztinnen, die KI-Systeme nicht benutzen, durch solche ersetzt werden, die es tun.«[120]

Aber warum genau sind jetzt Kameras zusammen mit einer Bilderkennungssoftware besser als Ärzt:innen in der Erkennung von Hautkrebs? Könnte man das nicht im Rahmen der wissenschaftlichen Methode testen?

Wo maschinell gelernt werden kann

Die Beispiele zeigen, dass es algorithmische Entscheidungssysteme gibt, die menschliche Arbeit ersetzen oder sinnvoll unterstützen können. Es ist aber auch klar geworden, dass künstliche Intelligenz mit einer lernenden Komponente immer nur Plan B ist. Denn die von einem Algorithmus gelernten Entscheidungsregeln sind immer von den konkreten Trainingsdaten und den vielen gewählten Parametern der Methode abhängig. Bei den meisten Methoden des maschinellen Lernens sind sie für den Menschen zudem nicht nachvollziehbar abgelegt. Das gilt insbesondere für die statistischen Modelle, die von neuronalen Netzen gelernt werden: Hier kann zwar für jede einzelne Eingabe nachvollzogen werden, wie es zum

Resultat kommt. Aber das allgemeine Verhalten für beispielsweise leicht andere Eingaben ist kaum vorhersehbar. Hier kommt also das zum Tragen, was ich schon bei dem klassischen Textsatzsystem von Knuth und Pratt erwähnt habe: Das Verhalten komplexer Software ist nicht mehr einfach abstrakt beschreibbar. Wenn es also möglich ist, die Entscheidungsregeln in einer Situation klar und strukturiert aufzuschreiben, verwendet man bevorzugt ein **Expertensystem**. Dieses enthält die von Menschen gemachten Regeln zusammengefasst in einer Struktur, beispielsweise in einem Entscheidungsbaum (der dann eben nicht gelernt ist, sondern explizit von Menschen aufgebaut wurde) oder in einer Datenbank. Der eigentliche Entscheidungsalgorithmus geht dann mit den neuen Daten durch die Regeln durch. Damit sind alle Entscheidungsregeln und alle mit ihnen getroffenen Entscheidungen auch für Menschen jederzeit nachvollziehbar. Dies ist die eine Situation, in der man Softwaresysteme mit einer lernenden Komponente eher nicht verwenden würde.

Die zweite Situation, in der man solche Systeme nicht verwenden würde, ist eine, die sich auf ein mathematisches Problem abbilden lässt, für das es einen klassischen Algorithmus gibt. In Abhängigkeit davon, wie lange dieser braucht, um die Lösung zu berechnen, ist dieser zu bevorzugen, da er tatsächlich die **optimale** Lösung findet. Zur Erinnerung: Die meisten Algorithmen des maschinellen Lernens sind nur Heuristiken, also Handlungsanweisungen, die versuchen, überhaupt eine Lösung zu finden, aber nicht garantieren können, dass es die optimale ist.

Wie kann man sich dann davon überzeugen, dass die Lösungen, die sie finden, Hand und Fuß haben? Die Methoden des maschinellen Lernens sind Methoden der Korrelationssuche. Das heißt, sie suchen nach Eigenschaften, die mit der vorherzusagenden Eigenschaft sehr oft gemeinsamen auftreten (und weniger oft auftreten, wenn ein Datenpunkt die vorherzusagende Eigenschaft nicht hat). Ob aber jetzt diese »korrelierenden« Eigenschaften die Ursache der vorherzusagenden Eigenschaft sind oder diese in anderer Form beeinflussen, darüber können sie zunächst keine Auskunft geben.

Damit spiegeln sie im Rahmen der wissenschaftlichen Methode nur den ersten Schritt wider, den der **Beobachtung**. Aus mehreren Beobachtungen müsste man jetzt Hypothesen bilden und diese in Experimenten prüfen, bis mehrere davon eine Theorie ergeben. Wäre diese Theorie dann durch mehrere Zyklen von Vorhersage und Beobachtung erhärtet worden, sprächen wir von einem Fakt. Offensichtlich kommt es bei maschinellem Lernen aber nie dazu, dass die von der Maschine festgestellten Hypothesen auf ihre Kausalität überprüft werden. Warum dürfen die Maschinen trotzdem Entscheidungen fällen?

Chris Anderson, Chefredakteur der Technikzeitschrift *WIRED*, sprach 2008 in diesem Zusammenhang vom »Ende der Theorie«, die die wissenschaftliche Methode überflüssig mache. Bedingt durch die den Verstand sprengende Menge an Daten sei ein neuer Ansatz nötig. Dieser sei in der Mathematik zu finden. Er sagte wörtlich: »Es gibt nun einen besseren Weg. Petabytes an Daten erlauben uns die Behauptung: ›Korrelation ist ausreichend‹. Wir können aufhören, nach Modellen zu suchen. Wir können die Daten ohne Hypothesen darüber analysieren, was sie beinhalten könnten. Wir können Zahlen in die größten Computersysteme schmeißen, die die Welt jemals gesehen hat, und statistische Algorithmen dort Muster finden lassen, wo es die Wissenschaft nicht kann.«[121]

Das beschreibt ganz gut die Goldgräberstimmung, die unter Technikenthusiasten herrscht. Und sie haben teilweise Recht: Es gibt viele Fälle, in denen man mit maschinellem Lernen sehr gute Ergebnisse erzielen kann. Diese übertreffen menschliches Können oder sind wenigstens so gut, dass es effizienter ist, sie einzusetzen. Sie werden unser Leben in vielen Fällen verbessern. Das gilt aber nur, wenn wir die Qualität ihrer Ergebnisse überprüfen können. In einigen Fällen können wir das durch **Induktion** tun, also indem wir vom Spezialfall auf das Allgemeine schließen: Suchmaschinen machen millionenfach pro Tag Vorhersagen, die von den Nutzer:innen bekräftigt oder korrigiert werden. Wenn die dahinterstehenden Entscheidungsregeln es immer wieder schaffen, sinnvolle Vorschläge unter den ersten zehn Einträgen zu platzieren, stärkt dies das Vertrauen in das dahinterstehende statistische Modell. Der Schluss von »Bisher war es immer so« zu »Dann wird es auch so bleiben« ist umso verlässlicher, je öfter eine Beobachtung gemacht werden konnte. Es besteht aber immer die Gefahr, dass beim nächsten Mal doch etwas völlig anderes passiert. Darauf hat Nassim Taleb in seinem Buch »Der schwarze Schwan – die Macht höchst unwahrscheinlicher Ereignisse« eindringlich hingewiesen.[122] Deutlich verlässlicher sind Theorien daher, wenn die ursächlichen Beziehungen zwischen den Eingangsdaten und dem vorherzusagenden Sachverhalt bekannt sind. Und wenn es diese gar nicht gibt, dann ist der Versuch, etwas aus den Trainingsdaten zu lernen, gleich ganz fruchtlos.

Maschinelles Lernen kann also im Wesentlichen dort erfolgreich sein, wo die folgenden Bedingungen erfüllt sind:
1) Es gibt eine ausreichend große und gute **Trainingsdatenmenge** (Input).
2) Es gibt eine sehr gut **messbare Grundwahrheit**, also das, was vorherzusagen ist (Output).
3) Es gibt **kausale Zusammenhänge** zwischen dem Input und dem vorherzusagenden Output.

Algorithmen des maschinellen Lernens sind uns in diesem Fall klar überlegen, da sie:
1) nahezu beliebig große Datenmengen nach Korrelationen durchsuchen können.
2) nach sehr vielen verschiedenen Arten von Korrelation suchen können.
3) auch schwache Korrelationen noch gewinnbringend in die statistischen Modelle einfließen lassen können.

Insbesondere dann, wenn es nur schwache Korrelationen gibt oder wenn zu Beginn unklar ist, welche Inputdaten überhaupt einen Einfluss auf den vorherzusagenden Output haben, kann das Vorhandensein von sehr vielen Daten (Big Data) diese Schwächen ausbügeln. Insofern sind viele Fragestellungen, die durch maschinelles Lernen gelöst werden sollen, essenziell abhängig von großen Datenmengen.

Die Ergebnisse maschinellen Lernens werden dann für uns glaubhaft, wenn zusätzlich das Folgende gilt:

1) Der kausale Zusammenhang zwischen dem Input und dem vorherzusagenden Output ist so weit bekannt, dass es eine klar definierbare Menge an Inputdaten gibt, auf die sich alle beteiligten Akteur:innen leicht einigen konnten.

2) Es gibt möglichst viel Feedback für beide Fehlertypen (falsch-positiv und falsch-negative Entscheidungen). Damit kann die Qualität fortlaufend gemessen und das statistische Modell dynamisch nachgebessert werden.

3) Es gibt ein klar definierbares Qualitätsmaß, auf das sich alle beteiligten Akteur:innen leicht einigen konnten.

Insbesondere die Vorhersage menschlichen Verhaltens ist erst durch die Kombination von Big Data und Algorithmen des maschinellen Lernens denkbar geworden. Wo vorher mühsam in Laborexperimenten einzelne Parameter und ihr Einfluss auf menschliches Verhalten untersucht werden mussten, erlauben es manche Situationen, mithilfe von Big Data statistische Modelle aufzustellen. Insbesondere im kommerziellen Bereich ist es dabei auch nicht unbedingt im Fokus, dass diese Modelle so gut wie möglich sind und tatsächlich nur kausale Beziehungen zwischen Inputdaten und vorherzusagendem Output enthalten. Sie haben schon dann einen Wert, wenn sie ein bisschen besser als bisher vorhersagen, welche Nachricht für wen relevant sein könnte, welche Werbung jemand anklickt und welches Produkt er oder sie kaufen könnte. Dabei wird leicht übersehen, dass diese kommerziellen Anwendungen maschinellen Lernens auf menschliches Verhalten erfolgreich sind, weil sie die oben genannten Bedingungen erfüllen:

- Es gibt eine unfassbar große Datenmenge zu menschlichem Verhalten im Internet – auch wenn diese nicht allgemein verfügbar ist, sondern nur wenigen zur Verfügung steht.
- Die Grundwahrheit ist leicht messbar: »Hat Nachricht/Werbung angeklickt« oder »Hat Produkt gekauft« sind einfache binäre Beobachtungen.
- Die Vorhersagen können damit auch beständig auf ihre Güte getestet werden und die Qualität der statistischen Modelle im Rahmen des Möglichen verbessert werden.
- Es gibt ein klares Qualitätsmaß: Der Gewinn in einer beliebigen Währung. Um ihn zu erhöhen, ist die absolute Qualität des statistischen Modells irrelevant. Es muss nur relativ besser sein als die bisher verwendeten Modelle.

Aber selbst unter diesen idealen Bedingungen für das maschinelle Lernen kann es zu gesamtgesellschaftlichen Schäden kommen, die schon in vielen Büchern und Diskussionsrunden benannt wurden: Von Diskriminierungen durch und mithilfe von Algorithmen,[123, 124] über Radikalisierung durch digitale soziale Netzwerke[125] bis hin zu Schäden durch Überwachungsalgorithmen,[126] um nur einige der Probleme zu nennen. Doch es ist vor allen Dingen der übermäßige Optimismus, dass man die Erfolge von algorithmischen Entscheidungssystemen im digitalen kommerziellen Bereich so einfach auf ganz andere Bereiche der Vorhersage menschlichen Verhaltens übertragen könnte, der mir Sorgen macht. Wie ich im nächsten Teil zeigen werde, fehlen die grundlegenden Bedingungen, die Vorhersagen durch Maschinen glaubhaft machen, in vielen Bereichen, in denen maschinelles Lernen eingesetzt werden soll oder bereits wird. Diese Systeme bedürfen daher einer genauen technischen Kontrolle – und eines Verbotes dort, wo die Bedingungen eben nicht gegeben sind, um erfolgreich maschinell lernen zu können, oder wo der mögliche gesamtgesellschaftliche Schaden durch den Einsatz der Systeme zu hoch ist. Dazu mehr im letzten Teil dieses Buches.

Das nächste Kapitel vertieft noch einmal die Grundlagen des »Algoskops«, geht anhand der »langen Kette der Verantwortlichkeiten« die Schwachpunkte und Gestaltungsmöglichkeiten bei der Erstellung von algorithmischen Entscheidungssystemen durch und erklärt, welche Systeme welcher Kontrolle bedürfen. Damit sind Sie dann gerüstet, um alle notwendigen Informationen zu erfragen, damit Sie algorithmische Entscheidungssysteme einordnen und gestalten können, die an Ihrer Schule oder Universität, bei der Arbeit und vom Staat eingesetzt werden.

KAPITEL 7

Alphabetisierung geglückt?

Ich habe Sie nun auf eine lange Reise durch das kleine ABC der Informatik mitgenommen. Der Maschinenraum war hoffentlich nicht allzu staubig! In den über hundert Vorträgen und Dutzenden von Interviews, die ich in den letzten Jahren gegeben habe, bin ich aber immer wieder gefragt worden, was man denn jetzt tun könne, wenn es doch bei algorithmischen Entscheidungssystemen zu Diskriminierungen und anderen Fehlern kommt. Und dazu muss man eben einmal hinunter in den Maschinenraum und mit eigenen Augen sehen, wo die Knöpfe, Schalter und Regler sind, wenn Algorithmen Probleme lösen – oder sie verursachen.

Ich hoffe, dass Sie sich jetzt als »alphabetisiert« empfinden, wenn es um die Grundlagen des maschinellen Lernens geht, dem aktuell wichtigsten Teil der künstlichen Intelligenz. Zur Sicherheit gibt es jetzt noch mal einen Schnelldurchlauf: Ich habe zuerst betont, dass die wichtigste Gestaltungsleistung bei klassischen Fragestellungen die **Modellierung** der Alltagssituation darstellt, also ihre Vereinfachung, sodass einer der vielen **klassischen Algorithmen** ganz ohne maschinelles Lernen eine optimale Lösung berechnen kann. »Sortierproblem« und »Kürzeste-Wege-Problem« haben gezeigt, dass sich jeweils erstaunlich viele Alltagsfragen auf diese beiden Klassiker reduzieren lassen – das gilt für alle Algorithmen, es ist ihre geheime Superkraft. Ihre Nützlichkeit besteht darin, dass ihnen die Bedeutung der Daten egal ist und sie nur auf deren Zahlenwerten arbeiten. Aber auch bei klassischen Algorithmen galt schon das **OMA-Prinzip**: Die Interpretation von algorithmischen Resultaten ist immer nur im Rahmen ihrer **Modellierung** und der dafür notwendigen **Operationalisierungen** sinnvoll.

Maschinelles Lernen versucht, Zusammenhänge zwischen Inputdaten und einem beobachteten Ergebnis (Output) zu identifizieren. Es werden Algorithmen verwendet, die Korrelationen, die sie in einem **Trainingsdatensatz** gefunden haben, in Form von Entscheidungsregeln in einer von mehreren möglichen Strukturen abspeichern (zum Beispiel **Entscheidungsbäume, mathematische Formeln, Support Vector Machines, neuronale Netzwerke**). Dabei gibt es viele **Hyperparameter** (Knöpfe, Schieber, Regler), die einzustellen sind. Zudem kann durch das Verändern der Eingangsdaten (**feature engineering**) die Qualität der Vorhersage verändert werden.

Die Qualität wird anhand eines **Qualitätsmaßes** auf einem **Testdatenset** gemessen. Das Qualitätsmaß bestimmt ganz wesentlich die Richtung, in der die verschiedenen Hyperparameter eingestellt werden. Es muss daher dringend mit der **sozialen Situation**, in der das algorithmische Entscheidungssystem eingesetzt werden soll, in Einklang gebracht werden. Hier werden wesentliche ethische Entscheidungen getroffen.

Wurde die Struktur aufgebaut, sprechen wir vom **trainierten statistischen Modell**. Neue Daten werden dann mithilfe eines zweiten, sehr einfachen Algorithmus durch das statistische Modell geleitet – es kommt **als Entscheidung eine einzige Zahl** heraus. Diese kann eine **Klassifikation** oder eine **Risikobewertung** repräsentieren.

Big Data spielt deswegen eine große Rolle, weil die meisten Algorithmen maschinellen Lernens **datenhungrig** sind. Das ist aber nicht nur abhängig von der Methode, sondern auch von der Situation, die gelernt werden soll. Sind die **Korrelationen nur schwach** oder ist unklar, **welche Inputdaten mit dem Output korrelieren**, können nur auf großen Datenmengen einigermaßen belastbare statistische Modelle trainiert werden. Ein ständiger dynamischer Abgleich der Vorhersagen mit dem beobachteten Output (zum Beispiel menschliches Verhalten) vertieft weiter das Vertrauen in die Nutzbarkeit des statistischen Modells.

TEIL III

Der Weg zu besseren Entscheidungen – mit und ohne Maschinen

Maschinelles Lernen ist also nur Plan B – leider gibt es aber oft keinen Plan A, denn viele der anstehenden Probleme können mit klassischen Algorithmen nicht gelöst werden. Aber natürlich bleibt die Alternative, dass weiterhin wir Menschen diese Probleme lösen oder Mensch und Maschine gemeinsam nach Lösungen suchen. Umso wichtiger ist es, dass wir als Gesellschaft jetzt darüber nachdenken, was wir eigentlich unter einer guten Lösung verstehen – denn diese Entscheidung kann uns keiner abnehmen.

KAPITEL 8

Algorithmen, Diskriminierung und Ideologie

Ich bin im Paul-Löbe-Haus, bei einer Tagung der Enquete-Kommission »Künstliche Intelligenz«. Der Sitzungsraum ist relativ modern, die 38 Mitglieder der Kommission sitzen alle an kreisförmig angeordneten Tischen, damit sich alle gut sehen können. Draußen am kleinen Versorgungswagen habe ich mir einen minderleckeren Kaffee besorgt, der leider schon alle ist. In monatlichen Sitzungen sollen wir bis Mitte 2020 Handlungsempfehlungen für den Umgang mit künstlicher Intelligenz entwickeln, die dann dem Bundestag übergeben werden. Wir sind gerade in der Frage- und Antwortrunde, nachdem wir einen Expertenvortrag zur Frage nach der Diskriminierung durch maschinelles Lernen hatten. Plötzlich und unerwartet wird es pampig: »Zunächst stelle ich fest, dass die eingangs in den ersten Sitzungen geäußerte Hoffnung, wir könnten hier vielleicht ideologiefrei über ein Thema miteinander ins Gespräch kommen, ziemlich naiv war. Weil es sich zeigt, dass die ideologischen Streitpunkte, die sich in anderen Politikfeldern zeigen, sich hier genauso wiederholen und vielleicht sogar potenzieren.«

Wo kam das denn her? Ich war wie vom Donner gerührt, denn bisher war die Arbeit tatsächlich sehr sachorientiert gewesen. Aber lassen Sie mich Ihnen kurz den Hintergrund erklären. Die Enquete-Kommission wurde im Oktober 2018 vom Bundestag eingesetzt, um Handlungsempfehlungen zu erarbeiten zum Thema gesellschaftliche Verantwortung und wirtschaftliche, soziale und ökologische Potenziale von KI. Sie besteht aus 19 Bundestagsabgeordneten, entsprechend der Anzahl der Sitze sind dies sieben von der CDU/CSU, vier von der SPD und jeweils zwei von AfD, FDP,

Die Linke und Bündnis 90/Die Grünen. Jede Fraktion hat sich zudem dieselbe Anzahl an Sachverständigen gesucht: – eine bunte Mischung aus Wissenschaftler:innen der Philosophie, Soziologie, Politikwissenschaften und Informatik, neben Firmenvertreterinnen und -vertretern, sowie Mitgliedern der Gewerkschaft und verschiedenen Institutionen (D21, Stiftung Neue Verantwortung, D64). Als Anke Domscheit-Berg, eine ehemalige Piratin, die heute als Parteilose für Die Linke im Bundestag sitzt, mich fragte, ob ich als Sachverständige dabei wäre, habe ich sofort zugesagt.

Am 27. September 2018 wurden wir förmlich eingesetzt, der Bundestagspräsident Dr. Wolfgang Schäuble hielt eine kurze Rede: Er sprach davon, dass vielen »die künstliche Intelligenz (...) als neue Zauberformel des technischen Fortschritts« gelte und zählte die vielen Dinge auf, die intelligente Softwareprogramme in Zukunft können werden. Dabei nannte er auf der positiven Seite, dass die Maschinen werden »dichten« können, warnte aber auch davor, dass sie eingesetzt werden könnten, um »zu belohnen und zu strafen«.

Ich denke, dass es diese beiden Aspekte sind, die uns die meisten Sorgen bereiten: dass künstliche Intelligenz »dichtet« und »richtet«. Das »Dichten« steht für mich stellvertretend für die Sorge, dass Maschinen uns eines Tages auch die ureigensten menschlichen Aktivitäten abnehmen werden. Dieser Sorge werden wir als Gesellschaft durch arbeits-, bildungs- und sozialpolitische Eingriffe begegnen müssen. Die Frage nach einer technischen Regulierung von künstlicher Intelligenz betrifft im Wesentlichen ethisch-gesellschaftliche Aspekte beim »Richten«. Wie könnte hier ein deutscher, wie ein europäischer Weg aussehen?

Die USA, beispielsweise, setzen neben den Technologien, die menschliche Entscheidungen ersetzen, auch auf ökonomisch getriebene Plattformmodelle. Diese haben in den letzten Jahren gravierende Nebenwirkungen aufgewiesen,[127] sind anfällig für Manipulationen durch Dritte,[128] und ein Datenschutzskandal jagt den nächsten.[129] China kann ebenfalls auf große Datenmengen zugreifen und dadurch staatliche Technologien umsetzen. Insbesondere sollen mit einem gerade in der Erprobung befindlichen »China Citizen Score«-System die Bürger dazu angehalten werden, sich »positiv« zu verhalten. Im Moment werden verschiedene Varianten der Idee getestet. Sie alle messen das Verhalten von Bürgern und bewerten es mit einer einzigen Zahl: Wenn man seine Kredite zurückzahlt, ist das positiv, zahlt man den eigenen Kindern den Unterhalt nicht, ist das negativ. Deutschland und Europa dagegen wollen sichere, datensparsame Anwendungen, die den Menschen im Blick haben. Aber wie soll das genau aussehen? Dazu machen wir uns in der Enquete-Kommission Gedanken – und ein paar meiner und unserer Ideen dazu möchte ich Ihnen im Folgenden vorstellen.

Die ersten Sitzungen der Kommission im Herbst 2018 haben wir vor allen Dingen mit Begriffsklärungen verbracht: Was verstehen wir unter künstlicher Intelligenz, was ist maschinelles Lernen, was kann es, und was kann es nicht? Im Dezember 2018 haben wir dann die Ministerien eingeladen, um uns über die Ziele der nationalen KI-Strategie zu informieren – die Strategie war kurz zuvor, im November 2018, veröffentlicht worden.[130] Seit diesem Jahr aber geht es nun um die Entwicklung konkreter Handlungsempfehlungen – und damit um eine Reihe ethischer Fragen.

Unsere Sitzungen folgen meist demselben Schema: Sachverständige der Kommission oder geladene externe Experten liefern Input; dieser Teil ist übrigens öffentlich, Videos davon sind im Netz abrufbar.[131] Dann werden Fragen gesammelt und Antworten darauf gegeben. Im Januar 2019 zeigte uns nun die Professorin für Informatik und Sachverständige der Kommission, Hannah Bast, wie maschinelles Lernen aus Texten **Analogien** ziehen kann. Als Beispiel nannte sie, dass Algorithmen aus Texten, in denen beispielsweise immer wieder die Wortpaare Deutschland-Berlin und Frankreich-Paris vorkommen, Analogien ziehen können wie: Berlin ist zu Deutschland wie Paris zu Frankreich. Für manche Arten von Fragestellungen ist so etwas schon interessant, auch ohne dass hier explizit das Konzept einer »Hauptstadt« erwähnt wird. Mit anderen Texten könnte derselbe Typ von Algorithmus lernen, wie die Berufsbezeichnungen von Männern und Frauen heißen, also die Analogie:

Mann ist zu Arzt wie Frau zu Ärztin.

Tja. Und da lernen dieselben Algorithmen, die oben alles richtig gemacht haben, vielleicht eher: Mann ist zu Arzt wie Frau zu – Krankenschwester!

Das ist ein Stereotyp, das zumindest in Deutschland antiquiert wäre, wo schon vor zehn Jahren mehr als die Hälfte der Studienanfänger genauer gesagt Anfänger**innen** waren.[132] Hier wäre die Schlussfolgerung also **faktisch falsch**.

Daneben gibt es aber auch andere Fälle, wo heute Unterschiede in der Arbeitswelt bestehen, die aber trotzdem eher Stereotypen entsprechen (dazu gleich mehr im nächsten Kapitel). Kollegin Bast erwähnte also, dass es auch Methoden gäbe, die eine Entzerrung solcher Daten vor der Weiterverarbeitung ermöglichen. Und während der eine Teil des Saales mehr über diese Techniken wissen wollte, erzürnte sich der andere Teil über die Ideologisierung der Technik.

Und tatsächlich verlassen wir mit diesen Fragen den Maschinenraum, denn ob und wie mit Stereotypen, mit Verzerrungen und Diskriminierungen in Daten und in den resultierenden algorithmischen Entscheidungssystemen umzugehen ist, das sollte nun wirklich kein Data Scientist entscheiden. Es ist eine gesellschaftliche Frage und wird damit auch national und europäisch zu lösen sein. Aber damit Sie diese Fragen mitentscheiden können, brauchen wir noch einen letzten Blick – quasi von der Galerie hinunter in den Maschinenraum.

Wie Diskriminierung in den Algorithmus kommt

Die USA sind die Nation mit der weltweit größten Inhaftierungsrate. In Zahlen bedeutet dies, dass über 650 von 100 000 US-amerikanischen Bürger:innen im Gefängnis sitzen.[133] Zudem ist die

Inhaftierungsrate sehr ungleich verteilt. Die Inhaftierungsrate ist bei Personen mit hispanischem Ursprung dreimal so hoch, bei Afroamerikanern sogar sechsmal höher als die von weißen Bewohnern.[134] Die Zusammenhänge zwischen echter Kriminalitätsrate und Inhaftierungsrate sind dabei äußerst komplex. Es geht dabei nicht nur um die schon erwähnte Frage, wer häufig auf der Straße angehalten und durchsucht wird (»stop and frisk«), sondern auch darum, welche Art von Kriminalität häufiger verfolgt wird (zum Beispiel Drogenkriminalität oder sogenannte *white collar*-Delikte wie Steuerhinterziehung), wer sich die Kaution leisten kann und wer nicht, und wer welche Art von Strafe bekommt. Die Amerikanische Bürgerrechtsvereinigung ACLU weist darauf hin, dass es bei vielen dieser Schritte ungerechtfertigte Diskriminierungen gibt, die dazu führen, dass die Inhaftierungsrate nicht die eigentliche Kriminalitätsrate widerspiegelt. Sie fordert daher in ihrem Bericht aus dem Jahr 2011 die Nutzung von algorithmischen Entscheidungssystemen in allen Phasen des Strafprozesses, um objektivere, diskriminierungsfreie Entscheidungen zu unterstützen.[135] Aber ist das wirklich so einfach? Macht ein Computer keine Fehler, ist er völlig objektiv? Im Folgenden zeige ich, wo überall Entscheidungen getroffen werden können, die in Diskriminierung enden – wieder entlang der »langen Kette der Verantwortlichkeiten«.

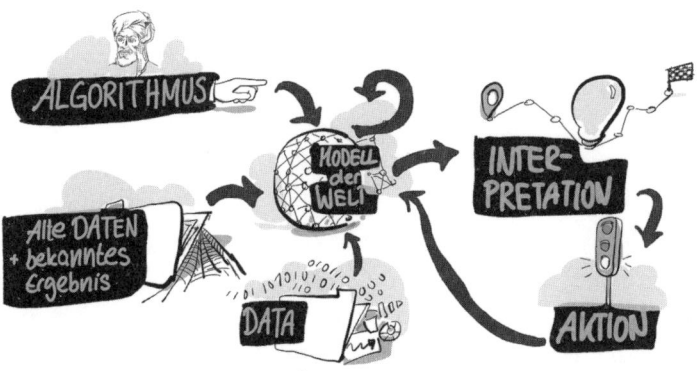

Im Deutschen ist das Wort »Diskriminierung« fast immer normativ und moralisch aufgeladen. Es wird verstanden als die ungerechtfertigte Bevorzugung oder Benachteiligung von Bevölkerungsgruppen, die durch geschützte Merkmale wie etwa Geschlecht, Alter, Religion, Herkunft definiert werden. Nun, die Algorithmen und Heuristiken des maschinellen Lernens bauen darauf auf, dass sie Unterschiede in Gruppen bezüglich eines zu lernenden Verhaltens (Output) finden. Es ist ihre Grundlage, dass sie diese Gruppen im technisch-neutralen Sinne »diskriminieren«, sie also voneinander trennen. Das ist natürlich auch erst mal in Ordnung, wenn es sich nicht um die im Grundgesetz geschützten Eigenschaften und bestimmte Arten von Benachteiligungen handelt. Die geschützten Eigenschaften sind: ethnische Herkunft, Geschlecht, Religion oder Weltanschauung, Behinderungen, Alter und sexuelle Identität. Benachteiligungen, die auf diesen Eigenschaften basieren, sind beispielsweise kritisch, wenn es um die Anstellung von Personen geht oder um die Mitgliedschaft im Betriebsrat oder ähnlichen Arbeitnehmervereinigungen; ebenso darf in Tarifvereinbarungen, bei allen Sozialleistungen des Staates, bei Bildung und öffentlicher Infrastruktur nicht ungerechtfertigt diskriminiert werden. Wenn also ein Algorithmus in einem dieser Bereiche Entscheidungen trifft oder maßgeblich zu einer Entscheidung beiträgt, muss auf ungerechtfertigte Diskriminierung geprüft werden.

Manchmal ist es schwierig zu sagen, ob eine Verzerrung (ein **Bias** im Englischen) der Entscheidung schon eine Diskriminierung in diesem Sinne darstellt oder nicht. So gibt es durchaus Jobs in Deutschland, die bevorzugt an Männer gehen dürfen: Polizisten müssen im Allgemeinen eine Mindestkörpergröße aufweisen, die von Männern statistisch gesehen öfter erreicht wird als von Frauen. In Nordrhein-Westfalen gab es eine Zeit lang unterschiedliche Mindestgrößen für Männer und Frauen, um diesem Umstand Rechnung zu tragen. Dagegen klagte ein zu kleiner männlicher Bewerber, der größer war als die Mindestgröße der Frauen.[136] Das Verwaltungsgericht Gelsenkirchen sah es grundsätzlich als zulässig an, unterschiedliche

Mindestgrößen für Frauen und Männer festzusetzen, sie müssten aber besonders gut begründet werden – das war in diesem Fall nicht erfolgt. Interessant an diesem Urteil ist aber, dass es das Gericht grundsätzlich auch als sachlich gerechtfertigt ansieht, durch die jeweiligen Mindestgrößen prozentual mehr Frauen auszuschließen, um nicht zu viele männliche Bewerber zu verlieren.

Natürlich gab das Gericht aber nicht vor, wie diese Mindestgrößen aussehen könnten, sondern delegierte das wieder an das Land NRW. Damit gibt es keine abschließende Meinung oder gar eine »Operationalisierung« der beiden miteinander im Konflikt stehenden gesellschaftlichen Ziele: der Durchsetzung der Gleichberechtigung und des berechtigten Interesses des Staates, insgesamt genügend geeignete Bewerber für den Polizeidienst zu haben. Stellen wir uns nun vor, dass ein Algorithmus einfach aus den Eigenschaften der bisher erfolgreich eingestellten Polizistinnen und Polizisten gelernt hätte, dass der Erfolg mit der Körpergröße korreliert ist – wäre dies dann die gesellschaftlich gewollte Antwort? Algorithmen und Heuristiken spielen hier in jedem Fall eine janusköpfige Rolle: Auf der einen Seite können sie bestehende Verzerrungen auffinden und damit überhaupt erst öffentlich machen. Wenn ungerechtfertigte Diskriminierungen dann durch entsprechend eingeleitete Maßnahmen ausgeglichen würden, trüge Data Science sogar zu einer gerechteren Gesellschaft bei. Werden die gelernten Entscheidungsregeln mit den darin enthaltenen Verzerrungen aber naiv direkt weiterverwendet, können damit auch gesellschaftlich unerwünschte Diskriminierungen beibehalten oder sogar verstärkt werden.

Damit stellen Diskriminierungen eins der größten Probleme in der Anwendung algorithmischer Entscheidungssysteme dar. Dazu kommt, dass sie an fast allen Stellen der **langen Kette der Verantwortlichkeiten** in das algorithmische Entscheidungssystem geraten oder durch den Einsatz dieser Systeme verstärkt werden können. Aber auch hier gilt: An den wenigsten Stellen ist für das Erkennen von ungünstigen Ausgangssituationen, die zu ungerechtfertigter

Diskriminierung führen könnten, oder tatsächlicher Diskriminierung in den Entscheidungen technisches Wissen notwendig. An allen Stellen ist jedoch ein gesellschaftlicher Konsens nötig.

Diskriminierung in den Daten

So ist zum Beispiel die Hoffnung groß, dass man schriftlichen Bewerbungen ansehen kann, wer nachher erfolgreich eingestellt wird. Manche Firmen setzen auch Bewerbungen per Chatbot oder Videoplattformen ein, damit dahintergeschaltete Systeme bewerten, wie gut die Person zum Unternehmen passen wird. Natürlich schwingt hier die Hoffnung mit, dass die Software diskriminierungsfrei arbeitet oder zumindest diskriminierungsfreier als menschliche Entscheider:innen. Amazon begann daher schon 2014 mit dem Aufbau eines automatischen Bewerbungsbewertungssystems.[137] Als Input wurden die Bewerbungsunterlagen der letzten zehn Jahre verwendet, wobei die erfolgreichen Kandidaten in dieser Zeit zumeist Männer waren. Unbekannt ist, ob Männer dabei überproportional häufig angestellt wurden in Bezug auf die jeweilige Anzahl von Bewerbern und Bewerberinnen. Bekannt ist aber, dass insbesondere im technischen Bereich bei Firmen wie Apple, Facebook, Google und Microsoft im Moment nur etwa jede fünfte Position mit einer Frau besetzt ist.[138]

Obwohl die Heuristik für das Lernen des statistischen Modells das Geschlecht der sich bewerbenden Person **nicht** als Input bekam, fand sie Eigenschaften, die mit dem Geschlecht korrelierten. Tauchten diese in den Bewerbungsunterlagen auf, wurde die Person schlechter bewertet. Wenn ein Lebenslauf zum Beispiel angab, dass die Person Mitglied im »Frauen-Schach-Club« war, wurde das negativ bewertet. Ebenso wurden angeblich Zeugnisse von Colleges, die nur Frauen zulassen, negativer bewertet. Das kann passieren, wenn ein Algorithmus feststellt, dass diese Personen in der Vergangenheit weniger oft erfolgreich eingestellt wurden.

Als dies klar wurde, reparierte das Entwicklerteam diese beiden Stellen – aber niemand konnte sich sicher sein, dass damit alle möglichen Diskriminierungsprobleme abgedeckt wären.[139] Das ist auch tatsächlich sehr schwierig sicherzustellen. Ein gewählter Input kann nämlich auf sehr subtile Art für Diskriminierung sorgen: Ein Insider erzählte beispielsweise, dass bei dem Bewerbungsbewertungssystem auch Selbstbeschreibungen der Bewerber und Bewerberinnen im Anschreiben oder auf Webseiten mit in Betracht gezogen wurden, um zu beurteilen, ob eine Person geeignet für einen Job bei Amazon sei. Selbstbeschreibungen sind ebenfalls oft systematisch unterschiedlich, je nach kultureller Herkunft und Geschlecht. Auch diese Entscheidung könnte also dazu führen, dass das, was bisher häufig gut war, durch die Verwendung von maschinellem Lernen übermäßig verstärkt wird und zu weiterer Monokultur führt. Das Projekt wurde schließlich von Amazon fallengelassen.

Man sieht an diesem Beispiel deutlich: Wenn der Selektionsprozess vorher schon zu einem verzerrten Ergebnis bezüglich einer sensitiven Eigenschaft geführt hat, kann ein Algorithmus, auch ohne dass er die zugrunde liegenden sensitiven Eigenschaften kennt, die Verzerrung durch eine Korrelation der sensitiven Eigenschaft mit anderen Eigenschaften entdecken. In diesem Fall gab es also eine ziemlich eindeutige Korrelation zwischen verschiedenen Freizeitbeschäftigungen, einigen Colleges und dem Geschlecht. Wird das resultierende statistische Modell dann naiv weiterverwendet, kann sich die Verzerrung verstärken.

Die Schwierigkeit bei solchen Verzerrungen ist dabei die Interpretation: Waren die Gruppen, die unterschiedlich gut bewertet wurden, gleich gut geeignet für die Jobs, oder handelt es sich um eine ungerechtfertigte Diskriminierung? In diesem Beispiel kann man nur feststellen, dass die Maschine in den Daten eine Ungleichbehandlung gefunden hat, die sie weitergeführt hat.

Zusammenfassend: Wo vorher (gerechtfertigt oder ungerechtfertigt) diskriminiert wurde, wird die Maschine diese Diskriminierung mitlernen.

Diskriminierung kann im Ergebnis aber auch dadurch zustande kommen, dass Daten von bestimmten Gruppen fehlen. Diesen Effekt habe ich schon beim Thema Bilderkennung angesprochen: Bilderkennungssysteme benötigen repräsentative Daten von allen Menschen, um beispielsweise Hände und Gesichter mit verschiedenen Hautfarben zu erkennen und um Melanome von harmlosen Leberflecken zu unterscheiden. Auch Sprachsysteme brauchen Input von vielen Personen, damit insbesondere Personen mit Akzenten, Dialekten und Sprachbehinderungen genauso gut verstanden werden wie gesunde Muttersprachler:innen.[140] Die Soziolinguistin Rachael Tatman berichtet auf ihrem Blog vom Juli 2016, dass das damals beste Spracherkennungssystem von Männern ausgesprochene Wörter statistisch signifikant besser erkennt als Äußerungen von Frauen.[141] 2017 wiederholte sie den Versuch und konnte zwischen den Geschlechtern keinen Unterschied mehr feststellen.[142] Dafür bemerkte sie bei neuen Experimenten, dass Menschen mit starkem Akzent, beispielsweise Südstaaten-Amerikaner, weniger gut verstanden wurden.

Das mag jetzt noch eher wie ein exotisches Gebiet aussehen, mit wenig Relevanz für den Alltag. Informatiker:innen sind sich aber einig, dass das Sprachinterface in wenigen Jahren weitaus gebräuchlicher sein wird als Tastatur und Maus. Ein wunderbarer Sketch auf YouTube zeigt, wie das zwei Schotten in einem Lift mit amerikanischer Spracherkennungssoftware in den Wahnsinn treiben könnte.[143] Das gibt es aber auch in echt: In Australien wird bei bestimmten Arbeitsvisa-Anträgen mithilfe einer Spracherkennung getestet, ob der Antragssteller gut genug Englisch spricht. Eine gebürtige Irin konnte die Maschine nicht von ihren Englischkenntnissen überzeugen![144] Der naheliegende Grund: Die Maschine wurde nicht mit Iren trainiert, obwohl diese ohne Zweifel Englisch sprechen.

Viele weisen darauf hin, dass die fehlenden Daten verzerrt sind, ihr Fehlen also Mustern folgt: Criado-Perez hat ein ganzes Buch über die fehlenden Daten von und über Frauen geschrieben. Auch das Whitepaper des World Economic Forums zur »Vermeidung von diskriminierenden Resultaten im maschinellen Lernen« fasst mehrere Studien zusammen: Sie zeigen, dass Menschen in Entwicklungsländern und dort insbesondere Frauen aufgrund ihres fehlenden Zugangs zum Internet und digitalen Geräten notorisch unterrepräsentiert sind.[145]

Zusammenfassend ist klar: Wenn Personengruppen in Daten nicht vorkommen, können deren Eigenschaften nicht mitgelernt werden.

Diskriminierung durch Weglassen sensitiver Informationen

Interessanterweise können diskriminierende Entscheidungen auch dann provoziert werden, wenn die Maschine eine sensitive Eigenschaft **nicht** zu Gesicht bekommt, es aber Unterschiede im Verhalten von zwei Bevölkerungsgruppen gibt. Wie das funktioniert, zeige ich Ihnen wieder an einem fiktiven Beispiel, welches das Rückfälligkeitsdatenset noch einmal aufgreift. Das dazugehörige Datenset kennen Sie bereits:

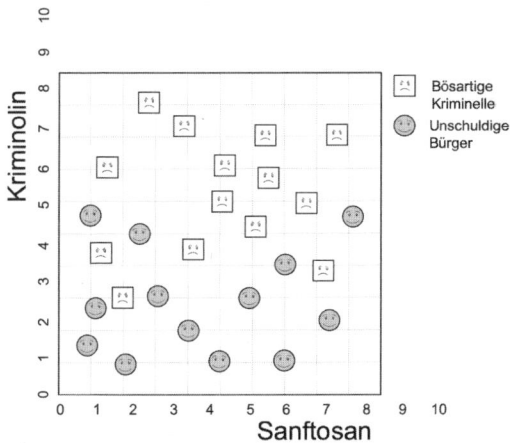

Abbildung 35: Das fiktive ursprüngliche Datenset.

In diesem Datensatz konnte man keine Linie so ziehen, dass sie Kriminelle und Unschuldige klar trennt. Aber unter Umständen gibt es jeweils für Frauen und für Männer eine solche Linie. Dafür teile ich nun den fiktiven Datensatz in Männer und Frauen auf – und siehe da, für beide Geschlechter lässt sich eine solche optimale Linie finden:

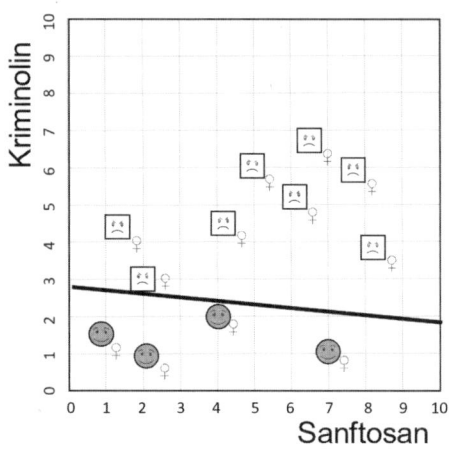

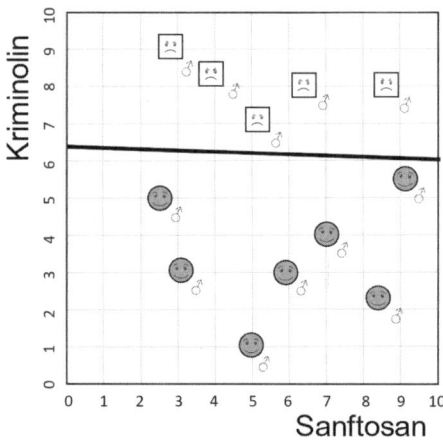

Abbildung 36 a/b: Der oben gezeigte Datensatz wurde aufgeteilt in weibliche (oben) und männliche Kriminelle. Für beide gibt es eine optimale Trennlinie.

Wenn wir die Daten also aufgetrennt und jeweils eine eigene Support Vector Machine trainiert hätten, wäre für alle eine optimale Entscheidung getroffen worden. Durch das Zusammenlegen der Daten ist es dagegen nicht mehr möglich, eine ideale Trennlinie zu finden. Eine Trennlinie mit den wenigsten Fehlern benachteiligt Männer, wie die nächste Abbildung zeigt:

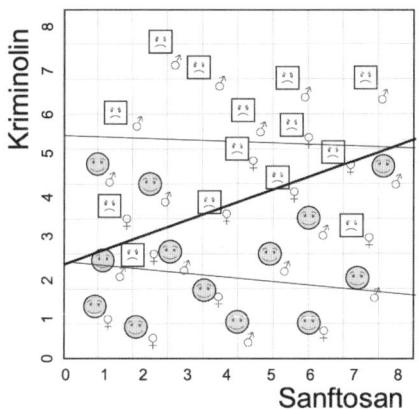

Abbildung 37: Die Linien oben und unten zeigen die optimalen Trennlinien für das jeweilige Geschlecht. Die schwarze Diagonale zeigt die optimale Trennlinie, wenn mit den Daten beider Geschlechter gemeinsam trainiert wird.

Es zeigt sich nämlich, dass die schwarze diagonale Trennlinie zwei unschuldige Männer auf die Kriminellen-Seite legt und zwei kriminelle Frauen auf die Seite der unschuldigen Bürger:innen. **Damit kann Benachteiligung entstehen, wenn sensitive Eigenschaften dem Algorithmus vorenthalten werden, aber tatsächlich ursächlich für unterschiedliches Verhalten sind.**

Aber selbst dann, wenn die sensitiven Daten enthalten sind, kann nicht jedes Verfahren des maschinellen Lernens diese auch nutzen. Im Fall der Support Vector Machine beispielsweise ist dies nicht notwendigerweise der Fall, während ein Entscheidungsbaum es kann. Damit kann auch die Methode zur Diskriminierung beitragen.

Zuletzt kann es auch passieren, dass Diskriminierung beim dynamischen Weiterlernen eines algorithmischen Entscheidungssystems entsteht.

Diskriminierung durch dynamisches Weiterlernen

2016 wurde ein sympathisches Wesen in eine harte Umwelt entlassen: Der Chatbot »Tay« sollte auf Twitter mit Menschen interagieren, indem er lernte, worüber diese reden, um dann eigene Beiträge zu liefern. Tays Twitterkonto war mit dem Bild einer jungen Frau versehen worden, ein bisschen verpixelt, um ihre digitale Herkunft zu zeigen. Ein Bot ist übrigens einfach eine Software, die sich in digitalen Diensten autonom bewegen kann. Dazu gehört auf Twitter das »liken«, das »re-tweeten« und letztendlich das Absetzen eigener Tweets.[146] Doch während der Account zu Beginn noch mit einem fröhlichen »Helloooooo World!!!« in die Welt trötete, beschuldigte er kurz darauf den ehemaligen US-Präsidenten George W. Bush, die Terroranschläge vom 11. September 2001 selbst veranlasst zu haben. Zudem spuckte Tay rassistische und sexistische Tweets in die Welt, schrieb, wer alles zu hassen sei und wie recht Hitler gehabt hätte.[147]

Wie konnte das geschehen? Nun, der Bot lernte aus dem, was ihm andere Nutzer schrieben. Und da sich eine Gruppe von Chaoten verabredet hatte, den Bot mit solchen Sprüchen in die Zange zu nehmen, kam eben genau das dabei heraus. In der Informatik sagen wir dazu »Garbage in – garbage out«: »Müll rein – Müll raus«.

Hätten die Ingenieure und Ingenieurinnen von Tay das verhindern können? Nun, das ist eine sehr spannende Frage. Natürlich kann man ein paar der sehr offensichtlichen Dinge verhindern, indem man hasserfüllte Wendungen auf schwarze Listen setzt. Viele Beleidigungen und Morddrohungen für Individuen oder Gruppen kann man damit sicherlich abfangen. Auf der anderen Seite gerät das automatische Filtern von Text schnell an seine Grenzen, wenn Menschen es gezielt umgehen wollen. Unsere Kreativität in solchen Belangen ist schließlich ein menschliches Markenzeichen.

Diese Schwierigkeiten mit automatischen Filtern sind kein Freibrief dafür, diese Filter nicht zu bauen. Sie bedeuten aber auch, dass die Filter nicht perfekt sein können. Und daher – Sie erkennen das Muster – ist es zuallererst eine gesellschaftliche Frage, wie wir die Fehler gegeneinander abwägen wollen, die die Maschine unweigerlich machen wird: Soll lieber einmal zu viel gelöscht werden? Oder lieber einmal zu wenig? Ist dies für unterschiedliche Themen unterschiedlich zu bewerten? Und spätestens damit ist es vor allen Dingen eine kulturelle Frage. Der Film »The Cleaners« von Hans Block und Moritz Riesewieck zeigt, dass Firmen wie Facebook und Twitter noch immer Menschen in Billiglohnländern anstellen, um diese Entscheidungen zu treffen.[148] Die circa 100 000 Saubermacher sehen sich stundenlang Gewalt, erniedrigenden Sex und Kinderpornografie an, damit wir hier in Deutschland davon nicht überrascht werden. Die Auswahl läuft sicherlich auch erst einmal durch automatische Vorfilter. Das, was die Saubermacher noch zu sehen bekommen, liegt vermutlich genau an der Grenze, die für die Rechner so schwer zu erkennen ist. Aber es ist offensichtlich, dass die großen Firmen das schon längst vollständig automatisiert hätten, wenn es denn möglich wäre. Die Werte von Meinungsfreiheit und Menschenwürde stehen sich hier oft in einem nicht durch einfache Regeln aufzulösenden Widerspruch gegenüber. Und damit ist übrigens auch schon viel über die Unmöglichkeit von perfekten Uploadfiltern gesagt, über die momentan in Europa soviel diskutiert wird.

Auf einen Blick: Wie die Diskriminierung in den Rechner kommt

Entlang der langen Kette der Verantwortlichkeiten gibt es also im Wesentlichen die folgenden Möglichkeiten, Diskriminierungen in den Entscheidungen des trainierten algorithmischen Entscheidungssystems zu erzeugen:[149]

- Weil diese in den **Daten** explizit oder implizit enthalten sind und der Algorithmus die damit korrelierenden Variablen identifiziert.
- Weil es Unterschiede im Verhalten der Bevölkerung gibt, aber die **gesamten Daten** für einige oder viele dieser Personen fehlen.
- Weil es Unterschiede im Verhalten der Bevölkerung gibt, dem Algorithmus oder der Heuristik des maschinellen Lernens aber die sensitive Information vorenthalten wird – es fehlt also für alle Personen ein **Teil der Daten.**
- Weil es Unterschiede im Verhalten der Bevölkerung gibt, die **Methodik** des maschinellen Lernens aber keine Unterscheidungen zwischen verschiedenen Kontexten machen kann.
- Weil Systeme in »freier Wildbahn« weiterlernen und dabei falsch weitertrainiert werden. Hier ist die **Kontrolle über die Inputdaten** das Problem.

Die meisten Diskriminierungsprobleme hängen also mit der Datenlage zusammen, in manchen Fällen könnte auch die Methode dazu beitragen. Die Daten kann man sich vorher genau ansehen: Enthalten sie bereits Diskriminierungen? Sind die Daten aller relevanten Bevölkerungsschichten in ausreichendem Maße vorhanden? Da sich Diskriminierungen aber auch in den späteren Phasen einschleichen können, muss in jedem Fall das Ergebnis selbst auf Diskriminierungen untersucht werden. Und das geht mit sogenannten Blackbox-Methoden.

Blackbox-Methoden zur Diskriminierungsanalyse

Amit Datta, Michael C. Tschantz und Anupam Datta berichteten 2015 von ihren automatisierten Untersuchungen zu Jobanzeigen. In ihren Experimenten setzten sie Fake-Google-Konten auf. In einem Google-Konto kann man ganz allgemein sein Geschlecht bekanntgeben: Das dient laut Google der Personalisierung der Nachrichten an ihre Nutzer und natürlich der individuell zugeschnittenen Werbung.[150] Die drei Informatiker teilten nun einen Teil ihrer Konten dem männlichen und einen anderen Teil dem weiblichen Geschlecht zu und ließen diese Konten dann im Internet surfen. Die simulierten Websurfer besuchten jeweils genau dieselben Webseiten, wechselten dann auf eine Jobsuche-Plattform und zuletzt auf die eines Online-Magazins. Von dieser letzten Webseite wurden alle von Google angezeigten Werbeanzeigen gesammelt und analysiert. Die Analyse erprobte, ob männliche Websurfer signifikant oft andere Anzeigen zu sehen bekommen als weibliche Websurferinnen. Im Wesentlichen wurde hier also dieselbe Frage gestellt wie bei meinen Hefezellen, denn natürlich gab es keine Werbung, die nur Männern oder nur Frauen angezeigt wurde. Die Analyse ergab Folgendes: Statistisch signifikant öfter wurden Männern Werbeanzeigen gezeigt, die »Bezug nehmen auf höher bezahlte Jobs«.[151] Tatsächlich handelt es sich nur um eine Werbung für ein Coaching für einen (angeblich) hochbezahlten Job, trotzdem zeigt es, dass männliche und weibliche Surfer anders behandelt werden.

Die durchgeführte Studie ist eine typische Blackbox-Studie: Zwischen den Personen der beiden Gruppen gibt es nur eine Variable, die anders war: das im Google-Account angegebene Geschlecht. Genau wie bei meinen Hefezellen hilft dieses wissenschaftliche Vorgehen, bei dem zwei Gruppen sich nur in einer Eigenschaft unterscheiden, festzustellen, ob diese beiden Gruppen durch die Software anders behandelt werden. Das menschliche Artefakt wird also zum naturwissenschaftlichen Objekt.

Tatsächlich ist es so, dass dies bei jeder einigermaßen komplexen Software der einzige Weg ist, um das allgemeine Verhalten von Algorithmen zu verstehen.

Eine Blackbox-Analyse ist dann leicht durchführbar, wenn es nicht zu viele verschiedene Gruppen gibt, die der Algorithmus jeweils anders behandelt. Datta, Tschantz und Datta wollten nur wissen, wie Männer und Frauen anders behandelt werden, also musste man auch nur ein Experiment mit diesen beiden Gruppen durchführen. Hier handelt es sich also nur um eine Eigenschaft von Interesse, mit zwei Ausprägungen.[152] Wenn aber ein Algorithmus nach drei verschiedenen Eigenschaften unterteilt, die jeweils zwei Ausprägungen haben können (zum Beispiel unter dreißig Jahre alt oder älter, Autobesitzer ja/nein, Jahreseinkommen unter oder über 30 000 €) gibt es schon acht Gruppen, die man simulieren muss. Diese acht Gruppen enthalten dann alle denkbaren Kombinationen der drei Eigenschaften. Das Beispiel demonstriert daher auch, dass es die Personalisierung eines Dienstes deutlich erschwert, das allgemeine Verhalten eines Algorithmus überhaupt noch zu erkennen. Unter einer »Personalisierung« verstehen wir, dass ein Algorithmus für jeden Nutzer und jede Nutzerin einen leicht anderen Service bietet. Das kennen Sie von sozialen Medien, die für Ihre Accounts persönlich zusammenstellen, was Sie darauf sehen. Hier gibt es kaum noch etwas, das bei zwei verschiedenen Accounts gleich ist. Damit ist es für Individuen und die Gesellschaft auch schwierig, unzulässige Diskriminierungen zu untersuchen. Hier könnten also personalisierte Preise ausgespielt werden, Jobanzeigen gewollt oder ungewollt nur bestimmten Personen zugänglich gemacht werden und bestimmte Bevölkerungsgruppen von manchen Diensten ausgeschlossen werden: Die Gesellschaft würde es erst spät merken, wenn dies verhältnismäßig kleine Gruppen trifft. Hier hat also auch der Blackbox-Ansatz seine Grenzen.

Außerdem reicht es nicht, nur die maschinellen Entscheidungen mit einer solchen Blackbox-Analyse zu untersuchen. In dem oben genannten Beispiel hat der Algorithmus, der die Werbeanzeigen verteilte, automatisch entschieden, wer was bekommt. Wenn es aber nach der maschinellen Entscheidung noch eine interpretierende und handelnde Person gibt, muss die Blackbox-Analyse an diesem Punkt noch einmal getestet werden. Denn was die Gesellschaft mit den Ergebnissen eines algorithmischen Entscheidungssystems tut, kann entweder zum Ausgleich führen oder eine Diskriminierung aus der Vergangenheit fortsetzen.

So hat die Amerikanische Bürgerrechtsunion ACLU ihre Meinung zu Risikobewertungssystemen vor dem Prozess (englisch *Pre-Trial Risk Assessment Systeme*) geändert. War sie 2011 noch dafür, dass diese Risikobewertungssysteme überall im Gerichtswesen eingesetzt werden, insbesondere auch **vor** dem Gerichtsprozess, forderte sie 2018 zusammen mit anderen Bürgerrechtsvereinigungen deren Abschaffung. Die Forderung basiert darauf, dass die Systeme nicht wie gewünscht dazu geführt hatten, dass Afroamerikaner weniger stark diskriminiert werden.[153] Die Blackbox-Analyse des Gesamtprozesses, bestehend aus der Software und allen sozialen Akteuren im Strafprozess, führte also zu der Einsicht, dass das gewählte Mittel den Zweck nicht erfüllte: Es verringerte die Diskriminierung nicht.

Das Hauptproblem ist jedoch, dass das, was einige als gerechten Ausgleich empfinden, von anderen als unfaire Diskriminierung aufgefasst wird. Darum ging es zu Beginn dieses Buchteils in der Enquete-Kommission, als der Bundestagsabgeordnete so unvermittelt eine »Ideologiefreiheit« des Gremiums forderte.

Ideologiefreiheit wird an diesem strategischen Punkt weder in die eine noch in die andere Richtung möglich sein. Denn hier geht es ganz fundamental um die Frage, wie man Diskriminierung **operationalisiert**, wie man also das Ausmaß an Diskriminierung mit Zahlen bewertet. In einem zweiten Schritt muss dann bewertet werden, ob die festgestellte Diskriminierung ungerechtfertigt war oder nicht. Und was der eine als ideologiefrei empfindet, sieht der andere als ideologisch begründet und umgekehrt. Zudem ist dieses Problem unabhängig davon, wer die Entscheidung trifft: Mensch oder Maschine.

Wie schon bei der Mindestkörpergröße bei Polizisten geht es um die Frage nach (ausgleichender) Gerechtigkeit und Fairness. Im Englischen spricht man von der Frage nach **Equity versus Equality**. Fairness strebt die Gleichverteilung einer knappen Ressource an: »Jeder bekommt dasselbe«. Die meisten Ressourcen dienen ja aber einem Zweck. Und wenn nicht jeder die ihm zugeteilte Ressource in der gleichen Art und Weise für diesen Zweck nutzen kann, bleibt die Zuteilung ungerecht. Dazu ein Beispiel: Eine Lehrerin kann ihre Aufmerksamkeit auf alle Schüler verteilen – manche brauchen aber kaum Hilfe, andere viel. Wenn alle Schüler:innen gleichviel Aufmerksamkeit bekommen, bleibt der Lernerfolg ungleich verteilt. Wenn aber der Lernerfolg, die Bildung, als die eigentlich wichtige Ressource angesehen wird, strebt eine ausgleichende Gerechtigkeit an, dass alle möglichst viel dieser zweiten Ressource bekommen und nimmt dafür in Kauf, dass die erste Ressource (Aufmerksamkeit) ungleich verteilt wird.

Tatsächlich ist das hier keine rein akademische Diskussion von verschiedenen Gerechtigkeitskonzepten – es ist ein ganz handfestes Problem, das am Ende alle Entscheidungen betrifft: maschinelle und menschliche. Denn als der Journalisten-Thinktank »Pro Publica« 2016 zum ersten Mal über die Rückfälligkeitsvorhersagesoftware COMPAS berichtete, nannte er diese rassistisch.[154] Wieso? Weil der Anteil von Afroamerikanern unter den Falsch-Positiven höher ist als ihr Anteil unter den Kriminellen. Das bedeutet, dass diese Gruppe mehr unter den falschen Verdächtigungen leidet als die anderen Gruppen – sicherlich auch ein Aspekt von Ungerechtigkeit. Die Firma Northpointe Inc.[155] wehrte sich gegen die Unterstellung, sie habe rassistische Software hergestellt. Das Fairnessmaß wäre hier auch das Falsche, denn in der Wissenschaftscommunity würde ein anderes gelten: Hier würde darauf geachtet, dass alle

Bevölkerungsgruppen, die in derselben Kategorie landen, auch dieselben Rückfälligkeitsraten aufweisen. Das heißt, wenn jemand Kategorie 8 zugeordnet ist, muss die Rückfälligkeitsrate seiner Gruppe gleich hoch sein wie die aller anderen Gruppen. Auch dies ist eine sehr sinnvolle Forderung, denn wenn dies nicht der Fall wäre, müssten Richter:innen sich merken, was dieselbe Risikoklasse für jede Teilgruppe jeweils bedeutet. Leider gibt es hier nur ein Entweder-oder: Der Informatiker Jon Kleinberg zeigte nämlich zusammen mit Sendhil Mullainathan und Manish Raghavan, **dass diese beiden Fairnessforderungen nicht gleichzeitig erfüllbar sind**, wenn eine der Gruppen eine andere Rückfälligkeitsrate aufweist.[156] Das bedeutet, dass sich die Gesellschaft entscheiden muss, welches Fairnessmaß tatsächlich optimiert werden soll: Soll dieselbe Kategorie dasselbe bedeuten? Oder soll der Anteil der falsch-positiv in die Hochrisikokategorie Einsortierten den jeweiligen Anteilen der Bevölkerung entsprechen, damit diese Bürde (fälschlich Beurteilte) gleich verteilt ist? Es ist tatsächlich in diesem Fall nicht möglich, beides gleichzeitig zu optimieren![157] In jedem Fall halte ich es für geboten, in einem so gravierenden Fall nicht einzelne Entwickler:innen entscheiden zu lassen, welches Fairnessmaß genommen werden soll. Es muss hier eine öffentliche und transparente Entscheidung gefällt werden, die alle mittragen.

Dieses Resultat der nicht miteinander vereinbaren Fairnessmaße bedeutet aber eben auch das Folgende: Wird ein Fairnessmaß gewählt und ein algorithmisches Entscheidungssystem danach optimiert, dann wird, aus der Perspektive des anderen Fairnessmaßes, immer eine Gruppe benachteiligt. Immer. Es gibt keine Lösung, die alle Gruppen unter allen Aspekten fair behandelt. Und das ist nun **keine Spezialität der digitalen Entscheidung**, dies gilt für alle Entscheidungen, bei denen Teilgruppen unterschiedliche Verhaltensraten aufweisen. **Immer – auch bei menschlichen Entscheidungen.**

Was heißt das nun für menschliche Entscheider:innen? Sie müssten schon in der Ausbildung darüber diskutieren, wie sie mit unterschiedlichen Bevölkerungsgruppen umgehen. Legen sie jeweils denselben Maßstab an alle Personen an? Zum Beispiel bei der Frage danach, ob jemand für ein Jobinterview eingeladen wird oder nicht. Oder muss die eine Bevölkerungsgruppe mehr überzeugen als eine andere, um eingeladen zu werden? Wenn es derselbe Maßstab ist, aber die eine Bevölkerungsgruppe erfahrungsgemäß nachher weniger oft erfolgreich ist, soll dann die Fehlerrate bei den Eingeladenen für alle Bevölkerungsgruppen gleich hoch sein? Oder soll es bei beiden Gruppen dieselbe Falsch-positiv-Rate geben? Nun, bisher dürfte dies wohl in kaum einer Ausbildung eine Rolle gespielt haben. Dennoch werden solche Entscheidungen gefällt, jeden Tag.

Das Fairnessmaß ist damit ein letzter Gruß aus dem Maschinenraum: eine Operationalisierung, eine Messbarmachung des sozialen Konzeptes der unzulässigen Diskriminierung. Wie alle anderen Operationalisierungen muss es bei gravierenden Fällen gesellschaftlich legitimiert sein und transparent kommuniziert werden. Aber zum ersten Mal wird deutlich, dass die verschiedenen Perspektiven, die Personen auf Verteilungen haben, in ihrer mathematischen Formulierung ganz grundsätzlich nicht miteinander vereinbar sind.

Das Algoskop

Mit diesem Wissen lässt sich auch begründen, warum das **Algoskop** auf diejenigen algorithmischen Entscheidungssysteme fokussiert, die direkt Entscheidungen über Menschen treffen, und auf solche, die über deren gesellschaftliche Teilhabe entscheiden. Auf den ersten Blick ist es nicht selbstverständlich, dass eine technische Regulierung im Wesentlichen nur für diese Teilmenge von algorithmischen Entscheidungssystemen notwendig sein soll: Die Technik im Maschinenraum ist schließlich immer die gleiche – ihr ist die Bedeutung der Daten einerlei, die sie verarbeitet.

Die Begründung für diese Fokussierung liegt auf der einen Seite in der schwierigeren Datenlage, wenn es um Personen geht, und auf der anderen Seite in der deutlich erhöhten Anzahl von Modellierungs- und Operationalisierungsentscheidungen in diesen Fällen. Wenn es viele dieser Entscheidungen gibt, ist es damit in diesen Situationen schwieriger, das OMA-Prinzip zu überprüfen: Die Frage, ob Algorithmus und Modell mitsamt allen Modellierungsentscheidungen und Operationalisierungen tatsächlich in der Lage sind, Einsicht in die zu entscheidende Frage zu gewähren. Wenn aber das OMA-Prinzip missachtet wird, erhöht dies das Potenzial für individuelle und gesamtgesellschaftliche Schäden.

Warum tatsächlich bei genau diesen Situationen so viel mehr Modellierungs- und Operationalisierungsentscheidungen anfallen und warum es mehr Transparenz- und Nachvollziehbarkeitsforderungen gibt, als beispielweise bei einer KI für den Produktionsprozess, kann man bei einem Schnelldurchgang durch die lange Kette der Verantwortlichkeiten sehen:

Daten: Insbesondere dann, wenn es um Menschen geht, ist die Datenlage oftmals **verzerrt, unvollständig und fehlerhaft.** Ein Teil der Daten muss **operationalisiert** (also messbar) werden, damit dadurch soziale Konzepte digital handhabbar gemacht werden; eine Operationalisierung ist immer abhängig von einer bestimmten kulturellen Perspektive und stellt damit nur **eine** mögliche Facette eines zu operationalisierenden sozialen Konzeptes dar. Wird dagegen über ein Objekt, etwa in einem Produktionsprozess, geurteilt, sind die Inputdaten vermutlich vollständig, und es bedarf keiner Operationalisierungen von sozialen Konzepten.

Methode: Die meisten ethischen Richtlinien sehen vor, dass Entscheidungen über Menschen für diese einsichtig sein müssen.[158] Diese Forderung schränkt die Anzahl und Art der verwendbaren Methoden sehr stark ein: Insbesondere die wirklich mächtigen Methoden (zum Beispiel neuronale Netzwerke) sind bisher wenig einsehbar. Andere statistische Modelle wie Entscheidungsbäume sind zwar einigermaßen nachvollziehbar, dafür oft weniger akkurat.

Qualitätsmaß: Bei rein geschäftlichen Prozessen, etwa der Optimierung bei der Herstellung eines Produktes, ist das Qualitätsmaß oft von vornherein klar: Meistens ist es der Gewinn oder eine klar überprüfbare Produkteigenschaft. Der ehemalige VW-Konzernchef Winterkorn bemühte dazu bei den Autos beispielsweise das Spaltmaß zwischen verschiedenen Autoteilen. Bei Entscheidungen über Menschen ist es schwieriger, das Qualitätsmaß zu bestimmen. Oft sind die Folgen von falsch-positiven und falsch-negativen Entscheidungen komplex und lassen sich nicht einfach in einer einzigen Zahl zusammenfassen. Daher bedarf es hier – bei wichtigen Entscheidungen – eines gesellschaftlichen Konsenses, welches Qualitätsmaß beim Training berücksichtigt wird und welche daneben berücksichtigt werden sollen.

Fairnessmaß: Nur bei Entscheidungen über Menschen oder Zugang zu gesellschaftlichen Ressourcen müssen Fairness- und Gerechtigkeitsaspekte überhaupt berücksichtigt werden. Bei Entscheidungen über Objekte ist dies nicht notwendig. Damit müssen bei Entscheidungen über Objekte ohne mittelbare Auswirkungen auf Menschen weder Modellierungs- noch Operationalisierungsentscheidungen getroffen werden.

Interpretation: Die meisten Entscheidungen von algorithmischen Entscheidungssystemen über Menschen betreffen deren jetziges und zukünftiges Verhalten: Hat die Person Potenzial? Wird sie den Kredit zurückzahlen? Ist sie ein Terrorist? Dabei gibt es meistens keine hundertprozentig korrekten Entscheidungsregeln. Daher sind die Entscheidungen der Maschine immer nur **statistischer Natur:** Das Risiko eines Individuums für ein bestimmtes Verhalten wird angegeben als der Anteil der Personen, die ihm ähnlich sind beziehungsweise ein ähnliches Verhalten gezeigt haben. Die Risikoprognose von menschlichem Verhalten ist daher notorisch schwierig zu interpretieren: Wenn eine Maschine sagt, dass jemand einen Risikowert von 70 Prozent für eine Rückfälligkeit hat, heißt das nicht, dass man 70 Prozent der gesellschaftlichen Kosten einer Straftat erzeugt hat und dafür nun 70 Prozent der Haftstrafe absitzen sollte. Eine Person hat eine Straftat entweder begangen oder nicht, aber einen 70-prozentigen Diebstahl oder Totschlag gibt es nicht. Ein solches Ergebnis ist statistischer Natur: »70 Prozent der Personen, die Dir ähneln, begehen Straftaten«. Die Gruppe, der die Person angeblich ähnelt, wird dabei vom Algorithmus bestimmt.

Mit dieser **algorithmischen Sippenhaftung** verschieben algorithmische Entscheidungssysteme also die Risikobewertung des Individuums auf die Risikorate der Gruppe – damit handelt es sich um ein **algorithmisch legitimiertes Vorurteil.**

Zu welchen Entscheidungen eine solche statistische Aussage berechtigt, ist nicht immer leicht zu erkennen. Gerd Gigerenzer und andere haben mehrfach darauf hingewiesen, dass statistische Werte für Menschen schwierig zu interpretieren sind.[159]

Aktion: Es ist nicht grundsätzlich problematisch, dass Algorithmen und Heuristiken Diskriminierungen finden – es kommt darauf an, wie damit umgegangen wird. Das naive Weiterverwenden der Korrelationen kann zu einer Verstärkung führen, zur Beibehaltung des Status quo oder sogar zu einem Ausgleich. Bei Entscheidungen, die Menschen nicht betreffen, gibt es diese Bedenken nicht.

Feedback: Nur wenn es um Lebewesen geht, können die Vorhersage und die daraufhin getroffene Entscheidung auch das Verhalten des Betroffenen verändern: Eine Person, die nicht rückfällig geworden wäre, wird es vielleicht erst deswegen, weil aufgrund der fälschlichen Vorhersage und einer daraufhin ausgesprochenen weiteren Gefängnisstrafe ihre Lebenssituation verschlechtert wurde. Dies wiederum kann einseitiges Feedback erzeugen, weil nicht erkannt werden kann, dass die Person eigentlich fälschlich in die Hochrisikogruppe einsortiert wurde. Mit einseitigem Feedback kann das statistische Modell nicht dynamisch weiterverbessert werden. Dieses Phänomen des einseitigen Feedbacks ist auch zu beobachten bei der

Bewerberauswahl, wo nicht eingeladene Bewerber:innen sich nicht beweisen können, und bei Zugängen zu Bildung, wo abgelehnte Schüler:innen nicht zeigen können, dass sie den Abschluss geschafft hätten.

Und warum fokussiert das Algoskop nur auf solche algorithmischen Entscheidungssysteme, die lernen? Zur künstlichen Intelligenz gehören ja auch Wissenssysteme, die Fakten speichern, und Expertensysteme. Letztere sind beispielsweise Entscheidungsbäume, die von Menschen zusammengestellt wurden und dann auch in eindeutigen Entscheidungen enden. Wenn künstliche Intelligenz auf von Menschen zusammengestellten Entscheidungsregeln in Expertensystemen beruht, sind viele der oben genannten Probleme weniger schwerwiegend: Die Qualitäts- und Fairnessmaße wurden dann in der Expertengemeinschaft hinreichend diskutiert, um klare Entscheidungsregeln formulieren zu können. Meistens sind diese Regelsysteme auch für Nicht-Experten lesbar. Der Interpretationsspielraum ist null, die möglichen Aktionen sind fixiert. Meistens sind die Regeln schon durch einen langen Feedbackkreislauf gegangen oder sie sind so klar, dass sie diesen nicht benötigen. Auch hier gilt: KI mit einer lernenden Komponente ist nur Plan B – wenn ein Expertensystem gebaut werden kann, sollte man das machen. In der Zukunft werden wir aber immer öfter maschinelles Lernen einsetzen müssen, weil die wirklich interessanten Situationen nicht anders zu bewältigen sein werden.

Damit liegt die Aufmerksamkeit des Algoskops völlig zu Recht auf denjenigen algorithmischen Entscheidungssystemen, die mithilfe eines auf Daten trainierten statistischen Modells über Menschen oder den Zugang zu gesellschaftlichen Ressourcen und damit über die gesellschaftliche Teilhabe entscheiden. Ob sie dies nur »unterstützend« oder automatisch tun, ist von nachgeordnetem Interesse.

Nicht zuletzt zeigt die Diskussion auch, dass der Fokus jeder Überprüfung nicht auf den verwendeten Algorithmen oder Heuristiken liegt. Der Begriff, den ich in den letzten Kapiteln mehr und mehr verwendet habe, ist deswegen auch das »algorithmische Entscheidungssystem«: Es besteht aus Daten, dem Verfahren zur Erstellung des statistischen Modells, allen Modellierungs- und Operationalisierungsentscheidungen, dem statistischen Modell selbst und dem Algorithmus, der mithilfe des statistischen Modells eine Entscheidung fällt.

Und wie bekommt man es jetzt hin, dass ein solches algorithmisches Entscheidungssystem ethisch und gesellschaftlich sinnvolle Entscheidungen trifft? Darum geht es im nächsten Kapitel.

KAPITEL 9

Wie man die Kontrolle behält

Die Algorithmen wissen manchmal nichts Rechtes mit mir anzufangen. Zu Beginn meiner Promotion bekam ich auffallend viele Werbeanzeigen für Hilfsmittel zur Verlängerung von zentralen, aber doch eher männlichen Organen. Ich denke, dass meine vielen Programmierfragen auf Suchmaschinen dazu führten, dass mich der Algorithmus, der diese Werbeanzeigen verteilte, für männlich hielt. Nun, das ist auf jeden Fall eine Fehlentscheidung des Algorithmus, aber muss deswegen gleich das gesamte Spektrum an möglichen Kontrollen und Regulierungen aufgerufen werden? Was gibt es denn da überhaupt? Und wer sollte anhand welcher Kriterien entscheiden, wann ein algorithmisches Entscheidungssystem auf der technischen Ebene wie stark reguliert wird?

In unserer Forschung unterscheiden wir zwischen **Transparenzforderungen** und **Nachvollziehbarkeitsforderungen**: Erstere fordern Einsicht in die getroffenen Entscheidungen, zweitere fordern Mechanismen und Prozesse, mit denen unabhängige Expert:innen die Resultate und das allgemeine Verhalten des Entscheidungssystems eigenständig untersuchen können.

Im Wesentlichen gibt es verschiedene Transparenzforderungen, die gegenüber der Gesellschaft, den Betroffenen und möglicherweise einer Gruppe von akkreditierten Expert:innen erfüllt werden sollten. Dazu können die Transparenz über das gewählte Qualitäts- und Fairnessmaß, die Art der verwendeten Inputdaten und der Methode des maschinellen Lernens, der Evaluationsprozess und seine Resultate gehören.

Wie oben schon bei der möglichen Diskriminierung durch

algorithmische Entscheidungssysteme erwähnt, können viele Frage-stellungen überprüft werden, wenn das algorithmische Entschei-dungssystem als Blackbox untersucht werden kann. So könnte man zum Beispiel Hunderte von Bewerbungen leicht variieren und an eine Firma schicken, um damit deren Software zu testen. Es wäre also eine mögliche Nachvollziehbarkeitsforderung, die Software so weit zu öffnen, dass Blackbox-Analysen durchgeführt werden kön-nen. Es ist dabei nicht grundsätzlich notwendig, dass jedermann diese Tests durchführen kann: Eine solche Öffnung könnte auch leicht dazu führen, dass die Systeme von Dritten analysiert werden, um sie danach zu manipulieren.

In wenigen Fällen reicht es allerdings nicht aus, das System nur als Blackbox zu testen. Für schwerwiegende Fälle könnte daher wei-tere Einsicht notwendig sein, zum Beispiel in die Datenbasis und das gelernte statistische Modell. Das schließt dann ein, dass dieses statistische Modell auch im informatischen Sinne »nachvollziehbar« sein muss. Diese letzte Forderung klingt harmlos, schränkt aber die Methodenwahl enorm ein und verschiebt sie in die Methoden des maschinellen Lernens, die gleichzeitig erfahrungsgemäß weniger stark darin sind, Muster zu finden. Und ganz zuletzt gibt es auch Ideen, die man einfach verbieten muss. Und woher weiß man jetzt, was wohin gehört?

Die Risikomatrix

Ich habe in den letzten Jahren ein Modell entwickelt, das fünf ver-schiedene Regulierungsstufen vorsieht. Die Einteilung erfolgt an-hand des Schadenspotenzials eines algorithmischen Entscheidungs-systems und der Möglichkeiten, eine durch das System getroffene Entscheidung infrage zu stellen und zu ändern. Das Schadenspoten-zial setzt sich dabei zusammen aus den Schäden von Individuen, ins-besondere bei **Fehl**urteilen der Maschine, und einem möglicherweise weit darüber hinausgehenden Schaden für die Gesellschaft bei Einsatz des Entscheidungssystems. Was damit gemeint ist, wird gleich klarer.

Manchmal sind beide Schäden überschaubar: Wenn mir einer der vielen Online-Marktplätze kleinkarierte Hemden in XXXXL anbietet, dann wechsele ich eben den Anbieter. Wer ist schon gerne der Typ für Kleinkariertes? Anders sieht es natürlich aus, wenn meine Bewerbung abgelehnt würde! Hier besteht der Schaden eines funktionierenden (aber nicht perfekten) Bewerbungsbewertungssystems im Wesentlichen in den einzelnen Fehlurteilen. Diese schädigen die Person, die fälschlich abgelehnt wird, und damit den Staat, weil dieser für die Versorgung der Person aufkommt, oder die Firma, die fälschlicherweise einen weniger guten Arbeitnehmer oder eine weniger geeignete Arbeitnehmerin bekommt. Ein solches System, insbesondere wenn es flächendeckend eingesetzt wird, muss auf eine systematische Diskriminierung hin untersucht werden. Der Schaden des Staates oder des Arbeitgebers geht aber nicht über die Summe der Einzelschäden hinaus – es gibt keinen superlinearen Anteil. Mit »superlinear« bezeichne ich dabei einen Schaden, der sich nicht einfach aus den Einzelschäden addieren lässt, sondern der darüber hinausgeht.

Das ist bei den folgenden zwei Beispielen anders. Ein NewsFeed oder YouTube, das mir einen Inhalt vorschlägt, den ich nicht brauche, verursacht mir als einzelner Nutzerin zwar nicht viel Schaden. Besteht der fälschlich verteilte Inhalt aber aus Verschwörungstheorien, kann die Gesellschaft als Ganzes stark geschädigt werden. Hier liegt also der Fall vor, dass der individuelle Schaden – die paar Minuten, die man mit einem unpassenden Inhalt verbringt – eher gering ist, der gesamtgesellschaftliche Schaden aber enorm sein kann. Ein aktuelles Beispiel dazu ist die Impfdebatte, die von wissenschaftlich aussehenden Inhalten befeuert wird, die den Nutzen von Impfungen auch bei etablierter Faktenlage in Zweifel zieht. Durch den größeren Anteil nicht gegen Masern geimpfter Kinder steigt einerseits der Schaden durch die möglichen Folgen von Masern – dies ist der lineare Anteil. Gleichzeitig sind auch Menschen, die aufgrund ihrer fragilen Gesundheit grundsätzlich nicht geimpft werden können, gefährdet – dies ist ein Teil des superlinearen Schadens. Zuletzt kommt noch das verminderte Vertrauen in den Wissenschaftsbetrieb als Ganzes hinzu. Dieser Schaden ist ebenfalls nicht linear, sondern kann dazu führen, dass die feine Balance zwischen wissenschaftlicher Gewinnung von Fakten und einer Überprüfung dieser Fakten so weit aus dem Gleichgewicht gebracht wird, dass wissenschaftlich erprobtes Wissen nur noch als eine von vielen »Meinungen« wahrgenommen wird.

Noch größer ist schließlich das Schadenspotenzial von Überwachungssoftware. Sie schädigt auf der einen Seite falsch-positiv markierte Personen, die dadurch in Verdacht geraten, möglicherweise sehr. Zudem schädigt sie die Gesellschaft, wenn sie Verbrecher:innen nicht erkennt. Aber noch viel mehr schwächt sie die Gesellschaft dadurch, dass diese permanent überwacht wird und damit wichtige demokratische Grundrechte verletzt werden. Hier ist also sowohl die Summe der individuellen Schäden groß als auch der darüber hinausgehende gesamtgesellschaftliche Schaden. Die folgende Tabelle fasst die vier Beispiele zusammen.

| | | Individueller Schaden | |
		gering	groß
Darüber hinausgehender Gesamtgesellschaftlicher Schaden	gering	falsche Einschätzung des Modestils auf Online-Plattform	falsche Einschätzung von Bewerber:innen
	groß	Verbreitung von Verschwörungstheorien in sozialen Medien	Überwachungssoftware auf öffentlichen Plätzen

Tabelle 1: Beispiele für algorithmische Entscheidungssysteme, bei denen der individuelle Schaden und der darüber hinausgehende gesamtgesellschaftliche Schaden jeweils gering oder groß sind.

Eine solche Schadenspotenzialanalyse bleibt notwendigerweise grob und ist immer auch eine *worst-case*-Analyse. Das heißt, dass es um den Schaden im schlimmsten denkbaren Szenario geht. In jedem Fall aber ist das Schadenspotenzial immer von der konkreten Rolle des Entscheidungssystems in einem sozialen Prozess abhängig: Die Rückfälligkeitsvorhersage zur Vergabe eines Therapieplatzes **nach** einer Haftstrafe hat ein anderes Schadenspotenzial als dieselbe Rückfälligkeitsvorhersage, wenn sie **vor** dem Fällen des Urteils durch die Richter genutzt wird.

Das Schadenspotenzial ist also die eine Dimension, die bestimmt, wie transparent und wie stark kontrolliert ein algorithmisches Entscheidungssystem werden sollte. Die zweite wichtige Eigenschaft, die das ebenfalls mitbestimmt, fragt, inwieweit eine Person dem Urteil entgehen kann, sich eine Zweitmeinung einholen kann oder zu einem anderen System wechseln kann. Im weitesten Sinne geht es also um die Frage des Monopols beziehungsweise die Menge der Einsichtsmaßnahmen, der Widerspruchsmöglichkeiten und der Re-Evaluierungsgelegenheiten. Wird eine Software monopolartig genutzt, muss sie also stärker überwacht werden als solche Systeme mit einem Markt, in dem viele Varianten nebeneinander existieren. Aber selbst dann, wenn es ein Monopol gibt, zum Beispiel bei staatlich genutzten algorithmischen Entscheidungssystemen, gilt: Je mehr nicht-digitale Einsichts- und Einspruchsmöglichkeiten es gibt, je transparenter diese gestaltet sind und je öffentlicher diese sind, desto kleiner ist die Anzahl der Regulierungsforderungen. Diese Dimension misst also, wie einfach es ist, Fehlurteile zu entdecken, anzufechten und zu ändern.

In unserer Risikomatrix ordnen wir den Schaden von links nach rechts aufsteigend an, die Einspruchs-/Monopol-Situation von oben (großer Markt, viele Widerspruchsmöglichkeiten) nach unten (kleiner Markt, kaum Einspruchsmöglichkeiten). Die Systeme, die wenig bis gar nicht technisch reguliert werden müssen, stehen damit oben links, diejenigen, die stark reguliert werden sollten, unten rechts.

Es ist wichtig zu bemerken, dass es neben dem Schadenspotenzial eines algorithmischen Entscheidungssystems natürlich auch einen **Nutzen** gibt. Dieser ist erst einmal **irrelevant**, wenn es um die Frage nach der technisch notwendigen Regulierungstiefe geht. Die Analyse des möglichen Nutzens kann aber bei der Entscheidung helfen, ob der Einsatz des algorithmischen Entscheidungssystems die Mühen und Kosten der technischen Regulierung wettmacht. So wäre beispielsweise ein in allen deutschen Krankenhäusern und Arztpraxen der Republik eingesetztes Diagnosesystem mit einem hohen Gesamtschadenspotenzial versehen und wäre monopolartig. Trotzdem wäre der mögliche Gesamtnutzen vermutlich so hoch, dass wir als Gesellschaft die Kosten der dafür notwendigen technischen Kontrollen in Kauf nehmen würden.

Es gibt die folgenden drei Trends in der Risikomatrix:

- Ist ein algorithmisches Entscheidungssystem staatlich, wandert es auf der Monopol-Dimension nach unten, solange es keine Alternative gibt. Je mehr Widerspruchsmöglichkeiten und menschliche Ansprechpartner:innen es gibt, desto weniger monopolartig ist das Softwaresystem – daher kann sich diese Einschätzung durch analoge Widerspruchsmöglichkeiten verbessern.
- Ein personalisierter Dienst, der also jedem Nutzer und jeder Nutzerin andere Ergebnisse zeigt, ist wesentlich aufwendiger in seiner Blackbox-Analyse und bietet oftmals mehr Schadenspotenzial. Das System wandert von links nach rechts.
- Je mehr Betroffene es gibt, desto höher ist das individuelle Gesamtschadenspotenzial und meistens auch das gesamtgesellschaftliche Schadenspotenzial.

Nimmt man nun diese beiden Dimensionen – das Schadenspotenzial und die Möglichkeiten, fehlerhafte Entscheidungen zu entdecken, anzufechten und zu ändern –, dann kann man algorithmische Entscheidungssysteme in einer 2-D-Matrix danach anordnen. Die folgende Abbildung zeigt gleich einige exemplarische Einordnungen.

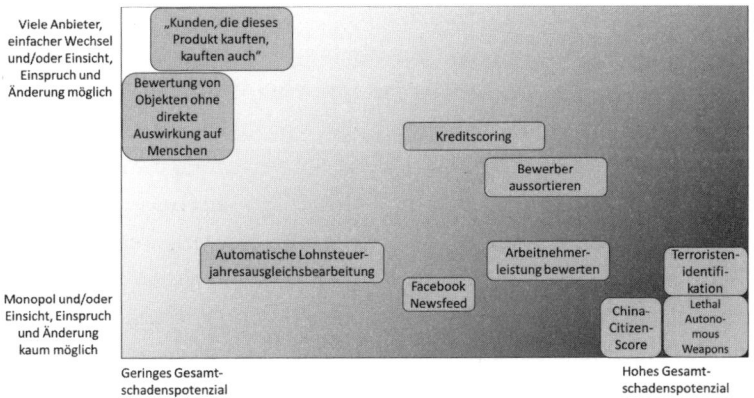

Abbildung 38: Risikomatrix zur Beurteilung der notwendigen Regulierung auf technischer Ebene mit einigen beispielhaft eingeordneten algorithmischen Entscheidungssystemen.

Als Beispiele für eher unproblematische algorithmische Entscheidungssysteme sind solche genannt, die Produkte allgemeiner Natur empfehlen und Software, die über Produkte entscheidet. Also zum Beispiel eine, die defekte Schrauben vom Band pustet. Ein anderes Beispiel ist die automatische Lohnsteuerjahresbearbeitung, die in manchen Bundesländern schon genutzt wird und die Bearbeitungszeit verringern soll. Das Schadenspotenzial ist eher gering, aber nicht null. Beispielsweise könnten pfiffige Gauner sich Zugriff auf die Software verschaffen und dann in Ruhe ausprobieren, wo sich bei Steuererklärungen Gelder verschleiern lassen, ohne dass dies der Algorithmus merkt. Dies ist sehr häufig ein Problem von algorithmischen Entscheidungssystemen: Wo vorher viele menschliche Entscheider:innen zu Gange waren, die man nie alle hätte ausspähen können, gibt es jetzt einen hohen Anreiz, den einzigen Gegenspieler genau auf seine Schwächen hin zu untersuchen. Trotz des staatlichen Monopols gibt es aber mithilfe von Steuerberatern und allen Widerspruchsmöglichkeiten an dieser Front eher wenige Probleme.

Deutlich schlechter beurteile ich die Situation des News-Feed-Algorithmus von Facebook, der Nachrichten von Freunden und Firmen auf den Startseiten von Nutzern auswählt und ordnet. Die Skandale in den letzten Jahren haben gezeigt, wie schädlich die durch Dritte manipulierbare Auslieferung von Falschnachrichten und Verschwörungstheorien sein kann. Zudem gibt es bei Facebook kaum Einflussmöglichkeiten der Nutzer:innen, und wir als Wissenschaftler:innen können das Ausmaß von Filterblasen[160] oder Echokammern nicht messen. Solange das so bleibt, ist das Schadenspotenzial – also der nicht ausschließbare Schadensfall – groß und die Möglichkeiten des Widerspruchs gering.

Kreditscoring-Systeme werden von mir zwar bezüglich des Gesamtschadenspotenzials ähnlich eingeschätzt wie der News-Feed-Algorithmus von Facebook, hier gibt es aber noch einen Markt von verschiedenen Banken. Solange es in diesem Gebiet also genügend voneinander verschiedene Bewertungssysteme gibt, liegt das einzelne Entscheidungssystem weiter oberhalb von Facebooks News Feed.

Interessant sind noch die beiden Systeme, die Arbeitnehmerleistung bewerten sollen: Solange es um Bewerber:innen geht, gibt es einen Markt von mehreren Systemen, denen sich ein Bewerber oder eine Bewerberin stellen kann. Geht es um eine Leistungsbewertung innerhalb einer Firma, ist der einzelne Arbeitnehmer dagegen nur noch schwer in der Lage, eine zweite Meinung einzuholen. Wenn es keine erweiterten Mechanismen der Transparenz und Einsicht gibt, rutscht das System in der Risikomatrix also weiter nach unten.

Zuletzt kommen drei Systeme, die aus unterschiedlichen Gründen ganz unten rechts stehen:

1) Sogenannte tödliche autonome Waffen *(lethal autonomous weapons)* verursachen bei Fehlurteilen höchstmöglichen individuellen Schaden: Sie töten die von ihnen mit einiger Sicherheit identifizierte Person. In einer Kriegsszene kann die durch die

Maschine verurteilte Person weder Einsicht in die maschinelle Entscheidung bekommen, noch Widerspruch einlegen. Auch die gesamtgesellschaftlichen Folgen werden gerade unter Juristen diskutiert: Da eine hundertprozentige Gesichtserkennung nicht existiert und aus technischen Gründen nie existieren wird, muss die Maschine schießen, wenn das Ergebnis »hinreichend sicher« ist. Damit wird unter Umständen die Unschuldsvermutung aufgehoben – ein Rechtsgut, das man sicher nicht ohne Not aufgeben sollte.

2) Die Terroristenidentifikation ist aus anderen Gründen in der rechten unteren Ecke: Die wirklich mächtigen Methoden des maschinellen Lernens sind datenhungrig. Die Menge der rechtskräftig verurteilten Terroristen ist eher klein. Solange man vermutet, dass die verschiedenen Terrorgruppen unterschiedliche Personen anziehen und hier auch der jeweilige Kulturkreis eine Rolle spielt, muss man pro Terrorgruppe pro Land lernen, was die Anzahl der Datenpunkte für jeden einzelnen dieser Fälle weiter verringert. Diese Überlegungen legen nahe, dass Methoden des maschinellen Lernens hier nur dazu genutzt werden sollten, mehr Einblicke in das System zu gewinnen (Data Mining), aber nicht, um direkt Entscheidungen zu treffen. Solange die Datenlage so gering ist, eignet sich also ein algorithmisches Entscheidungssystem aus technischen Gründen nicht für den Einsatz beim Problem der Identifikation von Terrorist:innen.

3) Der schon erwähnte »China-Citizen-Score« ist dazu gedacht, den Bürgern des Landes jederzeit ein Feedback über ihr Verhalten zu geben und »gutes Verhalten« zu belohnen. Die Konsequenzen sind sehr real: Bürger:innen mit zu geringem Score wird beispielsweise die Mitfahrt in schnellen Zügen verweigert. Bedenklich daran sind die dafür notwendigen Überwachungen von Verhalten und das Machtgefälle zwischen Staat und Bürgern, das durch den Einsatz des Systems verstärkt wird. Nicht zuletzt sollen auch Verbindungen zu »schlechten Bürgern« den eigenen Score verringern: Damit wird die soziale Isolation von

Regimegegnern forciert. Alles in allem ist das Schadenspotenzial eines solchen Systems aus westlich-demokratischer Sicht so groß, dass die Platzierung unten rechts in der Risikomatrix gerechtfertigt erscheint.

Die fünf Regulierungsklassen

Die algorithmischen Entscheidungssysteme kategorisieren wir in unserer Forschung im Algorithm Accountability Lab an der TU Kaiserslautern anhand ihrer ungefähren Position auf der Risikomatrix in eine von fünf Regulierungsklassen, die dann bestimmen, welche Transparenz- und Nachvollziehbarkeitsforderungen gestellt werden.

Klasse 0: Diese algorithmischen Entscheidungssysteme haben ein so geringes Schadenspotenzial, dass erst einmal keine technische Regulierung notwendig erscheint. Im Verdachtsfall kann im Nachhin-

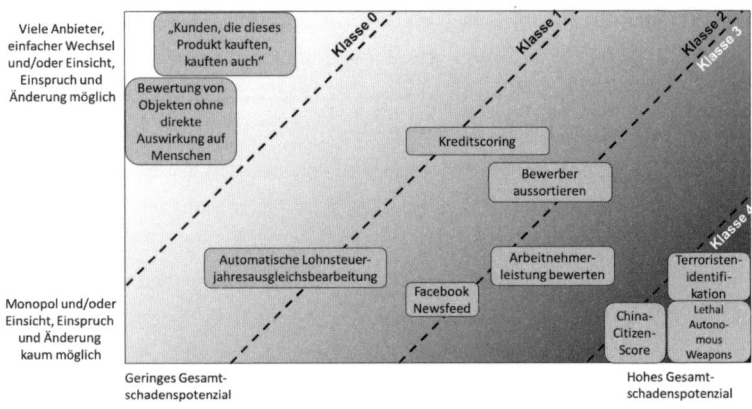

Abbildung 39: Die Risikomatrix wird in fünf Klassen unterteilt, mit jeweils eigenen Anforderungen an Transparenz und Nachvollziehbarkeit.

ein geprüft werden, ob das System beispielsweise diskriminiert oder einen anderen Schaden verursacht. Ein erster Verdachtsfall würde dann das Schadenspotenzial erhöhen und das System damit automatisch in eine höhere Klasse mit höheren Forderungen rutschen lassen.

Klasse 1: Das algorithmische Entscheidungssystem hat ein Schadenspotenzial, das nicht trivial ist. Die Systeme in dieser Kategorie müssen daher ständig überwacht werden. Dafür muss es eine Schnittstelle geben, die diese Art von Analyse erlaubt (Nachvollziehbarkeitsforderungen). Zudem sollte die Gesellschaft informiert werden über das Qualitätsmaß, mit dem das System trainiert wurde, und welche Methode des maschinellen Lernens verwendet wurde. Nicht zuletzt ist es notwendig, die Rolle des Systems im sozialen Prozess zu verstehen: Wird eine unterstützende Entscheidung gefällt? Eine automatische Entscheidung? Welche Konsequenzen hat diese, und welche Widerspruchsmöglichkeiten gibt es? Die letztgenannten Punkte stellen Transparenzforderungen dar.

Klasse 2: Das Schadenspotenzial nimmt zu und/oder die Widerspruchsmöglichkeiten sind zu gering. Neben den für Klasse 1 gestellten Forderungen wird es hier notwendig, genauere Kenntnis über die Art der Inputdaten zu gewinnen (Transparenzforderung). Zudem sollte die Gesellschaft die Möglichkeit bekommen, die Qualitätsbewertung des Systems selbstständig überprüfen zu können (Nachvollziehbarkeitsforderung).

Klasse 3: Das Schadenspotenzial wird als sehr groß angesehen – ein direkter Einblick in die Mechanik hinter der Entscheidung ist unabdingbar, um abschätzen zu können, welche Eigenschaften zu welcher Entscheidung führen. Algorithmische Entscheidungssysteme in dieser Kategorie müssen also mit Methoden des maschinellen Lernens trainiert werden, die eine Einsicht in die gefundenen Entscheidungsregeln erlauben. Dies sind nur wenige, und sie sind im Allgemeinen deutlich weniger gut im Finden von Mustern. Daher stellt diese Forderung eine große Einschränkung dar. Für die algorithmischen Entscheidungssysteme in dieser Klasse fordern wir zweitens noch die Überprüfbarkeit der Inputdaten, zum Beispiel auf eine darin schon vorhandene Diskriminierung.

Klasse 4: In dieser Klasse befinden sich algorithmische Entscheidungssysteme, deren Schadenspotenzial als so groß angesehen wird, oder die aus verschiedenen Gründen rechtlich oder technisch nicht durchsetzbar sind, dass sie nicht existieren sollten.

Abbildung 40 fasst die Transparenz- und Nachvollziehbarkeitsforderungen zusammen, die wir in einer Studie für die Verbraucherzentrale Bundesverband noch detaillierter dargestellt haben.[161]

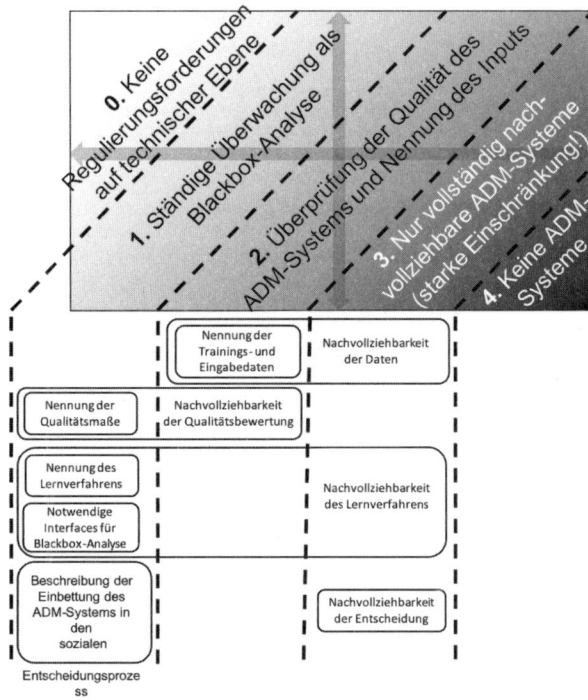

Abbildung 40: Zusammenfassung der Transparenz- und Nachvollziehbarkeitsforderungen in den fünf unterschiedlichen Klassen von algorithmischen Entscheidungssystemen.

Übrigens muss von Fall zu Fall entschieden werden, wem gegenüber diese Forderungen einzuhalten sind. In den meisten Fällen wird dies die allgemeine Öffentlichkeit sein – im Bereich von militärisch sensiblen Systemen wäre es aber beispielsweise denkbar, die Transparenz nur gegenüber demokratisch legitimierten und unabhängigen Institutionen zu ermöglichen.

Das vorgestellte Regulierungsmodell ersetzt den von Viktor Mayer-Schöneberger und Kenneth Cukier geforderten Algorithmen-TÜV, der zu sehr auf »den Algorithmus« fokussiert war. Das Regulierungsmodell mit seinen fünf Klassen beruht auf vielen Jahren intensiven Nachdenkens darüber, wie und wo Fehler im Design von algorithmischen Entscheidungssystemen passieren können.[162] Obwohl es sich schon in vielen Diskussionen bewährt hat, ist es noch weit entfernt von einer direkten Umsetzung und wird sicherlich auch noch verfeinert werden müssen. Aber im Gegensatz zu allen anderen mir bekannten Modellen differenziert es erstmalig die Regulierungsforderungen an algorithmische Entscheidungssysteme. Dies ist wichtig, um Innovationen in Deutschland und Europa zu ermöglichen und nicht jede Idee gleich im Keim mit Forderungen zu ersticken. Das Modell erlaubt Innovationen auch durch eine zweite Eigenschaft: Eine Innovation mit wenigen Anwendern hat zu Beginn wegen der wenigen Betroffenen ein eher kleines Schadenspotenzial und kann daher in Klasse 0 ausprobiert werden. Wird die Anzahl der Betroffenen größer, kann es dann zu einer Umklassifizierung kommen. Um die gesetzlichen Forderungen weiter zu minimieren, können zusätzlich diejenigen, die das System einsetzen, dazu beitragen, dass die Schadenspotenzialanalyse realistisch ist: Je mehr eine Firma freiwillig transparent macht, wie ihr System funktioniert, desto klarer wird, wo wirklich Probleme auftreten könnten.

Das Modell bleibt übrigens schuldig, wer die Feststellung trifft, in welcher Klasse sich ein algorithmisches Entscheidungssystem befindet und wann das geschehen sollte.

Warum die Welt Sozioinformatiker:innen braucht

Die Frage nach dem Gesamtschadenspotenzial eines algorithmischen Entscheidungssystems oder irgendeiner anderen Software ist eine, die man nur beurteilen kann, wenn man die **Interaktion** zwischen dem digitalen System, den Individuen, den beteiligten Institutionen und der Gesellschaft als sogenanntes sozio-technisches System versteht. Dies ist eine neue Perspektive für die Informatik. Bisher wurde das Softwaredesign vor allen Dingen von den sogenannten Requirements (Anforderungen) definiert. Darunter versteht man die Funktionalitäten, die von den als »Stakeholdern« identifizierten Personen verlangt werden. Ein Stakeholder ist dabei jede und jeder, der von den Softwaredesignern wahrgenommen wird als Person mit berechtigtem Interesse an der Ausgestaltung der Software. Dies wird aber heute eher eng gefasst. Wenn es zum Beispiel um die Suchvervollständigung ginge, die Sie alle von Eingaben in Suchmaschinen kennen, wären die Stakeholder im klassischen Sinne die Firma und die Nutzer der Suchmaschine. Die Anforderungen, die sich aus Befragungen dieser Personen ergeben, wären vielleicht folgende: Die möglichen Vervollständigungsvorschläge müssen innerhalb von einer Zehntelsekunde angezeigt werden, und es dürfen nicht mehr als sieben sein, weil die Funktion sonst nicht genutzt wird. Die Firma würde vielleicht verlangen, dass die Software insgesamt dazu beiträgt, dass mehr Kunden die betreffende Suchmaschine nutzen.

Der klassische Softwareingenieur würde sich dann überlegen, welche Art von Vervollständigung den Nutzern Zeit sparen könnte. Er könnte sich denken: »Das, was heute schon viele gesucht haben, ist vielleicht das, was auch dieser Nutzer suchen will.« Wenn eine Person beim Suchen dann auf diesen Vorschlag klickt, wird dies als Erfolg gewertet. Damit kann das System dynamisch verbessert werden. Die nächste Person, die etwas Ähnliches sucht, bekommt diese Alternative also bevorzugt angeboten. Es ergibt sich ein **positives Feedback**: Das, was bisher viele gesucht haben, wird vielen als Suche angeboten.

Googles Suchvervollständigungsansatz funktionierte zu Beginn so ähnlich wie gerade beschrieben – bis es zu den ersten Skandalen kam. Denn Google hatte nicht mitmodelliert, dass ein »Klick« auf eine Vervollständigung nicht unbedingt heißt, dass die Person diese Suchanfrage ursprünglich auch hatte stellen wollen. So ging es mir im Sommer 2015, als ich irgendeine Information über Bundeskanzlerin Angela Merkel suchte. Ich weiß nicht mehr, was genau ich suchte, aber ich weiß noch genau, was Google mir als Suchvervollständigung anbot: »Merkel ... schwanger«. Merkel schwanger? Das erschien mir einigermaßen unplausibel, hatte sie doch damals schon die Sechzig überschritten. Die Neugier packte mich – und anscheinend viele andere, denn die Suchanfrage »Merkel schwanger« war in diesen Tagen äußerst populär. Das belegt auch der Dienst »Google Trends«, den Sie ja schon aus dem Kapitel über Big Data kennen:

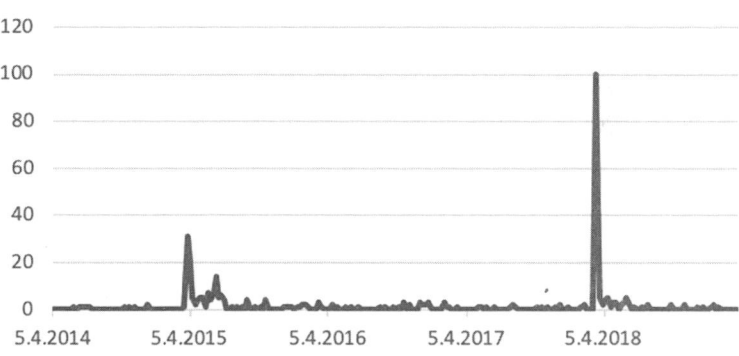

Abbildung 41: Relatives Interesse an der Suchanfrage »Merkel schwanger« über die letzten fünf Jahre.

Ich war auf einen Scherz von Jan Böhmermann hereingefallen, der durch den Suchvervollständigungsalgorithmus in seiner Reichweite weit über das eigentliche Interesse an einer solchen Suchanfrage hinaus verstärkt wurde. Auch wenn ich nicht mehr weiß, warum ich an diesem Tag den Begriff »Merkel« in die Suchmaske eingegeben hatte: Ganz sicher wollte ich nicht nach Informationen über eine (un-)mögliche Schwangerschaft der Bundeskanzlerin suchen. Der Algorithmus hatte mich verführt, und als ich auf den Vorschlag klickte, hatte ich ihm »mitgeteilt«, dass ich genau das hatte suchen wollen! Der zweite Peak vom April 2018 stammt übrigens von einem ähnlich gelagerten Aprilscherz und der darauffolgenden unverhältnismäßigen Weiterverbreitung durch den Algorithmus. Dieses Beispiel ist sicherlich schon unangenehm genug für die betroffene Person, und ich habe lange überlegt, ob und an welchem Beispiel ich dieses Problem überhaupt in diesem Buch erwähnen sollte. Die weiteren Konsequenzen desselben Algorithmus waren für andere Personen aber noch weitaus unangenehmer: So kämpfte ein Hotelbesitzer damit, dass Google bei einer Suche nach ihrem Hotel immer wieder vorschlug, man möge sich doch mit dem darin vor vielen Jahren verübten Mord beschäftigen; Frauen wurde per Suchvervollständigung unterstellt, sie hätten eine Rotlichtvergangenheit; Politiker wurden immer wieder mit einem Skandal in Verbindung gebracht, mit dem sie gerichtlich nachgewiesen nichts zu tun hatten.

Was genau geht hier schief? Nun, zum einen ist es die Rolle, die der Algorithmus im sozialen Prozess der Informationsbeschaffung spielt: Bei nicht-emotionalen Themen wie der Suche nach einem Programmierproblem funktioniert der Algorithmus hervorragend. Wer nach »Windows crasht« sucht, ist dankbar für aktuelle Vervollständigungen, die bereits auf das Problem hindeuten, das momentan am wahrscheinlichsten dahintersteckt. Wer auf die entsprechende Suchvervollständigung klickt, gibt damit ein authentisches Signal, dass ihn oder sie genau diese Suchanfrage interessiert. Wichtig ist, dass die Person schon vor der Anzeige der möglichen Suchanfrage an genau dieser Fragestellung interessiert war, auch wenn sie nicht wusste, wie genau sie dies formulieren sollte.

Wenn aber die Suchvervollständigung ein Signal auffängt, das eher einem »Click-Baiting« gleicht, also einem angedeuteten saftigen Skandal, dem alle schnell auf den Grund gehen wollen, dann kommt es zu einer sich selbst erfüllenden Prophezeiung: Was niemand suchte, wird zur beliebtesten Suchanfrage – einfach nur deshalb, weil es vorgeschlagen wird. Erst im Gesamtsystem wird also sichtbar, dass der Algorithmus, der im Grunde perfekt funktioniert, in bestimmten sozialen Konstellationen zum Verleumder werden kann, zum Verbreiter übler Nachrede. Wo hier Rauch ist, muss also noch lange kein Feuer sein.

Dieser Aspekt wäre vielleicht vermeidbar gewesen, wenn man die »Relevanz einer Suchanfrage« nicht direkt durch die Anzahl der Klicks modelliert hätte. Auch hier also wieder eine Frage der richtigen »Operationalisierung«!

Heute noch können Suchvervollständigungen übrigens dazu beitragen, dass Menschen auf »Informationen« stoßen, die sie sonst nicht gesucht hätten. Zum Thema »Impfen ist ...« wurde mir zum Beispiel im April 2019 ergänzend vorgeschlagen: »... Gotteslästerung«. Unter der Suchanfrage »Impfen ist Körperverletzung« findet man dann beides: Videos und Fakten zum Thema Impfen von der »Tagesschau«, dem Robert-Koch-Institut, der *ZEIT* und anderen verlässlichen Quellen. Drei der neun Suchergebnisse verweisen aber auch auf Seiten von Impfgegnern: Impfkritik.de, impfen-neindanke.de und dem zentrum-der-gesundheit.de.

Abbildung 42: Eine Suchvervollständigung von Google zur Anfrage »Impfen ist …«; Screenshot vom 30.4.2019.

Das Beispiel zeigt einmal mehr, dass sich das Gesamtschadenspotenzial einer Software oft erst dann ermessen lässt, wenn man den Gesamtprozess in den Blick nimmt. Unter diesem Blickwinkel sind die psychologischen Motivationen von Einzelpersonen und Gruppen wichtig, die mit den digitalen Anreizen abgeglichen werden müssen. Die Software und ihre Auswirkungen müssen hinsichtlich ihrer rechtlichen, wirtschaftlichen und ethischen Aspekte analysiert werden.

Sozioinformatikerinnen und Sozioinformatiker werden daher von uns an der TU Kaiserslautern zu Software-Ingenieur:innen ausgebildet, denen der Blick aufs große Ganze nie verloren geht. Sie bekommen eine Grundausbildung in den Wirtschaftswissenschaften, im Recht, der Ethik, Soziologie und Psychologie, um zu verstehen, wie Menschen miteinander interagieren. Die Modelle, mit denen unsere Absolventen versuchen, die Interaktionen dieser sozialen Akteure mit der Software zu modellieren und – wo möglich –

vorherzusagen, kommen dabei aus der Spieltheorie, der Netzwerktheorie und sogar aus der statistischen Physik. Die Methodik hinter der Analyse gesamtgesellschaftlicher Aspekte von Software steckt dabei noch in den Kinderschuhen, aber meiner Meinung nach ist der systemische Aspekt unerlässlich. Ein Sozioinformatiker oder eine Sozioinformatikerin im Designteam ist damit immer dann eine gute Idee, wenn es um Software mit möglicherweise großen gesellschaftlichen Nebenwirkungen geht. Er oder sie wird nicht auf alles eine Antwort haben, aber wissen, wann welche Fachleute hinzugezogen werden sollten. Damit ist das »Wer« geklärt. Bevor ich auf das »Wann« zurückkomme, möchte ich noch einmal einen Schritt zurückgehen: Warum will überhaupt irgendjemand, dass Maschinen Urteile über Menschen fällen? Das hängt mit verschiedenen Ideen über Menschen und damit, wie diese ihre Entscheidungen treffen, zusammen.

KAPITEL 10

Wer will eigentlich die Maschine als Entscheider über Menschen?

Denn tatsächlich beginnt die Idee der Nutzung von algorithmischen Entscheidungssystemen ja nicht erst mit ihrer Entwicklung. Meist sollen sie einen sozialen Prozess, der schon existiert, verbessern, indem sie Menschen in ihren Entscheidungen unterstützen oder ersetzen. Beispiele dafür sind der Einsatz von Rückfälligkeitsvorhersagesystemen in den USA oder die diversen Bewertungssysteme bei Bewerbungen, aber auch Waffensysteme, die selbstständig schießen, wenn sie eine Zielperson vermeintlich identifiziert haben.

Manchmal benötigen soziale Prozesse die algorithmischen Entscheidungssysteme, um diese sozialen Prozesse überhaupt erst zu ermöglichen. Das ist dann der Fall, wenn Menschen die dafür notwendigen Entscheidungen beispielsweise wegen ihrer schieren Anzahl nicht mehr sinnvoll treffen können. Das gilt etwa bei allen Empfehlungssystemen im digitalen Bereich, aber auch für das Social Scoring, also das Bewerten des »bürgerlichen Verhaltens«. Dieses wäre ohne Big Data nicht denkbar. In diesen Fällen gibt es also kaum eine Alternative zur maschinellen Entscheidung.

In diesem Kapitel möchte ich den Fokus auf solche algorithmischen Entscheidungssysteme legen, die in etablierten sozialen Prozessen wie der gerichtlichen Urteilsfindung, dem Bewerbungsverfahren oder der Identifikation von Talenten innerhalb von Firmen, in der Bildung oder bei der Vergabe von Krediten die menschlichen Entscheider:innen unterstützen oder ersetzen sollen. Denn wenn es dabei nicht vordergründig um Kosteneffizienz geht, sondern der Wunsch besteht, den Prozess »objektiver«, »diskriminierungs-freier«, »besser« zu machen, sollte einem bewusst sein, dass mit diesem Wunsch verschiedene Menschenbilder verknüpft sind.

Das Menschenbild hinter der Nutzung algorithmischer Entscheidungssysteme

Meistens steckt hinter diesem Wunsch eines von zwei Menschen-bildern, deren Annahmen jeweils sorgfältig geprüft werden sollten: Eines über die menschlichen Entscheider:innen, das eher davon aus-geht, dass der Mensch ein schlechter Entscheider ist. Dieses Men-schenbild wird im Moment so stark diskutiert, dass man fast schon den Eindruck gewinnen könnte, Menschen träfen grundsätzlich nur schlechte Entscheidungen. In den meisten Fällen, die ich mir ange-sehen habe, ist aber gar nicht wirklich gemessen worden, wie schlecht die menschlichen Entscheider:innen waren, bevor ein algorithmi-sches Entscheidungssystem in Auftrag gegeben wurde. Um aber zu wissen, ob ein solches System den sozialen Prozess nachher tatsäch-lich verbessert, wäre es notwendig, das zu evaluieren. Dies bedeutet, dass im Rahmen des Entwicklungsprozesses **nicht nur ein Quali-tätsmaß** definiert werden muss. Es wird mindestens ein weiteres be-nötigt, das misst, ob die gewünschte Verbesserung eingetreten ist. Wie schon erwähnt, hat die amerikanische Bürgerrechtsbewegung ACLU 2018 eine Kehrtwende bezüglich der Anwendung von Risiko-bewertungssystemen vor der Urteilsverkündung hingelegt, weil die erwünschte Verbesserung im Gesamtprozess nicht erkennbar war.[163]

Das zweite Menschenbild ist noch voraussetzungsvoller: Es geht davon aus, dass das zukünftige Verhalten einer Person aus ihrem eigenen vergangenen Verhalten oder gar aus dem vergangenen Ver-halten anderer abgeleitet werden kann. Hinter diesem Ansatz stecken drei sehr starke Annahmen, die ich am Beispiel eines Bewerbungs-bewertungssystems diskutiere:

- Erstens die grundlegende Idee, dass eine Person im Wesentlichen nur aufgrund ihrer Eigenschaften, erworbenen Ausbildungen und ihrer Charaktereigenschaften in eine Firma passt oder nicht (**eigenschaftsbasiertes Verhalten**).

- Dies schließt die zweite Annahme mit ein, dass alle wesentlichen Eigenschaften, die ursächlich für das Verhalten sind, erfasst werden können und erfasst werden (**Operationalisierbarkeit und Beobachtbarkeit aller kausalen Parameter**).

- Drittens die Voraussetzung, dass – weil ja diese Person bisher nicht bei der Firma gearbeitet hat – ihre Eignung durch Personen mit ähnlichen Eigenschaften vorhergesagt werden kann (**Transferierbarkeit**), denn der Algorithmus steckt ja jede Person anhand der wenigen über sie bekannten Eigenschaften in eine **Sippe**. Für diese algorithmisch bestimmte Sippe gilt Sippenhaftung, denn alle darin befindlichen Personen erhalten dieselbe Vorhersage.

Alle drei Bedingungen können unabhängig voneinander richtig oder falsch sein. Ich kenne allerdings kein Lehrbuch oder Handbuch, das diese drei Annahmen explizit nennt und verlangt, ihre Gültigkeit zu überprüfen, bevor das statistische Modell zur Vorhersage künftigen Verhaltens genutzt wird. Warum wäre das aber wichtig?

Erinnern Sie sich an den Entscheidungsbaum für die Passagierdaten der *Titanic*? Stellen Sie sich vor, ich hätte den Entscheidungsbaum gebaut, weil ich davon ausgehe, dass die »Überlebensfähigkeit« im Wesentlichen von den Eigenschaften der Passagiere abhängig war. Der gelernte Baum soll dann bei ähnlichen Katastrophen mit wenigen Ressourcen eingesetzt werden, um die Personen am meisten zu unterstützen, deren »Überlebensfähigkeit« hoch ist. Neben der Annahme der »**eigenschaftsabhängigen Überlebensfähigkeit**« würde ich also (analog zu den obigen Annahmen beim Bewerbungsbewertungssystem) annehmen, dass die Beobachtung der »Überlebensfähigkeit« im Wesentlichen nur von diesen Eigenschaften abhängig war (**freie Beobachtbarkeit der kausalen**

Parameter) und dass die Eigenschaften dieser Passagiere auch bei anderen Schiffsunglücken die Hauptrolle spielen (**Transferierbarkeit**).

Mir ist bewusst, dass diese Vorstellung grotesk ist. Das ist sie aber vor allen Dingen deswegen, weil die meisten Menschen hier die wenigen Ressourcen eher denjenigen zur Verfügung stellen würden, die sonst keine Chance hätten. Genau dieser Gedanke führte ja überhaupt erst zur Maxime »Frauen und Kinder zuerst«.

Aber hier geht es um die Frage, ob diese drei Annahmen überhaupt stimmen, um dann eine Analogie zum Bewerberbewertungssystem zu ziehen. Es wird im Wesentlichen die zweite Annahme verletzt: Die wichtigste, hauptverantwortliche Variable für das Verhalten »Überleben« fehlte, nämlich ob jemand einen Platz im Rettungsboot erhalten hatte oder nicht. Wäre diese Information im Datensatz enthalten, würde sie zu fast 100 Prozent erklären, wer überlebte. Für die Maschine ist der zentrale Parameter also nicht beobachtbar. Das von der Maschine auf diesen Daten gelernte statistische Modell gibt also an, welche Eigenschaften tendenziell dazu führten, einen Platz im Rettungsboot zu bekommen, aber nicht, wer »überlebensfähiger« ist.

Es wäre makaber, wenn in der Vergangenheit andere Rettungshelfer in ähnlichen Katastrophen nach den Weisungen des Entscheidungsbaumes handelten und die wenigen Ressourcen nur noch an die Personen verteilen, denen der Entscheidungsbaum eine hohe Überlebensfähigkeit attestiert. Die Ungleichbehandlung würde durch die Verwendung des statistischen Modells sogar noch verstärkt werden! Diese Sichtweise ist so offensichtlich, dass Sie vermutlich gerade den Kopf schütteln, wie man denn etwas so Schräges wie das Überleben auf der *Titanic* als »eigenschaftsbasiertes Verhalten« modellieren kann.

Nun, im Bereich der Rückfälligkeitsvorhersage bei Kriminellen oder auch der vermuteten Leistungsfähigkeit von Arbeitnehmer:innen gibt es ein ähnliches Problem: Der Einsatz von Methoden des maschinellen Lernens geht auch hier davon aus, dass das Beobachten des Verhaltens von Menschen – in diesem Fall die Rückfälligkeit und erfolgreiches Arbeiten – nur von den messbaren Eigenschaften dieser Personen abhängt. Ist es nicht aber auch die soziale Situation, in die eine Person entlassen wird, die darüber mitbestimmt, ob sie wieder kriminell wird? Lässt sich die soziale Situation, die sich auch noch ständig verändert, genauso gut beobachten und operationalisieren wie die Eigenschaftsparameter (Anzahl der bisherigen Vorstrafen, Alter)?

Spätestens bei dieser Frage geht es auch um mehr als die reine Messbarkeit und Vorhersagbarkeit eines zukünftigen Verhaltens: **Sollte** denn einer Person ein höheres Rückfälligkeitsrisiko zugesprochen werden, wenn es (auch) Gründe für dieses Risiko gibt, die nicht in dieser Person liegen? Wenn beispielsweise ein Kind in Armut aufwächst, schlecht ausgebildet wurde und in seiner Familie Gewalt ausgesetzt war, sollte man sich fragen, ob diese »Eigenschaften« überhaupt genutzt werden dürfen. Hier geht es also zum Beispiel um die Frage, ob es rechtsphilosophisch legitim ist, einer Person ein höheres Risiko zuzusprechen, wenn deren Eltern schon kriminell waren? Darf das in manchen sozialen Kontexten gemacht werden – aber in anderen nicht? Was ist, wenn es genau diese »Eigenschaften« der Person sind, die die Vorhersagbarkeit dramatisch verbessern? Sollten sie dann genutzt werden dürfen, müssten sie vielleicht sogar genutzt werden?

Auch hier stellt sich wieder die Frage nach der Rolle eines algorithmischen Entscheidungssystems im Gesamtprozess.

Sollen Maschinen Menschen bewerten dürfen?

Erst die **Interpretation** der maschinellen Resultate und die Auswahl der **Aktion** in der langen Kette der Verantwortlichkeiten bestimmen, welchen sozialen Nutzen ein System hat. Im letzten Kapitel habe ich Beispiele genannt, in denen die Diskriminierung, die bereits in den Inputdaten enthalten war, eine soziale Situation verschlimmert hat: bei schlecht gemachten Bewerbungsbewertungssystemen, in der Bild- oder Spracherkennung, bei der Verteilung von Werbeanzeigen für Jobs. Das ist aber kein Naturgesetz: Wenn Algorithmen dabei helfen, ungerechtfertigte Diskriminierungen in großen Datenmengen zu entdecken, ist es eine gesellschaftliche Entscheidung, was damit passiert.

In Österreich erprobt zum Beispiel gerade der Arbeitsmarktservice AMS ein algorithmisches Entscheidungssystem. Der AMS ist ein Dienstleistungsunternehmen, das die Aufgaben eines Arbeitsamts erfüllt. Das kurz »AMS-Algorithmus« genannte Entscheidungssystem soll Arbeitslose in drei Kategorien einteilen: in a) solche mit guten Chancen, schnell zurück in den Arbeitsmarkt zu kommen; b) solche mit sehr schlechten Chancen; und c) allen anderen. Die wenigen Ressourcen, beispielsweise Weiterbildungen, sollen im Wesentlichen Personen der Kategorie c) zugutekommen.

Die für die Einordnung verwendeten Eigenschaften der Personen sind: Geschlecht, Altersgruppe, Staatengruppe, Ausbildung, gesundheitliche Beeinträchtigungen, Betreuungspflichten, Berufsgruppe, Vorkarriere und eine Aussage über das regionale Arbeitsmarktgeschehen.[164] Zum Lernen wurde ein Verfahren verwendet, dessen statistisches Modell relativ einfach zu interpretieren ist: die sogenannte **logistische Regression**.[165] Die hinter dem Verfahren stehende Heuristik gewichtet alle ihr vorliegenden Eigenschaften so, dass das Qualitätsmaß möglichst optimal wird. Als Qualitätsmaß wurde wieder die Akkuratheit gewählt, also der Anteil der richtigen Entscheidungen an allen Entscheidungen. Entscheidet sich die Heuristik bei einer Eigenschaft für eine negative Gewichtung, heißt das, dass bei vielen Personen mit dieser Eigenschaft im Datensatz die Wahrscheinlichkeit für eine schnelle Wiederbeschäftigung niedrig ist. Positive Gewichte zeigen an, dass die Eigenschaft förderlich ist.

Das Ergebnis ist in jedem Fall deprimierend: Frauen, Ausländer, Ältere, Behinderte und Pflegende haben es schwerer, wieder in den

Job zu finden. Eine über dreißigjährige Alleinerziehende mit zwei Kindern, die seit drei Jahren in der Elternzeit ist, hat es laut dem statistischen Modell deutlich schwerer als ein Mann unter dreißig mit gesundheitlichen Beeinträchtigungen. Ist dieses Resultat schon diskriminierend? Sollte ein algorithmisches Entscheidungssystem diese Eigenschaften gar nicht erst zu sehen bekommen, wenn es nachher danach diskriminiert?

Nun, erst einmal stellt es einen Befund dar, der die momentane Arbeitsmarktsituation analysiert. Wichtig ist also vor allen Dingen, welche Konsequenzen diese Kategorisierung hat. Da der Algorithmus Frauen übermäßig häufig in die mittlere Kategorie einsortiert, werden diese tendenziell mehr Unterstützung bei der Weiterbildung bekommen. Johannes Kopf, der Vorstand der österreichischen Behörde, die die Software nutzt, geht daher davon aus, dass der Einsatz des Algorithmus letztlich zu einer ausgleichenden Behandlung führt.[166]

Der AMS-Algorithmus wäre – rein von seiner Funktionalität her – in unserer oben genannten Risikomatrix ganz klar ein Klasse-3-System. Das liegt an seinem hohen Schadenspotenzial und der großen Monopolstellung des AMS: Natürlich können sich Arbeitslose auch woanders um Arbeit bemühen oder ihre Weiterbildung selbst organisieren, aber insgesamt ist die Monopolstellung des AMS hoch. Das Schadenspotenzial durch eine systematische Verstärkung von Diskriminierung ist ebenfalls sehr hoch. Dementsprechend wären auch die von uns geforderten Transparenz- und Nachvollziehbarkeitsforderungen hoch.

Als ich die ersten Berichte über diesen Algorithmus hörte, war ich daher enorm skeptisch. Ich war positiv überrascht, als ich sah, dass die Entwickler des AMS-Algorithmus unter Leitung von Prof. Dr. Michael Wagner-Pinter diesen mit einer Studie allgemein verständlich erklärten und fast alle der oben genannten Transparenz- und Nachvollziehbarkeitsforderungen freiwillig erfüllten.[167] Aber ich war immer noch skeptisch – und bat um ein Telefonat, um die Philosophie hinter der Entwicklung des Systems besser zu verstehen.

Blaupause für Transparenz

Die Routine, mit der Professor Wagner-Pinter am Telefon für mich die Technologie des von ihm mitentwickelten AMS-Klassifikationssystems beschrieb, ließ mich ahnen, wie oft er das in den letzten Monaten wohl schon getan haben musste. Und wie oft seine Gesprächspartner anscheinend keinen Blick in den Report geworfen hatten, der alle von ihm erwähnten Einzelheiten enthält! Ganz im Gegensatz zu mir: Ich war den Bericht mindestens dreimal durchgegangen, um genau zu verstehen, was gemacht worden war. Meine Fragen betrafen daher ein paar Kleinigkeiten, die sich mir auch nach dem dritten Lesen nicht erschlossen hatten. Tatsächlich enthält der Bericht Informationen über die Eingangsdaten, die Auswahl dieser Daten, den jeweiligen Typ der Eingangsdaten[168] und die gewählte Methode des maschinellen Lernens. Zudem wurde untersucht, wie gut die Vorhersage des Systems ist – und das wurde auch noch heruntergebrochen für beide Geschlechter. Der Report ist wirklich so geschrieben, dass man als Bürger:in eine Idee bekommt, wie das System funktioniert, und als Experte einigermaßen nachvollziehen kann, wie das System aufgebaut ist. Zudem war die Formel eines der beiden statistischen Modelle angegeben und in ihrer Wirkung erklärt. Allerdings war einer der Koeffizienten der logistischen Regression rätselhaft für mich: Laut Formel ist der häufige Besuch beim Arbeitsamt in den letzten vier Jahren für die Maschine ein Hinweis darauf, dass die Person schnell wieder Arbeit finden wird. Das wäre – zumindest in Deutschland – eher unintuitiv.

Ich hatte eine Vermutung, konnte mir aber kaum vorstellen, dass sie zutrifft: »Herr Kollege, das statistische Modell bewertet den häufigen Gang zum Arbeitsamt so positiv – könnte es sein, dass hier vor allen Dingen Saisonarbeiter den Trend prägen?« Wagner-Pinter lachte und bestätigte meinen Verdacht: »Wussten Sie, dass neben Landwirtschaft und Tourismus selbst der Traktorbau Saisons hat?«, fragte er mich mit butterweichem österreichischem Akzent. Nein, das wusste ich tatsächlich nicht. Frage geklärt! Echte Problemkinder in der Arbeitsvermittlung erkenne man daran, dass sie nicht nur oft beim Arbeitsamt gewesen seien, sondern auch schon die eine oder andere Maßnahme mitgemacht hätten. Tatsächlich blieben nach dem Telefonat erst einmal keine Fragen mehr offen, was das statistische Modell anging.

Wagner-Pinter erstaunte mich aber mit einer anderen Aussage: »Unser Ziel war es, mit der Klassifikation eine individualisiertere Darstellung der AMS-Kunden zu erreichen.« Wirklich? Mit nur 22 Variablen? Von denen eine die Berufsgruppe ist, bei der man entweder in die »Produktion« gehört oder nicht? Und in der der Manager neben dem Stallburschen steht? Ich schüttelte ungeduldig den Kopf – eine schlechte Angewohnheit von mir, wenn ich einer Aussage nicht zustimme. Glücklicherweise konnte Professor Wagner-Pinter das durchs Telefon nicht sehen – es war auch definitiv eine verfrühte Reaktion. »Die Mitarbeiter vom AMS haben davor hauptsächlich auf die Länge der Arbeitslosigkeit geschaut – und natürlich keine Prognose gemacht, wer mit welchen Eigenschaften schnell wieder Arbeit findet«, fuhr er fort.

Tatsächlich ist dies – bei allen Vorbehalten, was die maschinelle Entscheidung über Menschen angeht – ein wichtiger Aspekt: Eine Maschine, auch wenn sie nicht perfekt ist, kann den sozialen Prozess verbessern. Es geht hier um den Vergleich mit den menschlichen Entscheider:innen, wie sie die Entscheidung vorher getroffen haben. Der AMS-Algorithmus unterscheidet in der Theorie 81 000 Gruppen, von denen in der Praxis ungefähr 8 000 in ausreichend hoher Zahl auftreten. Er kann damit deutlich besser differenzieren als der Mensch.[169] Der AMS-Algorithmus erzeugt somit immer noch eine »algorithmisch definierte Sippe«, aber differenzierter als das Vorgehen der Mitarbeiter:innen ohne Algorithmus.

Insgesamt muss ich sagen, dass der Bericht über den AMS-Algorithmus weitestgehend ideal ist und damit für ein staatliches algorithmisches Entscheidungssystem fast schon eine Blaupause darstellt. Die eingehenden Daten werden besprochen, die Methode des maschinellen Lernens ist transparent genug, auch wenn nicht alle

Details enthalten sind, und die Qualität des Modells wurde gemessen – auch wenn ich mir hier ebenfalls noch ein paar mehr Informationen als nur die Akkuratheit gewünscht hätte. Da es sich immer noch um ein Klasse-3-System handelt, wäre aus meiner Sicht noch notwendig, dass diese Qualitätsaussagen auch von unabhängigen Expert:innen geprüft werden könnten – es fehlt also die Nachvollziehbarkeit von außen.

Aber Wagner-Pinter hat etwas, das fast noch besser ist als das: die Sozialverträglichkeitsregeln seiner Firma. »Interessiert Sie das noch?«, fragte er. »Brennend!«, sagte ich und meinte es ernst.

Sozialverträglichkeitsregeln für die Einbettung von algorithmischen Entscheidungssystemen

Wagner-Pinter nimmt nicht alle Anfragen für die Entwicklung von algorithmischen Entscheidungssystemen an. Der Auftraggeber muss ihn davon überzeugen, dass der Algorithmus dem menschlichen Entscheider immer nur eine zweite Meinung anbietet und dass das Ergebnis im Dialog zwischen diesem und dem Betroffenen besprochen wird. Ihm ist es wichtig, dass das Modell die Menschen angemessen differenziert betrachtet – und das wiederum erfordert eine große Menge an Trainingsdaten, die vorliegen müssen. Nicht zuletzt muss die Lebenszeit des Modells an die Dynamik der Realität angepasst werden. Im AMS-System heißt das, dass alle zwölf Monate neu gerechnet wird, mit den jeweils neuesten Daten. Zuletzt ist es Wagner-Pinter wichtig, dass die Systeme vergessen können müssen: »Wir gucken nur vier Jahre nach hinten. Personen müssen auch das Recht haben, sich weiterzuentwickeln!«, schiebt er noch nach.

Diese und weitere Regeln,[170] die sich die Firma auferlegt hat, sollten dringend in der breiten Öffentlichkeit diskutiert werden – für mich sind sie eine **wichtige Grundlage auf dem Weg zu einer europäischen wertegeleiteten Nutzung von künstlicher Intelligenz.**

Aber eine wichtige Regel fehlt, denn sie ist tatsächlich auch nicht Sache des Entwicklungsteams, sondern des Auftraggebers: Die Überprüfung, ob der Einsatz des Algorithmus tatsächlich dazu führt, dass Arbeitslosen »effizienter« geholfen wird – also der Langzeittest in der realen Welt. Zweitens fehlt – wie oben schon erwähnt – momentan noch ein Prozess, der es zumindest ausgewählten Institutionen und externen Expert:innen ermöglicht, eigene Versuche mit dem System zu machen.

Und damit kommen wir auch zurück zu der Frage, ob das Rückfälligkeitsrisiko von Personen auch anhand von Eigenschaften bewertet werden sollte, die diese nicht ändern können – wie ihre Kindheit: Es kommt auf den Kontext der Verwendung des Algorithmus an. Geht es um die Vergabe von Unterstützungsangeboten ist das daher sicherlich anders zu bewerten als wenn es um die Festlegung eines Strafmaßes geht.

Auf einen Blick: Mensch versus Maschine

Ich persönlich bin immer noch sehr skeptisch, wie oft es wirklich vorkommen wird, dass Menschen durch Algorithmen des maschinellen Lernens in ihren Entscheidungen über andere Menschen sinnvoll unterstützt oder gar ersetzt werden können. Ich denke, dass die Menschenbilder, die diesen Ansatz unterstützen, stark übertrieben sind: Ja, gemessen an dem grotesk vereinfachten *homo-oeconomicus*-Modell handeln wir manchmal irrational – gemessen an den Nebenbedingungen, unter denen wir Entscheidungen fällen müssen, aber rational. Menschen sind in ihrer Aufnahmefähigkeit von Daten beschränkt, sie müssen Energie sparen und können daher nicht allzu viele Entscheidungen am Tag treffen. Daher schauen wir uns beim Autokauf nicht alle möglichen Optionen durch, sondern entscheiden uns früh für ein oder zwei mögliche Fabrikate und engen dort weiter ein. Eine solche Reduktion von Möglichkeiten ist in manchen Situationen suboptimal. Eine Unterstützung durch Maschinen, die nahezu beliebig viele Daten nach vielen verschiedenen Korrelationen durchsuchen können und auch mit kleinen Korrelationen noch etwas anfangen können, ist da nicht falsch.

Was ich aber nicht nachvollziehen kann, ist, dass die Maschine etwas dürfen soll, was wir in jedem Labor der Welt für unwissenschaftlich halten: aus Beobachtungen Hypothesen zu entwickeln und diese ungetestet zur Beurteilung weiterer Situationen zu verwenden. Gerade dann, wenn es um Menschen geht, deren Leben durch die Entscheidung gravierend verändert werden könnte, sollte das nicht möglich sein, ohne das System ausgiebig zu testen. Und zwar nicht nur das isolierte System, sondern das System in seiner Einbettung in den sozialen Prozess, den es verbessern soll.

Es ist für mich als Naturwissenschaftlerin ebenfalls nur wenig nachvollziehbar, warum die von den Maschinen gefundenen Korrelationen nicht in klassischen Experimenten auf ihre Stichhaltigkeit überprüft werden, bevor sie verwendet werden dürfen. Wagner-Pinter und seine Kollegen haben als eine Sozialverträglichkeitsregel eingeführt, dass überhaupt nur solche Variablen verwendet werden dürfen, die nachher in ihrer Kausalität für das Ergebnis auch für den Betroffenen nachvollziehbar sind. Solch eine Einschränkung muss man nicht von Anfang an machen, natürlich können Algorithmen des maschinellen Lernens im Rahmen eines Data Minings erstmal genutzt werden, um mögliche Gründe für ein vorherzusagendes Verhalten zu finden. Aber am Ende sollten nur noch Variablen Eingang in das statistische Modell finden, bei denen ein kausaler Zusammenhang begründbar ist. Und wenn man mithilfe von Data Mining überraschende neue Ursachen für ein Verhalten findet, dann könnte man mit diesen neuen Erkenntnissen die menschlichen Entscheider:innen besser ausbilden. Und wenn man die Kausalketten kennt, dann braucht man vermutlich auch keine gelernten statistischen Modelle mehr, sondern kann die Erkenntnisse in für Menschen lesbarer Form als Entscheidungsregeln speichern.

Ich habe versprochen, Ihnen auch eine Entscheidungshilfe zu liefern, wann eine Einschätzung des gesamtgesellschaftlichen Schadens eines algorithmischen Entscheidungssystems erfolgen sollte. Wie vorhin schon erwähnt, geht es nur um die Systeme, die das **Algoskop** identifiziert. Wenn dann noch vorhersehbar ist, dass es viele Betroffene geben wird und dass eine hohe Monopolstellung vorherrscht, ist eine Schadenspotenzialanalyse von Anfang an notwendig. Dies ist also definitiv bei allen staatlichen Einsätzen von algorithmischen Entscheidungssystemen gegeben. Dies ist ebenso gegeben für alle betrieblichen Profiling-Systeme und in abgeschwächter Form auch für Bewerberbewertungssysteme. Dies ist definitiv gegeben bei allen algorithmischen Entscheidungssystemen der großen Online-Plattformen: aufgrund ihrer Reichweite und der oftmals stark ausgeprägten Monopolstellung ihrer Dienste. Es kann auch bei Systemen mit kleinen Anzahlen von Betroffenen der Fall sein, wenn Grundrechtsgüter in Gefahr sind. Alle anderen Systeme fangen erst einmal in Klasse 0 an – eine Schadenspotenzialanalyse sollte dann durchgeführt werden, wenn es erste Verdachtsmomente gibt. Dazu wird es vermutlich einer zentralen Meldestelle bedürfen, bei der entsprechende Beschwerden eingehen können. Daneben müssen alle die Institutionen gestärkt werden, die auch heute schon soziale Prozesse begleiten und in ihren Auswirkungen kontrollieren: Betriebsräte, Verbraucherschutzzentralen, Landesmedienanstalten, Gerichte, NGOs – sie alle werden in den nächsten Jahren ihre eigenen Data Scientists und Sozioinformatiker:innen brauchen, um die Auswirkungen von Software und insbesondere die von künstlicher Intelligenz auf unsere Gesellschaft zu bewerten.

Und jetzt, wo wir alles beisammenhaben, müssen wir kurz noch einmal über KAI reden. Denn KAI will wissen, wie es mit ihm weitergeht.

KAPITEL II

Die Sache mit der starken KI

KAI hat Sie jetzt durch das ganze Buch begleitet – als Sinnbild für eine »starke künstliche Intelligenz«. Als **starke KI** bezeichnen wir Software, die menschliche Fähigkeiten in fast allen Punkten erreicht oder gar übersteigt. Es ist eine Software, die sich eigene Probleme heraussucht und diese dann systematisch untersucht, um eine Lösung zu finden. **Schwache KI** dagegen kann Einzelaufgaben bewältigen: Dies sind die oben genannten Systeme, die Schach spielen, Bilder erkennen oder gesprochenes Wort in Text umwandeln können. Momentan sehen wir also nur schwache KI. Oder, wie mein Kollege Florian Gallwitz es mit seiner Entscheidungshilfe »Ist es wirklich KI oder nicht?« ausdrückt:

Meine Kollegin Hannah Bast sagte dazu in der Enquete-Kommission: »In Wahrheit sind wir doch gerade erst von der äußerst schwachen KI zur sehr schwachen KI gekommen.« Jürgen Geuter sagt zur künstlichen Intelligenz, wie wir sie heute sehen: »Letztlich existiert künstliche Intelligenz nicht. Und sie ist auch nicht nah. Es existieren leistungsfähige Statistiksysteme, denen durch einen attraktiven Namen eine gewisse Magie zugesprochen werden soll. Künstliche Intelligenz ist nur ein Werbebegriff.«[171]

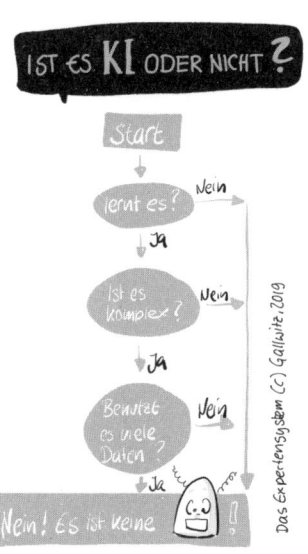

Im Wesentlichen sagen alle drei dasselbe: Das, was wir im Moment sehen, ist einfach völlig falsch benannt. Es ist nicht intelligent.

Das ist ja aber kein Argument dafür, dass es diese starke KI **nicht geben könnte**. Und tatsächlich gibt es viele, für die deren Existenz nur noch eine Frage der Zeit ist.

Argumente für eine starke KI

Einer von ihnen ist Jürgen Schmidhuber, Professor und Entrepreneur in München. Eine starke KI braucht eine Master-Bewertungsfunktion mit einem Optimierungsziel, mit dem sie den Erfolg ihrer Taten misst. Dieses Optimierungsziel ist der Kompass, nachdem sich ihre Entwicklung richtet, genau wie die Qualitätsmaße im maschinellen Lernen. Schmidhuber gibt seinen Robotern als Bewertungsfunktion etwas, das er »**künstliche Neugier**« nennt. Dafür nutzt er zwei lernende Systeme: Eines, das versucht, die Welt vorherzusagen (**das Weltmodell**) und eines, das versucht, mithilfe des Weltmodells

Handlungssequenzen zu entwickeln, die seine Optimierungsfunktion verbessern. Dieses zweite System heißt »der Gestalter«. Der Gestalter wird auch belohnt, wenn es ihm gelingt, das Weltmodell zu überraschen, in dem er etwas Neues findet. Etwas, das plötzlich ein neues Muster ergibt, welches das bisherige Modell vereinfacht.[172] Das kann zum Beispiel die Einführung eines neuen Konzeptes sein, das bisherige Einzelfälle zusammenfasst.

Schmidhuber ist sich sicher, dass die starke KI kommen wird und dass es schon in weniger als zehn Jahren in seinem Labor einen Roboter mit der Intelligenz eines Kapuzineräffchens geben wird.[173] Ihm macht das wenig Sorgen, da er es für einen quasi natürlichen Teil der Evolution hält. Er geht davon aus, dass eine starke KI sich schnell in den Weltraum fortpflanzen würde, um die notwendigen Ressourcen für ihre eigene Weiterentwicklung zu haben. Eine echte Gefahr für die Menschheit sieht er daher nicht.

Insgesamt ist sich die Wissenschaft nicht einig, ob es eine starke KI geben kann oder nicht. Das häufigste Argument dafür kommt aus der naturwissenschaftlich-atheistischen materialistischen Sichtweise, die viele im Silicon Valley einnehmen.[174] Demnach besteht alles auf der Erde aus Material und weder Geist, Seele, Motivation, Antrieb noch Bewusstsein sind in irgendeiner Weise davon getrennt. Aus dieser Perspektive heraus sind die genannten Phänomene lediglich eine aus dem System heraus erwachsende (sogenannte emergente[175]) Eigenschaft, basierend auf der Komplexität der Nerven- und Hirnstrukturen, vielleicht auch des restlichen Körpers. Es gibt schlechterdings kein Experiment, um diese Aussage zu widerlegen – nur der Versuch, ein solches Bewusstsein zu bauen, könnte diese Aussage bestätigen. Dieses Ziel wird teilweise fast religiös verfolgt, nicht zuletzt auch deswegen, weil es einen weiteren Baustein für den Beweis der Nichtexistenz Gottes darstellen würde – ähnlich wie vorher die Erkenntnisse von Kopernikus, Darwin und Freud.[176] Manche, wie Antony Garrett Lisi, nehmen sogar an, dass die Roboter unsere »maschinellen Gebieter« sein werden.[177] Der Robotiker Anthony Levandowski hat für diesen Fall schon einmal vorsorglich die »Way of the Future«-Church gegründet. Laut Patrick Beuth in einem Artikel in der *ZEIT* will die Kirche »eine auf KI basierende Gottheit aus Hardware und Software realisieren, akzeptieren und anbeten«.[178] Was hier Satire und Parodie ist, das ist – wie immer im Internet – schwer zu sagen.

Schmidhuber und Levandoswki sind sich einig, dass die starke KI kommen wird. Schmidhuber nutzt als Rechtfertigung für seine eigene Forschung zwei Argumente:[179] Erstens wolle er selbst nicht entscheiden, welche Forschung sich denn nachher als gut erweisen würde. Als Beispiel gibt er den Kunstdünger an, der verantwortlich für das starke Wachstum der menschlichen Bevölkerung dieses Planeten gewesen sei. Natürlich wissen wir heute, dass dies für den Planeten Erde durchaus starke Nebenwirkungen hat; ein klassisches Beispiel für eine Erfindung, deren letzte Bewertung schwierig ist. Zweitens sei die Entwicklung unaufhaltsam, so Schmidhuber. Es seien schon heute so viele davon fasziniert, dass irgendwann irgendjemand die »Puzzlesteinchen zusammensetzen wird. Es ist unmöglich, zu sagen: ›Wir halten das jetzt an‹«.[180]

Nun, zur ersten Frage, ob es die starke KI überhaupt geben wird, muss ich sagen, dass die Antwort auf diese Frage nahezu irrelevant ist: Wir müssen uns der Diskussion stellen, ob es sie geben sollte. Und da bin ich definitiv anderer Meinung als die geschätzten Kollegen.

Zweitens gibt es sehr wohl Erfindungen, die soviel mehr Risiko beinhalten als Chancen, dass die Menschheit sich einig ist, dass sie nicht entwickelt werden sollten oder – falls das schon passiert ist – dass sie nicht eingesetzt werden sollten.

Drittens kann man nie vollständig verhindern, dass irgendwo irgendjemand trotzdem etwas entwickelt, und vielleicht ist es sogar bei diesem Thema deutlich schwieriger als bei Chemiewaffen oder spaltfähigem Material. Aber das sollte uns nicht darin bremsen, die Entwicklung einer starken KI aufzuhalten, denn es gibt aus meiner Sicht sehr gute Gründe, es nicht zu versuchen. Das erste Problem besteht darin, eine Bewertungsfunktion mit einem Optimierungsziel zu finden, die keine schwerwiegenden Nebenwirkungen hat.

Die problematische Optimierungsfunktion oder:
Findest du DAS gut?

Erinnern Sie sich an »Fenton«, den lustigen Saugroboter, der lernte, rückwärts mit Full-Speed herumzurasen? Und das nur, weil die »Optimierungsfunktion« auf der falschen Annahme beruhte, dass »Fenton« überall Sensoren für Zusammenstöße hat? Solche Geschichten sind überhaupt nicht neu und meistens ziemlich erheiternd. Christine Barron beschreibt beispielsweise auf ihrem Blog, wie sie versucht hat, einem Bot in einer Computersimulation das Pfannkuchenwenden beizubringen.[181] Beim ersten Versuch hat ihre Optimierungsfunktion die Anzahl der Zeiteinheiten belohnt, bis der Pfannkuchen auf dem Boden landete.

Der Bot lernte daher folgerichtig, den Pfannkuchen möglichst hoch und weit zu werfen, um die Flugzeit zu erhöhen. Sehr schön! Aber knapp daneben ist auch vorbei. In ihrer Simulation hat sie die Optimierungsfunktion dann einfach so oft angepasst, bis der Bot tat, was intuitiv gemeint war. So einfach ist es, solange alles in der virtuellen Welt bleibt.

Es gibt im Netz eine ganze Liste von solchen Optimierungsfunktionen im Bereich des maschinellen Lernens, die gut gemeint waren, aber leider nicht das erreichten, was gewollt war.[182] Diese Lektion lernen wir Informatiker:innen schnell und gründlich: Der Computer tut immer nur genau das, was wir ihm gesagt haben. Es kann auch durchaus eine sehr befreiende Erfahrung sein, dass es wenigstens ein Ding gibt, das meinen sorgfältig überdachten Anweisungen folgt, wenn es sonst schon keiner tut (ja, ich gucke Euch an, Familie!). Meistens aber ist das Programmieren eher eine demütig machende Erfahrung, die einem zeigt, dass man schon wieder etwas übersehen hat.

Die von mir bisher genannten Beispiele sind eher witzig: Sich stoßende Roombas und fliegende Pfannkuchen haben wenig Schadenspotenzial. Weniger lustig ist dann schon die Aussage von You-Tube-Mitarbeitern im April 2019, dass die Optimierungsfunktion der Firma mitverantwortlich dafür sein könnte, dass insbesondere solche Videos immer wieder durch ihre Algorithmen weiterempfohlen werden, die Fake News und Verschwörungstheorien enthalten.[183] Dazu sprach das US-amerikanische Medienunternehmen »Bloomberg News« laut eigenen Angaben mit mehr als zwanzig ehemaligen und aktuellen Mitarbeitern von YouTube. Diese gaben an, mehrere Ideen entwickelt zu haben, um die »Toxizität« von Videos zu messen, diese zu kennzeichnen oder nicht mehr zu empfehlen. Statt diese Ideen umzusetzen und damit das Problem toxischer Videos einzudämmen, wurde laut dem Artikel von der Führung immer wieder auf das Ziel hingewiesen, das YouTube sich selbst gesetzt hatte: dass die Nutzer:innen pro Tag mindestens eine Milliarde Stunden Videos auf YouTube sehen.[184] Dieses Ziel wurde 2016 erreicht.

Die Logik hinter diesem Ziel wird von führenden YouTube-Angestellten in John Doerrs Buch »Measure what Matters« genau beschrieben: »In einer Welt, in der Rechenleistung nahezu unbegrenzt ist, ›ist die wahrhaft rare Ressource in Wirklichkeit die menschliche Aufmerksamkeit‹. Wenn Nutzer:innen mehr ihrer wertvollen Zeit mit dem Schauen von YouTube Videos verbringen, müssen sie zwangsläufig zufriedener mit diesen Videos sein. Es ist eine positive Rückkopplungsschleife: Mehr zufriedene Zuschauer (Bildschirmzeit) erzeugen mehr Werbung, was den Anreiz für die Urheber von Material erhöht, was dann wieder für mehr Zuschauer sorgt.«[185]

Dass diese Art von Denken dazu führt, dass viel mehr Menschen viel mehr Zeit mit Technologie verbringen, als sie selbst es wollten, wird unter dem Begriff *addictive technology* (»süchtigmachende Technik«) schon von einigen Autoren ausführlich diskutiert.[186] Und da Videos, die »einem die Augen öffnen wollen« für die angeblichen Nebenwirkungen von Impfungen, Verschwörungen von mächtigen Gruppen oder die »Theorie«, dass Angela Merkel Hitlers Tochter wäre,[187] Nutzer:innen besonders lange vor dem Bildschirm kleben lassen, könnte es die Fixierung auf dieses Ziel gewesen sein, das mehr dieser toxischen Videos zu mehr Zuschauer:innen verholfen hat.

Das Beispiel und viele Tausend andere zeigen, dass gut gemeinte, aber nicht vollständig durchdachte oder einseitig formulierte Optimierungsfunktionen in den ersten paar Anläufen oftmals gravierende Nebenwirkungen haben. Aber wenn es eine starke KI geben soll, kommen wir um eine »Master-Optimierungsfunktion«, mit der sie ihre Handlungen bewertet, nicht herum.[188] Wie hoch ist also die Chance, dass wir es hinkriegen, eine Optimierungsfunktion für eine starke KI zu entwickeln, die sich wie gewünscht verhält? Schmidhuber schlägt dazu seine »künstliche Neugier« vor. In ihrem Interview für die *FAZ* haken Friedemann Bieber und Katharina Laszlo nach, ob es da nicht auch eine Nebenwirkung geben könne. Ob nämlich der künstlich neugierige Roboter dann nicht möglicherweise eine andere Art von Wissenschaft betreiben würde. Schmidhubers Antwort zeigt ein weiteres Problem: »Kaum, schließlich leben wir alle in Umgebungen mit denselben physikalischen Gesetzen, deren Erforschung sich lohnt.« Das ist wohl richtig, aber das gilt eben nur für das physikalische Weltmodell, nicht für unsere Perspektiven auf kulturelle und soziale

Normen, die bei menschlichen Forscher:innen immer eine Rolle bei der Auswahl des nächsten Forschungsprojektes spielen. Was hält die KI davon ab, sich den Menschen als Forschungsobjekt vorzunehmen? Ob und was erforscht wird, bedarf im Allgemeinen und insbesondere auch bei der Erforschung des Menschen immer eines sozialen Konsenses, und damit kann die Entscheidung darüber nicht einfach so der KI überlassen werden.

Daher müsste eine menschenzentrierte Neugierfunktion der KI auch gesellschaftliche Ziele wie die Einhaltung der »Menschenwürde«, größtmögliche »Nachhaltigkeit« und »gesellschaftliche Teilhabe« beinhalten – diese Konzepte also operationalisieren und damit messbar machen. Oder die KI müsste lernen, wie wir Menschen in welcher Situation diese Ziele bewerten und in unsere Entscheidung einbeziehen.

Schau hierhin!

Wäre es uns unter dieser erweiterten Weltsicht, die klar den Menschen ins Zentrum setzt, möglich, eine Optimierungsfunktion zu gestalten oder die Maschine lernen zu lassen, die notwendige Entscheidungen für alle Menschen so bewertet, wie diese es gerne hätten? Und wenn das möglich wäre, wie würden wir die Priorisierung der oben genannten Konzepte herausbekommen, wenn die genannten gesellschaftlichen Ziele miteinander in Konflikt geraten? Wenn beispielsweise eine Entscheidung ökologisch sinnvoll zu sein scheint, aber manche Menschen dafür enteignet werden müssten? Gewinnt man eine solche Gewichtung der Einzelziele durch eine Umfrage? Und welches Ranking gewinnt dann, wenn die Menschen sich nicht einig sind?

Es gibt eine interessante Warnung dafür, was die Befragung von Menschen zu gesellschaftlichen und ethischen Fragen ergeben könnte. In einer Online-Studie befragte das Massachusetts Institute for Technology (MIT) Menschen, wie sich ein autonomes Auto in verschiedenen Situationen verhalten soll, wenn es unvermeidbar scheint, dass Personen und/oder Tiere verletzt werden. Dabei gab es verschiedene Szenarien: Manchmal war die Anzahl der gefährdeten Personen unterschiedlich, einmal ihr Alter oder das Geschlecht, einmal musste das Auto ausweichen, um die kleinere Gruppe zu erwischen, einmal nicht. Es handelt sich also um Varianten des sogenannten **Trolley-Problems**.[189] Auf der Webseite des MIT zum Experiment können Sie selbst ausprobieren, wie Sie sich jeweils entscheiden würden: http://moralmachine.mit.edu/hl/de Die nächste Abbildung zeigt ein vereinfachtes Beispiel aus einem Befragungsdurchgang; die Entscheidung dürfte für die meisten von uns vermutlich noch recht einfach zu treffen sein.

Abbildung 43: Das autonome Auto kann weder rechtzeitig bremsen noch ausweichen, aber entweder nur die Katze oder nur das Kind treffen. Wie sollte es fahren?

Für eine erste Auswertung, die der Hauptautor Awad zusammen mit Kollegen im renommierten Wissenschaftsjournal *Nature* veröffentlichte, werteten die Autoren 40 Millionen solcher und ähnlicher Entscheidungen aus.[190] Und obwohl die Befragung aus verschiedenen Gründen nicht repräsentativ ist, kann man daraus doch interessante Schlüsse ziehen.[191] Es ergibt sich beispielweise insgesamt eine starke Präferenz für die eigene Spezies: Die meisten würden eher Tiere überfahren als Menschen. Danach versuchen die meisten, die größere Gruppe zu schützen und eher jüngere zu schützen als ältere Personen. Awad und seine Co-Autoren merken dazu an, dass ihre Teilnehmer:innen damit anders entscheiden, als es beispielsweise die deutsche »Ethik-Kommission Autonomes und Vernetztes Fahren« unter Leitung von Udo di Fabio, Professor der Rechtswissenschaften und ehemaliger Bundesverfassungsrichter, tat. Die Kommission stellt als Regel 9 in ihrem Bericht fest: »Bei unausweichlichen Unfallsituationen ist jede Qualifizierung nach persönlichen Merkmalen (Alter, Geschlecht, körperliche oder geistige Konstitution) strikt untersagt. Eine Aufrechnung von Opfern ist untersagt. Eine allgemeine Programmierung auf eine Minderung der Zahl von Personenschäden kann vertretbar sein. Die an der Erzeugung von Mobilitätsrisiken Beteiligten dürfen Unbeteiligte nicht opfern.«[192]

Nun der überraschende Teil: Die Umfragen deuten an, dass sich die Präferenzen global unterscheiden. Laut ihrer Analyse sind eher südlich gelegene Länder diejenigen, die Frauen deutlich stärker schützen als Männer. Gemeinsam mit den westlichen Ländern ist ihnen der Schutz junger Personen sehr wichtig, während der Osten eher Ältere schützt.[193] Wie gesagt, da die Umfrage nicht repräsentativ ist und Personen auch mehrfach teilnehmen konnten oder einfach lügen konnten, kann man die quantitativen Ergebnisse nicht einfach als Basis nehmen. Meines Erachtens kann man aber damit wenigstens qualitativ nachweisen, wie unterschiedlich die ethischen Präferenzen bei diesem Thema sind.

Was machen wir nun damit? Nach welchem Rechtsprinzip sollten wir die Optimierungsfunktion hier setzen? Sollte eine starke KI hier von den Menschen ihrer Umgebung lernen? Das Beispiel des zum Nazi umerzogenen Chatbots »Tay« von Microsoft zeigt, dass eine lokale Auswahl von »Lehrer:innen« zu katastrophal unrepräsentativen Ansichten führen kann. Soll die starke KI dann versuchen, eine repräsentative Umfrage zu machen? Innerhalb welcher Region? Eines Staats, eines Kontinents? Was, wenn ihre Entscheidungen globale Auswirkungen haben, sich die Präferenzen der Menschen aber unterscheiden? Die Autoren der MIT-Studie schreiben dazu: »Auch wenn die ethischen Präferenzen der Bevölkerung nicht notwendigerweise die primäre Grundlage von politischen Entscheidungen sein sollte, wird die Gesellschaft nur dann willens sein, autonome Fahrzeuge zu kaufen und sie in den Straßen zu schätzen, wenn die gewählten ethischen Regeln für sie nachvollziehbar sind.«[194] Wie viel mehr gilt dies, wenn Reichtum verteilt werden soll, Konflikte gelöst werden müssen oder gerechte Strafen für Kriminelle gefunden werden sollen?

Soll die starke KI dann also von den Experten und Expertinnen eines Faches lernen, die sich seit Jahrhunderten mit ähnlich schwierigen Problemen beschäftigen? Dann bleibt die Frage, wie sich diese zu erkennen geben und wer in den erlauchten Kreis derjenigen aufgenommen werden soll, die die Optimierungsfunktion bestimmen oder die KI lehren dürfen. In beiden Szenarien würde hier die KI also notwendigerweise nur wenige Personen repräsentieren. Sie sehen schon, dass die Frage nach der starken KI damit auch jahrtausendealte Fragen der Governance, der Politik und der Sozialwissenschaften berührt.

Mit jeder Optimierungsfunktion, die dann vermutlich erst einmal abstrakt formuliert werden würde, kommen im zweiten Schritt der Operationalisierung viele Modellierungsentscheidungen dazu – mit allen Problemen, die ich in den ersten Kapiteln genannt habe: Welche Art von Daten genau bekommt die Funktion als Input? Wer bestimmt, welche Sensoren die KI hat und welche Bedeutung deren Signale haben? Wie genau wird aus diesen Rohdaten dann ein Maß für »gesellschaftliche Teilhabe« oder »menschenwürdiges Leben«? Sowohl die notwendige Datenauswahl als auch die Operationalisierung von sozialen Konzepten ist aber – wie am Beispiel der

MIT-Studie und vielen weiteren soziologischen Studien zu sehen – stark kulturell geprägt. Auch hier würde sich, selbst bei Verständigung auf die abstrakte Optimierungsfunktion, wieder nur eine Teilmenge von Menschen repräsentiert fühlen können.

Die Ausgangsbedingungen für eine starke KI sind also schlecht: Sie braucht eine Optimierungsfunktion, diese muss aber – wenn sie menschenzentriert sein soll – eine sinnvolle Auswahl an Daten bekommen und soziale Konzepte operationalisieren. Beides ist stark von kulturellen Perspektiven abhängig.

Von wem darf die KI also lernen? Das muss genau durchdacht werden. Denn wenn die Optimierungsfunktion nur gut gemeint ist, aber nicht genau zu jenem Verhalten ermutigt, das wir für sinnvoll halten, sind Nebenwirkungen vorprogrammiert. Wenn das die Grundlage ist, könnten nur zwei Dinge die Idee einer starken menschenzentrierten KI noch retten. Erstens, wenn fast alle sinnvoll aussehenden Optimierungsfunktionen nur kleine Nebenwirkungen erwarten lassen. Oder zweitens, wenn wir schnell eingreifen könnten, falls etwas schiefzugehen droht.

Die wohlwollende Optimierungsfunktion und das Collingridge-Dilemma

Gesetze sind der textgewordene Versuch, komplexe Situationen mithilfe von Strafen und Anreizen zu steuern. Dazu kommen Steuern und steuerliche Anreize, um gewolltes Verhalten zu erzeugen. Unvergessen auch der Versuch, mithilfe von Praxisgebühren die hohe Anzahl von Arztbesuchen mancher Patienten zu steuern. Oder die Einführung des Emissionsrechtehandels, um Schadstoffemissionen zu verringern. Einige dieser Versuche endeten in sogenannten **perversen Anreizen**, also in Anreizen, die von Menschen in unvorhergesehener Art und Weise ausgenutzt wurden, und zum genauen Gegenteil des Gewollten führten.[195]

Der Bamberger Psychologe Dietrich Dörner hat seine Überzeugung, dass Menschen nicht in der Lage seien, komplexe Systeme zu überblicken und zu steuern, in seinem Buch »Die Logik des Misslingens – strategisches Denken in komplexen Situationen« sehr deutlich gemacht. Ich stimme ihm völlig zu, dass wir Menschen nicht gut darin sind, ein komplexes System durch **eine einzige, zu Beginn festgelegte Optimierungsfunktion** zu steuern. Ich halte alleine das Ansinnen, dafür nur eine einzige Optimierungsfunktion zu nutzen, für aussichtslos. Daher wäre die letzte Hoffnung, dass wir die Optimierungsfunktion bei unerwarteten Nebenwirkungen einfach schnell austauschen. Das führt mich zum sogenannten Collingridge-Dilemma.

David Collingridge forschte im Bereich Technopolitik und formulierte 1981 in seinem Buch »The Social Control of Technology«[196] das Problem, dass beim Einsatz einer neuen Technologie deren ungewollte Nebenwirkungen oft erst dann erkannt werden können, wenn sie sich so stark durchgesetzt hat, dass sie nur noch unter großem ökonomischem Aufwand rückgängig gemacht werden kann. Das klassische Beispiel ist hier der Verbrennungsmotor und der individualisierte Verkehr: Solange es nur wenige Autos gab, war die Verwendung von Benzin und Diesel wenig problematisch und wäre es auch noch lange geblieben. Erst durch die massenhafte Ausbreitung und die darauf basierende Gestaltung von Städten, die Wahl von Wohnorten, in der Gewissheit, mit dem Auto zur Arbeit fahren zu können, und die Abhängigkeit des Bruttoinlandsproduktes von dieser Industrie wird es nun so schwierig, Alternativen zu finden. Ähnliches wäre auch bei einer starken KI denkbar: Da digitales Wissen kopiert werden kann, wäre es vermutlich schwierig, alle Kopien zu aktualisieren. Außerdem würde nach dem jetzigen Stand der Technik – je nach Größe des Problems – die Wissensstruktur wenigstens teilweise wieder auf o gesetzt werden müssen. Auch hier wird also das Collingridge-Dilemma zuschlagen.

Mit anderen Worten: Ich glaube, dass die Menge der möglichen Optimierungsfunktionen einer starken KI, die menschheitsverträglich sind, unendlich klein ist gegenüber der Menge möglicher

Optimierungsfunktionen, die keine positiven Auswirkungen auf den Planeten, seine Flora und Fauna inklusive der Menschheit hätten. Ich denke, dass es damit statistischer Selbstmord mit erwartbar schlechtem Ausgang wäre, es zu versuchen. Die oben stehende Abbildung fasst meine Argumentation zusammen:

Aber ist vielleicht der Nutzen einer starken KI so viel höher als das Risiko? Wenn Sie nicht ernsthaft glauben, dass die Menschheit sogar zu doof ist, um die richtigen Fragen zu finden, gibt es auch keinen Grund, eine solche starke KI zu entwickeln. Für jede Frage, die wir als Gesellschaft verfolgen wollen, können einzelne schwache KI-Systeme ausprobiert werden. Für diese kann man auch schwache Prototypen entwickeln, die schnell beliebige Aufgaben lernen können – den Ansatz dafür sehen wir heute schon bei Software, die im Wesentlichen Schmidhubers Ansatz folgt: zwei lernende Systeme, die sich gegenseitig verbessern.

Es gibt für mich also jeden Grund, nicht weiter als bis zu diesem Schritt zu gehen.

Schlusswort

An dieser Stelle muss ich Sie, geneigte Leserin und geneigter Leser, für dieses Mal allein lassen. Ich habe versucht, Ihnen anhand meiner eigenen Reise von der Naturwissenschaftlerin zum Data Scientist nahezubringen, warum wir Informatikerinnen und Informatiker so begeistert sind von den Möglichkeiten maschinellen Lernens – solange sie nicht dazu verwendet werden, um über Menschen und ihren Zugang zu wichtigen gesellschaftlichen, ökonomischen oder ökologischen Ressourcen zu entscheiden. Denn hier müssen wir Vorsicht walten lassen, damit die Vorteile genutzt und Nachteile vermieden werden können.

Damit Sie sich einbringen können, habe ich Ihnen vier Werkzeuge mitgegeben: Die **lange Kette der Verantwortlichkeiten**, das **OMA-Prinzip**, das **Algoskop** und die **Risikomatrix**.

Die **lange Kette der Verantwortlichkeiten** hat Ihnen gezeigt, wo es überall zu Problemen kommen kann, wenn es um die Vorhersage menschlichen Verhaltens geht. Ich habe die Abbildung der langen Kette der Verantwortlichkeiten hier noch einmal eingefügt, damit Sie sich noch einmal vergewissern können, dass die meisten Fragen ethisch-moralischer Natur sind und dass Sie – als Anwender oder Betroffener – sich einbringen können und sollten.

Die lange Kette der Verantwortlichkeiten demonstriert aber auch, dass künstliche Intelligenz – auch wenn sie lernende Komponenten enthält – im Wesentlichen unkritisch ist, wenn über Dinge entschieden werden soll, die keinen direkten Bezug zu Menschen oder zur Gesellschaft an sich haben. Denn in diesen Situationen ist meistens das Qualitätsmaß offensichtlich und leicht messbar; es be-

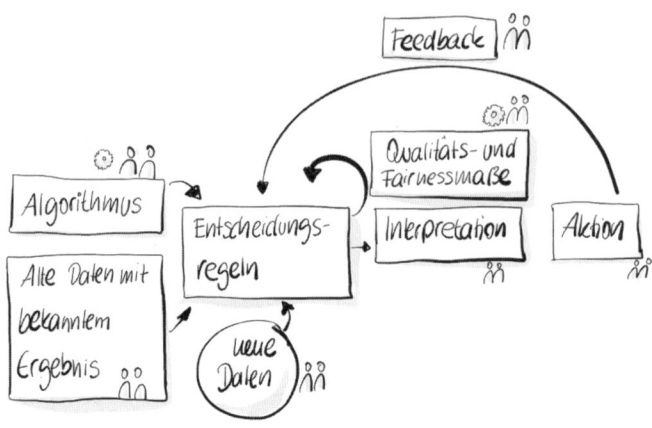

Abbildung 44: Der Maschinenraum ruft – wir benötigen Ihren Input, um bessere Entscheidungen zu treffen! Bringen Sie sich und Ihre Meinung überall dort ein, wo die Personensymbole stehen, um bessere algorithmische Entscheidungssysteme zu entwickeln.

darf keines Fairnessmaßes, da es nicht um Menschen oder ihre gesellschaftliche Teilhabe geht, und es sind vermutlich keine Operationalisierungen von sozialen Konzepten notwendig. Das **OMA-Prinzip**, das die Passgenauigkeit von der Modellierung der Frage (mit allen Operationalisierungsentscheidungen) mit dem Algorithmus fordert, ist also hier deutlich leichter zu überprüfen.

Damit rechtfertigt sich auch das **Algoskop**. Künstliche Intelligenz – also eigentlich die Algorithmen des maschinellen Lernens – bedarf ganz grundsätzlich unserer Aufmerksamkeit, wenn sie »richtet« (Entscheidungen über Menschen trifft) oder »dichtet« (den Menschen in seinen ureigensten Tätigkeiten ersetzt). Aber nicht alle diese Systeme müssen auf **technischer Ebene** reguliert werden. Das Algoskop als Instrument hilft Ihnen bei der Entscheidung, ob ein algorithmisches Entscheidungssystem eine erweiterte Einsicht und Kontrolle seiner Entscheidungen benötigt. Aus der obigen Zusammenfassung ergibt sich, dass nur eine relativ kleine Klasse von Softwaresystemen unter einer ethischen Perspektive betrachtet werden sollte. Dies sind primär solche, die aus Daten lernen, wie sich Menschen in der Vergangenheit verhalten haben, um daraus Schlüsse über das mögliche zukünftige Verhalten von anderen Menschen zu ziehen und solche, die über den Zugang zu gesellschaftlichen Ressourcen entscheiden. Es geht also in diesem Kontext im Wesentlichen um die algorithmischen Entscheidungssysteme, die » richten «.

Daneben müssen natürlich solche Systeme technisch kontrolliert werden, die beispielsweise Sicherheitsregulierungen unterliegen – hier ist die Frage, wie und ob maschinelles Lernen in solche Maschinen überhaupt eingebracht werden kann, noch Gegenstand der Forschung.

Um das technische Regulierungslevel der richtenden Entscheidungssysteme zu bestimmen, habe ich Ihnen die **Risikomatrix** vorgestellt mit ihren fünf Kategorien an technischer Regulation. Daneben können und werden sich natürlich andere politische Regulierungsnotwendigkeiten ergeben, die auch für solche Systeme gelten, die nicht auf technischer Ebene reguliert werden müssen. Algorithmische Entscheidungssysteme, die » dichten «, also menschliche Jobs übernehmen, werden gravierende bildungspolitische, arbeitspolitische und sozialpolitische Folgen nach sich ziehen, denen wir proaktiv begegnen müssen. KI-Systeme, die versuchen, uns in unseren politischen Meinungen zu manipulieren, uns als Nutzer über Gebühr in den Bann ziehen, die uns ausspähen, süchtig machen oder anderweitig manipulieren, bedürfen auch datenschutzrechtlicher, verbraucherschutzrechtlicher und sicherheitspolitischer Antworten. Von alldem unbenommen ist natürlich auch der bisher schon notwendige Nachweis der Funktionalität eines Produktes, wie sie im Rahmen des TÜV geprüft wird: Das sichere Bremsverhalten von Fahrzeugen, beispielsweise, oder die Arbeitssicherheit, wenn Roboterarm neben Arbeiterin am Band steht.

Ich habe Ihnen anhand einiger Beispiele aber gezeigt, dass der » Algorithmen-TÜV « nicht der richtige Ort ist, wenn es um die Frage der sinnvollen Anwendung eines algorithmischen Entscheidungssystems in einem komplexen sozialen Prozess geht. Der Grund dafür liegt darin, dass erst der soziale Kontext die möglichen Risiken festlegt und damit auch das Qualitätsmaß bestimmt. Um das Schadenspotenzial des **sozio-technischen Gesamtsystems** zu analysieren, bedarf es Personen, die die dafür notwendige Ausbildung haben. Daher haben wir an der TU Kaiserslautern den **Studiengang Sozioinformatik** entwickelt, der unter anderem diese Fähigkeit lehrt.

Dieses Buch sollte Ihnen aber vor allen Dingen dabei helfen, zu sehen, dass die Systeme gestaltbar sind und dass wir als Bürgerinnen und Bürger handlungsfähig sind. Die Aufteilung dieser Systeme in verschieden zu behandelnde Klassen bezüglich ihrer technischen Regulierungsnotwendigkeit gibt uns auf jeden Fall an dieser Stelle klare Hinweise, was wir tun können und was dafür notwendig ist. Abbildung 45 fasst typische Fragen zusammen, die bei der Entwicklung von algorithmischen Entscheidungssystemen beantwortet werden sollten. Das lässt mich eher optimistisch in die Zukunft schauen, dass wir diese Technologie an wesentlichen Stellen in den Griff bekommen werden.

Auf welcher Zeitskala wir das bewerkstelligen, ist mir dagegen weniger klar. Denn es gibt immer noch das schon erwähnte Collingridge-Dilemma zu bedenken: Solange eine Technologie noch keine breite Verwendung findet, sind nicht alle ihrer Nebenwirkungen bekannt. Wird sie aber erst einmal flächendeckend eingesetzt, dann ist sie gerade deshalb schwer zu kontrollieren und in den Griff zu bekommen. Dafür sind Facebook und seine Nutzung durch andere Staaten, um die politische Meinung in den USA zu beeinflussen, ein eindrückliches Beispiel.

Auswahl ethischer Fragen bei der Entwicklung und dem Einsatz von algorithmischen Entscheidungssystemen

Daten: Welche sozialen Konzepte wurden wie **operationalisiert**? Welche Daten wurden insgesamt verwendet? Wie hoch ist die Qualität dieser Daten? Wer definiert die Grundwahrheit?

Methode: Welcher Algorithmentyp wurde verwendet? Passt der für die Menge der Daten oder ist er eigentlich zu datenhungrig? Ist er fehlerstabil genug? Ist das resultierende statistische Modell für Menschen nachvollziehbar?

Qualitäts- und Fairnessmaß: Welches Qualitätsmaß bzw. Fairnessmaß wurde verwendet? Wer hat das jeweils entschieden?

Dateneingabe: Welche Fehlermöglichkeiten gibt es bei der Eingabe der Daten im laufenden Betrieb?

Interpretation: Wie wird das Ergebnis genau präsentiert? Wer interpretiert es? Wurde die Person geschult? Sind die Werte weiterer Qualitätsmaße bekannt? Sind die Bedeutungen dieser Maße klar kommuniziert worden?

Aktion: Wer fällt die endgültige Entscheidung (»Aktion«)? Ist die Entscheidung der Maschine autonom oder gibt es danach noch ein:e menschliche:n Entscheider:in?

Feedback: Ist das Feedback beidseitig oder nicht? Wird das gemessen? Wie? Wie geht es in die Verbesserung des Systems ein? Dazu die Frage nach dem übergeordneten Ziel: Wer hat das soziale Ziel festgelegt, das mit dem Einsatz einer Maschine verbessert werden soll? Wie wird gemessen, ob es erreicht wird?

Abbildung 45: Typische Fragen entlang der langen Kette der Verantwortlichkeiten, die bei der Entwicklung und Einbettung eines algorithmischen Entscheidungssystems in einen sozialen Prozess beantwortet werden müssen.

Was also können Sie tun? Fangen Sie gleich jetzt an. Denken Sie darüber nach, wie Sie persönlich eigentlich Entscheidungen treffen. Was ist **Ihnen** wichtig, wenn ein neuer Kollege oder eine neue Kollegin eingestellt werden soll? Reden Sie auch in Ihrer Firma darüber: Welche Entscheidungen treffen Sie eigentlich? Könnten Daten Ihnen dabei helfen, bessere Entscheidungen zu treffen? Wonach bewerten Sie, ob Sie eine gute oder eine schlechte Entscheidung getroffen haben? Kann man das messbar machen?

Oder denken Sie an die letzte schwierige Entscheidung in der Familie, im Verein oder im Freundeskreis: Was sind die Werte, nach denen Sie gemeinsam entschieden haben – können Sie sich vorstellen, diese Werte einer Maschine begreifbar zu machen?

Nur wenn Sie für sich und in Ihren Wirkungskreisen darüber nachgedacht haben, was eine gute Entscheidung ist, werden Sie auch in der Lage sein, darüber zu entscheiden, inwieweit Sie eine Maschine dabei unterstützen kann und sollte.

Denn letzten Endes gibt es nur einen Weg, wie die Ethik in den Rechner kommt: Über Sie, über mich, über uns!

Ein Dank zum Schluss

Ich danke meinen Testleserinnen und Testlesern für ihre hilfreichen Hinweise. Dies sind insbesondere meine Eltern, Peter-Hannes Lehmann und Ursula Lehmann-Buss, die seit über zwanzig Jahren meine deutschen Texte gegenlesen und als Journalisten schon immer viel dazu beigetragen haben, dass meine wissenschaftlichen Texte verständlich sind. Großer Dank geht auch an Konrad Rauße, Anita Klingel und Silke Krafft, die mit Liebe zum Detail den Text durchgegangen sind. Nicht zuletzt danke ich Florian Eyert und Andrea Hamm vom »Weizenbaum-Institut für die vernetzte Gesellschaft« und MR Claudia Bülter, Leiterin des Sekretariats der Enquete-Kommission Künstliche Intelligenz, für ihre detaillierten Anmerkungen. Für die gute Rundumbetreuung von Verlagsseite danke ich dem Team des Heyne Verlags, insbesondere Julia Sommerfeld und Laura Sommerfeld.

Hannah Leitgeb von der rauchzeichen.agentur danke ich dafür, dass sie im letzten Sommer einfach zum Hörer griff, nachdem sie ein Porträt von mir in der Süddeutschen Zeitung gelesen hatte. Und damit geht ein großer Dank an die dafür verantwortliche Redakteurin Christina Berndt. Ohne Sie, liebe Frau Berndt, läge das Buch vermutlich noch in der Schublade!

Dank geht auch an Tobias Krafft, mit dem ich in den letzten Jahren viele der hier angesprochenen Themen diskutiert und weitergetrieben habe. Zusammen mit meinem Mann haben Tobias und ich zudem Anfang des Jahres die »Trusted AI GmbH« (trusted-ai.com) gegründet, um Menschen mit Vorträgen und Workshops die Themen dieses Buches näherzubringen. Außerdem begleiten wir die

Ausschreibung, den Einsatz und die Evaluation von algorithmischen Entscheidungssystemen des Staates und von Firmen. Ich freue mich auf die weitere Arbeit mit Euch zu diesen Themen!

In einer Familie ist jedes Produkt Teamarbeit. Der größte Dank geht daher an meinen Mann, der mich immer unterstützt hat in meiner Karriere. Auch dieses Buch gibt es nur, weil mein Mann es ermöglicht hat, dass ich meinem Tagesrhythmus entsprechend nachts schreiben konnte – und damit für ihn noch weniger eine Unterstützung mit den Kindern war als sonst. Ich danke Dir dafür.

Anhang

Anmerkungen

1 Unter dem Begriff »Nudging« versteht man alle Maßnahmen, die Menschen mit ihrer Entscheidung in eine bestimmte Richtung »stupsen« sollen. Das kann z. B. eine Voreinstellung zum Gebrauch von Geräten sein, die eher stromsparend ist. Das Nudging kann gesellschaftlich erwünschtes Verhalten erleichtern, im Extremfall aber auch als bevormundend wahrgenommen werden. Im geschäftlichen Bereich kann es in eine Manipulation der Kunden und Kundinnen übergehen.

2 Dafür gibt es sogar einen Begriff: »Verzerrungsblindheit« (englisch *bias blind spot)*

3 In einem Artikel mit dem wunderbaren Titel »Data Scientist: The Sexiest Job of the 21st Century« gibt einer der Autoren, D. J. Patil, an, dass er diesen Begriff zusammen mit Jeff Hammerbacher ersonnen habe. Quelle: T. H. Davenport, D. J. Patil: »Data Scientist: The Sexiest Job of the 21st Century«, *Harvard Business Review*, 10/2012, S. 70–76

4 A. Bari, M. Chaouchi, T. Jung: Predictive Analytics for Dummies, Jon Wiley & Sons, Inc., Hoboken/New York (2014)

5 Im Original heißt es: »(...) in the end the predictive possibilities are virtually unlimited, provided the availability of good data ...« und »... let's take the emotion out of the hiring process and replace it with a data-driven approach.« Firma Inostix in einem Blogbeitrag auf hrminfo.net, http://www.hrmblogs.com/2014/10/15/how-hr-analytics-will-transform-the-world-of-hiring/, veröffentlicht am 15.10.2014, heruntergeladen am 26.9.2018

6 Inwieweit diese Antworten genutzt werden, ist übrigens völlig intransparent – die eigentliche Risikobewertung basiert laut einem Blogeintrag

auf der Firmenseite (heute »equivant«) nur auf sechs Inputs (https://www.equivant.com/official-response-to-science-advances/). Diese scheinen aber aus den genannten Daten aggregiert zu werden. Das suggeriert zumindest das Handbuch für COMPAS, das in Abschnitt 4.1.2, S. 27 für die allgemeine Rückfälligkeitsvorhersage Faktoren wie »bisherige kriminelle Taten«, »Drogenprobleme«, »frühe Anzeichen von Jugendkriminalität« nennt: http://www.northpointeinc.com/downloads/compas/Practitioners-Guide-COMPAS-Core-_031915.pdf

7   Es handelt sich um die ROC AUC. Was die Prozentzahl genau ausdrückt, erkläre ich in Kapitel 5.

8   J. Dressel, H. Farid: »The accuracy, fairness, and limits of predicting recidivism.« *Science Advances*, American Association for the Advancement of Science (AAAS), 4/2018, eaao5580, veröffentlicht unter: https://advances.sciencemag.org/content/4/1/eaao5580/tab-pdf

9   K. A. Zweig, S. Fischer, K. Lischka: »Wo Maschinen irren können«, AlgoEthik-Reihe der Bertelsmann-Stiftung, 4/2018

10 Ebd.

11 Verurteilen Sie mich nicht zu früh: Die armen Hefezellen aus meiner Diplomarbeit teilten dasselbe Schicksal wie die Hefen, die Ihr Bier, Ihren Wein, den leckeren Hefezopf und die Brötchen vom letzten Sonntag produzierten.

12 *sarcasm off*

13 S. Büttner, T. Eisenberg, E. Herker, D. Carmona-Gutierrez, G. Kroemer, F. Madeo: »Why yeast cells can undergo apoptosis: death in times of peace, love, and war«, *Journal of Cell Biology*, 175/2006, S. 521–525

14 Zuerst bezeichnete man damit das Verständnis von Texten, dann weitete man den Begriff auf das Verständnis von Textaufgaben in der Mathematik aus. Heute meint man damit alles, was zu einem kritischen Umgang mit einer Fähigkeit notwendig ist.

15 https://www.tylervigen.com/spurious-correlations

16 Tyler Vigen: Spurious Correlations, Hachette Books, New York (2015)

17 Und er wird damit weder der Erste, noch wird er der Letzte sein.

18 http://tylervigen.com/view_correlation?id=79686 Spielen Sie ruhig ein bisschen herum auf der Seite. Wann immer Sie sich dabei ertappen, eine »Geschichte« zu erfinden, warum diese oder jene gefundene Korrelation ja vielleicht auch kausaler Natur sein könnte, suchen Sie

auch eine Geschichte in die andere Richtung und denken Sie darüber nach, wie sie beide experimentell untersuchen könnten.

19 Daten von Tyler Vigens Webseite: http://tylervigen.com/view_correlation?id=79686

20 Daten von Tyler Vigens Webseite: http://tylervigen.com/view_correlation?id=31365

21 Es ist deshalb eine Hypothese, weil der Begriff der »Berechenbarkeit« tatsächlich nicht abschließend definiert werden kann. Stattdessen haben viele kluge Personen verschiedene intuitiv sinnvolle Berechenbarkeitsmodelle definiert und gezeigt, dass all diese Modelle genau dieselben Dinge berechnen können und andere Fragen nicht lösen können. Eines dieser Berechenbarkeitsmodelle simuliert, was ein Mensch mit Papier und Bleistift berechnen kann, ein anderes, was die Mathematik mithilfe von Funktionen berechnen kann. Da es bisher noch keinem Menschen gelungen ist, ein weiteres Berechenbarkeitsmodell zu definieren, das davon abweicht, gehen wir davon aus, dass Mensch und Maschine dieselben Dinge berechnen können und dass es sich um eine natürliche Menge von Fragen handelt, die berechnet werden können. Auch Quantencomputer werden diese grundsätzliche Unterscheidung in »berechenbare« und »nicht-berechenbare Funktionen« nicht verändern – sie werden nur manche Berechnungen enorm beschleunigen.

22 Tatsächlich bekam ich noch im letzten Jahr eine Anfrage, ob ich nicht einen Vortrag über die »Macht von **Logar**ithmen« halten könnte. Gerne hätte ich mit einem herzlichen »Ja, aber das wird recht kurz. Die Macht liegt in der Basis und steigert sich dann exponentiell.« geantwortet. Aber das wäre wohl ein Rohrkrepierer geworden – der ist nur für Insider! Und natürlich war klar, dass ein Vortrag über die »Macht der **Algo**rithmen« gemeint war.

23 Irritiert Sie dieses »Gegeben« genauso wie meine Testleser? Es handelt sich um einen eintrainierten Spruch: Die Daten, auf denen gerechnet wird, sind »gegeben«, das, was ausgerechnet wird, ist »gesucht«. »Gegeben X, ist die Lösung Y gesucht mit folgenden Eigenschaften«. Nehmen Sie es einfach als »gegeben« hin.

24 Wer es lieber formaler mag, hier bitteschön. Gesucht sind die Zahlen u, v, x und y, so dass gilt: $u+2 = v-2 = x / 2 = y * 2$ und $u + v + x + y = 45$.

25 Im Computer sind natürlich nachher alle Typen von Informationen als Zahlen hinterlegt. Unterschiedlich bei Eingaben von Zahlen und Text ist, dass es bei Zahlen nur verschiedene Ziffern gibt, im Text aber meistens mehr als Symbole geben kann. Die kleine Anzahl der Ziffern kann dann für einen effizienten Ansatz genutzt werden, wenn die Zahlen zudem nicht allzu lang sind (für Eingeweihte: gemeint ist der »Radix-Sortieralgorithmus«).

26 https://www.youtube.com/watch?v=kPRAoWIkECg

27 In der ersten Fassung stand hier »eines begabten Zweijährigen«. Empörter Anruf meines Vaters: »Tochter! Ein Zweijähriger kann doch gar nichts. Ich war immer mindestens ein begabter Dreijähriger. Das ist ein Riesenunterschied. Schönen Gruß noch an meine Enkel.« Und was hat er? Recht hat er, mein Vater. Textstelle geändert!

28 Konrad Beikircher: Et kütt wie't kütt – Das rheinische Grundgesetz, Kiepenheuer & Witsch, Köln (2001)

29 Also meistens. Bis auf den Tag, wo mein ICE die Passagiere eines gestrandeten ICEs aufnehmen musste, ich ziemlich schwanger schnell über den Washingtonplatz rannte und hinfiel. Die modisch zerrissene Hose fiel glücklicherweise auf dem Podium im Paul-Löbe-Haus gar nicht weiter auf.

30 William Edwards Deming nennt es auch eine »operationale Definition«: »An operational definition is a procedure agreed upon for translation of a concept into measurement of some kind.« Zitiert aus: W.E. Deming: The new economics – for Industry, Government, Education, MIT Press Ltd., Cambridge/Massachusetts (2000), S. 105

31 T.J. Misa: »An Interview with Edsger W. Dijkstra«, Communications of the ACM, August 2010, Vol. 53, No. 8, S. 41–47

32 Angelehnt an die Definition des Konzeptes »Revolution« der Wikipedia unter https://de.wikipedia.org/wiki/Revolution, zuletzt abgerufen am 25.2.2019

33 https://www1.deutschebahn.com/db-analytics-de/thema-b/content seite-b3-962226

34 T.J. Misa: »An Interview with Edsger W. Dijkstra«, a.a.O., zu finden unter: https://cacm.acm.org/magazines/2010/8/96632-an-interview-with-edsger-w-dijkstra/fulltext

35 Ebenfalls nachzulesen im Interview mit T.J. Misa.

36 Und damit ein Gruß an all diejenigen, die mit ihren Beziehungs-
modellen die Welt bunter machen und uns in der theoretischen Modellierung des Problems vor ganz neue Herausforderungen stellen.
Tatsächlich ist mir eine LGBT-Variante des Problems bisher nicht bekannt – wäre ja vielleicht mal etwas für eine Bachelorarbeit.

37 Artikel von K. Wack und K. Berry: »›I lost my home because of a
computer glitch‹: Wells' victims seek answers«, *American Banker*,
publiziert am 13.11.2018 unter: https://www.americanbanker.com/news/
i-lost-my-home-because-of-a-computer-glitch-wells-fargo-victims-
seek-answers, zuletzt abgerufen am 26.2.2019

38 Laut einem Bericht von *Reuters* vom 6.11.2018, geschrieben von Sidd-
harth Cavale, zu finden unter: https://www.reuters.com/article/us-wells-
fargo-housing/wells-fargo-says-internal-error-caused-more-home-forec
losures-than-expected-idUSKCN1NB23S, zuletzt abgerufen am 26.2.2019

39 https://www.independent.co.uk/travel/news-and-advice/airline-
flights-pay-extra-to-sit-together-split-up-family-algorithm-minister-
a8640771.html

40 Die Umfrage findet sich hier: https://www.caa.co.uk/News/Civil-
Aviation-Authority-launches-review-of-airlines—allocated-seating-
policies/, zuletzt abgerufen am 28.5.2019. 35 Prozent der Personen, die
in Gruppen flogen und die Extragebühr nicht zahlten, saßen von ihrer
Gruppe getrennt. Bei den Passagieren der anderen Fluglinien lag der
Anteil um 20 Prozent oder deutlich darunter.

41 N. J. Butcher, J. C. Bernett, T. Buckland, R. M.H. Weeks: »Emergency
Evacuation of Commercial Passenger Aeroplanes«, A Specialist Paper
prepared by the Flight Operations Group of the Royal Aeronautical
Society, veröffentlicht am 27.4.2018; zu finden unter: https://www.
aerosociety.com/media/8534/emergency-evacuation-of-commercial-
passenger-aeroplanes-paper.pdf

42 Jan Boris Wintzenburg: »Viele wussten Bescheid – verstörende Einblicke in den größten Betrugsfall der Bundesrepublik«, *Stern*, 4.5.2019;
https://www.stern.de/wirtschaft/news/vw—einblicke-in-den-
groessten-betrugsfall-der-bundesrepublik-8694458.html, zuletzt abgerufen am 28.5.2019

43 D. E. Knuth, M. F. Plass: »Breaking Paragraphs into Lines«, *Software –
Practice and Experience*, 11/1981, S. 1119–1184

44 Original: »So many parameters are present, it is impossible for anyone actually to experiment with a large fraction of the possibilities. A user can vary the interword spacing and the penalties for inserted hyphens, explicit hyphens, adjacent flagged lines, and adjacent lines with incompatible fitness classifications; (...) Thus one could perform computational experiments for years and not have a completely definitive idea about the behavior of this algorithm.« S. 1162, letzter Paragraph aus Knuth & Plass (1981), a. a. O.

45 Auf https://trends.google.de können bis zu drei Suchbegriffe in der relativen Häufigkeit ihrer Anfragen verglichen werden. Dabei wird jeweils die absolute höchste Anzahl an Suchanfragen eines der Begriffe auf 100 Prozent gesetzt und alles andere dazu in Relation angegeben. Absolute Suchvolumina werden nicht angegeben.

46 Eine dieser Schätzungen ist hier zu finden: http://www.internetlivestats. com/google-search-statistics/, die Quellen sind unklar.

47 Cal Jeffrey: »Taking that picture of a black hole required massive amounts of data«, *Techspot*, veröffentlicht am 12.4.2019 unter: https:// www.techspot.com/news/79637-taking-picture-black-hole-required-massive-amounts-data.html, zuletzt abgerufen am 13.4.2019

48 Ebd.

49 Das Video ist eingebettet in den folgenden Tweet: https://twitter. com/nature/status/1116356476161990656. In einem längeren Video sieht man noch mehr Wissenschaftler:innen, die einfach begeistert sind: https://www.youtube.com/watch?v=YNGBIC1zq8c. Beide wurden von dem bekannten Wissenschaftsjournal *Nature* veröffentlicht.

50 Jede:r Informatiker:in hat einen Schlitz unten in der Bürotür, durch den die Familien-XXL-Pizza locker durchpasst. Cola und Kaffee werden über Schläuche direkt an den Arbeitsplatz gespült. Wir dulden einmal die Woche jemanden, der ein bisschen aufräumt, während wir auf dem durchgesessenen Sofa ein Nickerchen machen.

51 Die Herausforderungen waren damals tatsächlich enorm. Mit meinem kleinen Laptop konnte ich die Daten gerade so und nur mit vielen Raffinessen in den sogenannten Arbeitsspeicher bekommen. Die Größe des Arbeitsspeichers ist enorm wichtig für eine flüssige Datenverarbeitung: Er liegt ganz nah bei der Berechnungseinheit des Computers, der CPU, und auf die in ihm gespeicherten Daten kann die CPU direkt

zugreifen. Daher auch sein englischer Name: RAM – *random access memory*. Sobald eine Datenmenge so groß wird, dass sie da nicht mehr hineinpasst, wird sie auf die Festplatte verbannt und nur bei Bedarf in den Arbeitsspeicher kopiert, im Austausch mit den Daten, die bisher dort lagen. Dieses »Swappen« dauert ca. eine Million Mal länger als der direkte Zugriff – nur um mal eine Größenordnung anzugeben. 2007 waren die RAMs noch sehr begrenzt und große RAMs sehr teuer. Aber selbst, wenn ich das Geld investiert hätte, wäre Java – eine Programmiersprache, in der ich programmiert habe – nicht in der Lage gewesen, diesen Speicher sinnvoll zu verwalten. Es hat mich daher damals viel Schweiß gekostet, die Daten in den kleinen RAM zu pferchen.

52 Dieses Qualitätsmaß einer Vorhersage bezeichnet man im Englischen als den *Root Mean Square Error* (RMSE).

53 Alle Zahlen in diesem Absatz stammen aus dem lesenswerten Wikipedia-Eintrag zum Netflix-Prize: https://en.wikipedia.org/wiki/Netflix_Prize, zuletzt abgerufen am 28.2.2019

54 Die folgenden Zahlen beziehen sich alle auf eine zufällig gezogene Probe von 10 000 Nutzer:innen.

55 Dazu gehören die sogenannten Interessantheitsmaße *(Interestingness measures)* im Bereich der Transaktionsregeln, z. B. L. Geng, H. J. Hamilton: »Interestingness measures for data mining: A survey«, *ACM Computing Surveys*, 38/2006, S. 9

56 Hier, ich kann das beweisen: https://en.wikipedia.org/wiki/Veggie Tales

57 Dieser Scherz hat die Ehemannkontrolle nur sehr, sehr knapp überlebt. Mein Mann betont, dass diese Geschichte völlig fiktiv ist und es nie einen Videoabend mit seinen Freunden gegeben hat.

58 Das grundlegende Modell wird in unserem Paper hier erklärt (das *Pretty Woman/Star Wars*-Resultat wird nicht explizit genannt, nicht alle Berechnungen schaffen es in einen wissenschaftlichen Artikel): A. Spitz, A. Gimmler, T. Stoeck, K. A. Zweig, E.-Á. Horvá: »Assessing Low-Intensity Relationships in Complex Networks«, *Plos One*, 2016, https://doi.org/10.1371/journal.pone.0152536

59 Daneben konnte ich auch mathematisch beweisen, dass das erste Modell für Produktbewertungsdaten immer dann falsche Ergebnisse liefert,

wenn sowohl auf der Produktseite als auch auf der Bewertungsseite eine große Varianz herrscht: immer dann also, wenn Produkte sich sehr unterschiedlicher Popularität erfreuen und Kunden sehr unterschiedlich aktiv in der Produktbewertung sind. Das ist in vielen Situationen so, und daher hätte das erste Modell aus rein theoretischen Gründen nicht über so viele Jahre so populär sein dürfen. Quelle: K. A. Zweig, M. Kaufmann: »A systematic approach to the one-mode projection of bipartite graphs«, *Social Network Analysis and Mining*, 1/2011, S. 187–218

60 Siehe auch: K. A. Zweig: »Good versus optimal: Why network analytic methods need more systematic evaluation«, *Central European Journal of Computer Science*, 1/2011, S. 137–153

61 Und Netflix ist es inzwischen recht egal, wie viele Sterne Sie vergeben. Was wirklich zählt, ist, wie lange Sie geguckt haben! Wo sind Sie ausgestiegen? Wie viele Teile einer Serie haben Sie sich hintereinander um welche Uhrzeit angesehen? Sie merken schon, die Datenlage ist heutzutage viel »bigger« und feingranularer.

62 Oder der Delfinvibrator, der im Buch »Qualityland« von Marc-Uwe Kling (Ullstein Buchverlage, Berlin 2017) sein Unwesen treibt. Ich empfehle dringend die Hörbuchversion.

63 Das war die Empfehlung Nr. 75 unter der Rubrik »Kunden, die diesen Artikel kauften, kauften auch« auf der Amazon-Seite des Buches von Uwe Schöning: https://www.amazon.de/Theoretische-Informatik-gefasst-Uwe-Sch%C3%B6ning/dp/3827418240, zuletzt abgerufen am 28.2.2019.

64 Das war die Empfehlung Nr. 70 unter der Rubrik »Kunden, die diesen Artikel kauften, kauften auch« auf der Amazon-Seite des Buches von Uwe Schöning: https://www.amazon.de/Theoretische-Informatik-gefasst-Uwe-Sch%C3%B6ning/dp/3827418240, zuletzt abgerufen am 28.2.2019.

65 Toby Walsh: Machines that think – The future of artificial intelligence, Prometheus Books, New York (2018)

66 Jane Burns: »Tinder has been raided for research again, this time to help AI ›genderize‹ faces«, *Forbes*, 2.5.2017; https://www.forbes.com/sites/janetwburns/2017/05/02/tinder-profiles-have-been-looted-again-this-time-for-teaching-ai-to-genderize-faces/#647658185454

67 Robert Hacket: »Researchers Caused an Uproar By Publishing Data From 70,000 OkCupid Users«, *Fortune*, veröffentlicht am 18.5.2016 unter: http://fortune.com/2016/05/18/okcupid-data-research/, zuletzt abgerufen am 15.4.2019

68 Kate O'Neill: »Facebook's 10 Year Challenge is just a harmless meme – right?«, *Wired online*, 15.1.2019, https://www.wired.com/story/face book-10-year-meme-challenge/

69 Diesen Punkt macht auch Bill Hart-Davidson in einem Facebook-Post: https://m.facebook.com/story.php?story_fbid=10113999199234334 &id=2364532

70 Auf Tinder gab es z. B. mal den Account des letzten weißen Nashorns in Kenia. So etwas kann einen Algorithmus schon mal durcheinander-bringen. (Quelle: J. Bacon: »Swipe right! Last male northern white rhino joins Tinder«, veröffentlicht am 26.4.2017 unter: https://www.cnbc.com/2017/04/26/swipe-right-last-male-northern-white-rhino-joins-tinder.html, zuletzt abgerufen am 15.4.2019)

71 Vielleicht haben Sie ja auch eine schöne Küchenmaschine zu Hause, die Sie ausspioniert? Sicherheitsexperten in Frankreich fanden heraus, dass der Thermomix-Klon von Lidl ein Mikrofon enthält. Dies sei zwar deaktiviert und nur Teil eines in der Maschine verbauten Tablets. Das Tablet selbst ist aber wiederum voller Sicherheitslücken, die es hackbar machen. Großartig. Von mit dem Internet verbundenen Ge-räten kann man aus diesem Grund einfach nur abraten. https://www.stern.de/digital/technik/hacker-knacken-lidls-thermomix-klon—-und-finden-ein-verstecktes-mikrofon-8760538.html?utm_campaign= &utm_source=twitter&utm_medium=amp_sharing

72 z. B. in dieser Studie von A. Vijayan, S. Kareem und Dr. J. J. Kizhakket-hottam: »Face recognition across gender transformation using SVM Classifier«, *ProCedia Technology*, 24/2016, S. 1366–1373

73 James Vincent: »Transgender YouTuber's had their videos grabbed to train facial recognition software – In the race to train AI, researchers are taking data first and ask questions later«, *The Verge*, veröffentlicht am 22.8.2017 unter: https://www.theverge.com/2017/8/22/16180080/transgender-youtubers-ai-facial-recognition-dataset

74 Wenn Sie es noch nicht gesehen haben, finden Sie es hier: https://www.youtube.com/watch?v=cQ54GDm1eL0

75 T. H. Davenport, D. J. Patil: »Data Scientist: The Sexiest Job of the 21st Century«, a. a. O.

76 Ebd.

77 A. Spitz, A. Gimmler, T. Stoeck, K. A. Zweig, E.-Á. Horvát: »Assessing Low-Intensity Relationships in Complex Networks«, a. a. O.

78 S. Uhlmann, H. Mannsperger, J. D. Zhang, E.-Á. Horvát, C. Schmidt, M. Küblbeck, A. Ward, U. Tschulena, K. A. Zweig, U. Korf, S. Wiemann, Ö. Sahin: »Global miRNA Regulation of a Local Protein Network: Case Study with the EGFR-Driven Cell Cycle Network in Breast Cancer«, *Molecular Systems Biology*, 8/2012, S. 570

79 Florian Gallwitz: »Auch 2029 wird es keine Künstliche Intelligenz geben, die diesen Namen verdient«, Spezialthemenheft *WIRED* 2029, veröffentlicht am 14.12.2018: https://www.gq-magazin.de/auto-tech nik/article/auch-2029-wird-es-keine-kuenstliche-intelligenz-geben-die-diesen-namen-verdient

80 Ich beschränke mich hier auf KI-Systeme, die als Lernkomponente einen Algorithmus des überwachten Lernens *(supervised learning)* benutzen. D. h. hier werden Erlebnisse klar Kategorien oder Bewertungen zugeordnet, die das System dann lernen soll.

81 Für diesen Text kamen keine Katzen zu Schaden, der Kater hat höchstens ein klitzekleines Kleinkindtrauma. Alle Kinder wurden pseudonymisiert.

82 https://en.wikipedia.org/wiki/Decision_tree_learning#/media/File: CART_tree_titanic_survivors.png. By Stephen Milborrow – Own work, CC BY-SA 3.0, https://commons.wikimedia.org/w/index.php? curid=14143467

83 siehe vorherige Fußnote

84 Die Webseite www.kaggle.com bietet eine Plattform für Datensets, Firmen und Data Scientists. Hier der Link für das *Titanic*-Datenset: https://www.kaggle.com/c/titanic. Die Seite hat den etwas zynischen Titel: »Titanic: Machine Learning from Disaster: **Start here! Predict survival on the Titanic and get familiar with ML basics**«.

85 Pedro Domingos: »A Few Useful Things to Know about Machine Learning«, *Communication of the ACM*, 55(10), 2012, S. 78–87. Im Original heißt es: »It is often also one of the most interesting parts,

where intuition, creativity and ›black art‹ are as important as the technical stuff.«

86 Ja, absurd, ich weiß. War eine Tübinger Studierenden-WG – da war alles ökologisch, und jeder Verbrauch wurde pfenniggenau abgerechnet. Aber fragen Sie jetzt bloß nicht nach der fünfseitigen Vereinbarung, die meine Doktorand:innen bezüglich der gemeinsam angeschafften italienischen Espressomaschine aufgesetzt haben. Dagegen war die Refinanzierung der Waschmaschine ein Klacks!

87 Wer Lust hat, schaut sich dazu unseren kleinen Teaser für ein Projekt an (auf Englisch): https://www.youtube.com/watch?v=z_sD9 Dj35Jo

88 Das Verfahren wird leicht vereinfacht dargestellt. Das echte Ergebnis einer Support Vector Machine ist eine Trennlinie, die aber weitere Eigenschaften erfüllen muss.

89 Hinter dem »Datenpunkt« steht natürlich immer noch ein Mensch – eine Bewerberin oder ein Bewerber. Das verliert man auf dieser Ebene aber oftmals ein bisschen aus den Augen.

90 Cassie Kozyrkov: »The first step in AI might surprise you«, veröffentlicht unter »Hackernoon« auf *Medium* am 15.10.2018, zuletzt aufgerufen am 17.3.2019: https://hackernoon.com/the-first-step-in-ai-might-surprise-you-cbd17a35708a Der Originalsatz lautet: »Go sprinkle machine learning over the top of our business so … good things happen.«

91 Custard Smingleigh als @smingleigh auf Twitter am 7.11.2018: https://twitter.com/smingleigh/status/1060325665671692288?lang=de

92 William Blackstone: Commentaries on the Laws of England, Band IV, 1765, 21. Auflage, Sweet, Maxwell, Stevens, & Norton, London (1844), S. 358

93 Transkript eines Interviews von Chuck Todd (NBC) mit Dick Cheney und anderen Politikern. Transkript der Sendung »Meet the Press« vom 14. Dezember 2014, abrufbar unter: https://www.nbcnews.com/meet-the-press/meet-press-transcript-december-14-2014-n268181

94 Die Idee, diese beiden Zitate einander gegenüberzustellen, stammt aus einem sehenswerten Video von Cris Moore über den begrenzten Nutzen von Computern in Wissenschaft und Gesellschaft, abrufbar unter: https://www.youtube.com/watch?v=Sg2jtEY6qms

95 Es gibt hier eine ganze Reihe von Studien, deren Werte immer um die 70 Prozent schwanken – je nach untersuchter Gruppe. Eine davon ist die von Northpointe Inc. (heute »equivant«) veröffentlichte Studie auf einem öffentlichen Datensatz, der damit für alle nachvollziehbar ist: W. Dieterich, C. Mendoza, T. Brennan: »COMPAS Risk Scales: Demonstrating Accuracy Equity and Predictive Parity«, Technischer Report der Firma Northpointe Inc., 2017, veröffentlicht unter: http:// go.volarisgroup.com/rs/430-MBX-989/images/ProPublica_Commentary_Final_070616.pdf, zuletzt abgerufen am 20.4.2019

96 Das ist eine direkte Folge der Definition – gut nachlesbar z. B. auf der Wikipedia-Seite https://de.wikipedia.org/wiki/Receiver_Operating_ Characteristic

97 W. Dieterich et al.: »COMPAS Risk Scales: Demonstrating Accuracy Equity and Predictive Parity«, a. a. O. Die Tabellen A1 bis A4 im Anhang weisen für zehn verschiedene Schwellenwerte jeweils unter der Bezeichnung PV+ den Positive Predictive Value aus.

98 Ja, genau, wie in den *Terminator*-Filmen.

99 Die Folien finden sich hier: https://theintercept.com/document/ 2015/05/08/skynet-courier/, zuletzt abgerufen am 23.3.2019

100 Dazu z. B. Angela Helm mit aktuellen Daten: »While Stop & Frisk Has Decreased Significantly in NYC, Young Men of Color Are Still Hit Hardest: Report«, *The Root*, veröffentlicht am 14.3.2019 unter: https://www.theroot.com/while-stop-frisk-has-decreased-substan tially-in-nyc-1833294359, zuletzt abgerufen am 20.4.2019

101 »States should incorporate the application of risk assessment instruments to individuals throughout the criminal justice process—including in the pre-trial process, sentencing process, and parole and probation decisions.« Zitiert aus einem Bericht der American Civil Liberty Union von 2011 mit dem Titel: »Smart Reform is Possible«, S. 10

102 Wer sich daran schon nicht mehr erinnern kann, hier das glorreiche Video von Scooter zum Hit mit dem Titel »Faster, Harder, Scooter« von 1999: https://www.youtube.com/watch?v=joLD2GnxmKU

103 Hier zum Beispiel: https://www.passengeronearth.com/unterschied-seehunde-seeloewen-seebaeren-walrosse-robben/. Expertentipp: »Robbe« sei angeblich immer richtig. Das werde ich mir merken.

104 http://www.image-net.org/challenges/LSVRC/

105 Die Grafik habe ich zusammengetragen aus den Ergebnissen der ILSVRC, Sparte Klassifikation und Lokalisation, 2010–2017: http://www.image-net.org/challenges/LSVRC/

106 Bildrechteinhaber:innen werden nicht immer gefragt werden, ob ihre Bilder zur Bilderkennung genutzt werden dürfen. Bei dem Datenset vom ILSVRC wird mit einem Trick gearbeitet, denn ImageNet selbst zeigt nur Thumbnails, also kleine Versionen des Originalbildes, sowie die jeweilige URL des Fotos an. Es wird gewarnt: »Images may be subject to copyright.« Damit ist dem Gesetz Genüge getan und für das Trainieren der KI ist es auch ausreichend: Der Trainierende ruft dazu die URLs der Reihe nach auf. Ein richtiges, permanentes Herunterladen ist zum Lernen nicht notwendig, das Anzeigen der bunten Pixel auf dem eigenen Bildschirm reicht aus.

107 http://farm1.static.flickr.com/10/13160739_05cd2aeed5.jpg

108 http://www.image-net.org/challenges/LSVRC/

109 Das Bild zeigt ein Captcha-ähnliches Rätsel. Quelle von Original: MartinVector:Loki 66-Captcha.jpg: gemeinfrei, https://commons.wikimedia.org/w/index.php?curid=18112609

110 Das ist nicht mehr unbedingt notwendig, es kann auch einfach nur ein »Risikowert« zurückgemeldet werden, dann kann sich die Webseitenbetreibende selbst überlegen, was sie damit machen will. Hier dazu ein Video über »reCaptcha« Version 3.0 von Google: https://www.youtube.com/watch?time_continue=145&v=tbvxFW4UJdU

111 Um Manipulationen der Daten durch faule »reCaptcha«-Löser zu vermeiden, die einfach irgendetwas anklicken, wird dasselbe Rätsel übrigens jeweils zeitnah an mehrere Personen vergeben, die Mehrheitsmeinung gewinnt.

112 https://developers.google.com/recaptcha/

113 https://www.youtube.com/watch?v=fsF7enQY8uI

114 H. A. Haenssle, C. Fink, R. Schneiderbauer, F. Toberer, T. Buhl, A. Blum, A. Kalloo, A. B. H. Hassen, L. Thomas, A. Enk, L. Uhlmann: »Man against machine: diagnostic performance of a deep learning convolutional neural network for dermoscopic melanoma recognition in comparison to 58 dermatologists«, *Annals of Oncology*, 29/2018, S. 1836–1842

115 Tom Simonite: »When it comes to Gorillas, Google Photos remains Blind«, *WIRED*, 1.11.2018, https://www.wired.com/story/when-it-comes-to-gorillas-google-photos-remains-blind/, zuletzt abgerufen am 24.3.2019

116 Die TED-Talk-Serie vereinigt außergewöhnliche Sprecher:innen zu Themen aus dem Bereich »Technologie, Entertainment und Design«, die in einer hochrangigen Konferenz gezeigt werden. Die TEDx Talks entstehen bei etwas kleineren regionalen Konferenzen.

117 Joy Buolamwini: »How I'm fighting bias in algorithms«, TEDx Talk aus der TEDxBeacon Street-Konferenz vom November 2016, https://www.ted.com/talks/joy_buolamwini_how_i_m_fighting_bias_in_algorithms, zuletzt abgerufen am 24.3.2019

118 Videos dazu finden sich beispielsweise hier: https://metro.co.uk/2017/07/13/racist-soap-dispensers-dont-work-for-black-people-6775909/ und hier: https://mic.com/articles/124899/the-reason-this-racist-soap-dispenser-doesn-t-work-on-black-skin#.bveNTn5Qf

119 Siehe beispielsweise das Buch von Caroline Criado-Perez: Invisible Women – Exposing Data Bias in a World Designed for Men, Chatto & Windus, London (2019)

120 Zitat aus einem Artikel von Stephanie Dutchen: »The Importance of Nuance«, *Harvard Medicine*, Winter edition 2019, https://hms.harvard.edu/magazine/artificial-intelligence/importance-nuance, zuletzt abgerufen am 24.3.2019

121 Chris Anderson: »The end of theory: The data deluge that makes the scientific method obsolete«, *WIRED*, veröffentlicht am 23.8.2008 unter: https://www.wired.com/2008/06/pb-theory/, zuletzt abgerufen am 24.3.2019

122 Nassim Nicholas Taleb: Der schwarze Schwan – Die Macht höchst unwahrscheinlicher Ereignisse, Albrecht Knaus Verlag, München (2015)

123 Cathy O'Neil: Angriff der Algorithmen, Carl Hanser Verlag, München (2017)

124 Safiya U. Noble: Algorithms of Oppression – How Search Engines Reinforce Racism, New York United Press, New York (2018)

125 Eli Pariser: Filter Bubble: Wie wir im Internet entmündigt werden, Carl Hanser Verlag, München (2012)

126 Yvonne Hofstetter: Sie wissen alles, Penguin Verlag, München (2016)

127 Siehe unter anderem: S. U. Noble: Algorithms of Oppression – How Search Engines Reinforce Racism, New York United Press, New York (2018); V. Eubank: Automating Inequality, St. Martin's Press, London (2018); S. Wachter-Boettcher:»Technically Wrong – Sexist Apps, Biased Algorithms, and other threats of Toxic Tech«, W. W. Norton & Company, New York (2017)

128 Ein gutes, aber bei Weitem nicht das einzige Beispiel ist die Einmischung von mazedonischen Jugendlichen in den Präsidentschaftswahlkampf der USA 2016. Diese bemerkten, dass sie mit kopierten und skandalisierten Artikeln gegen Hillary Clinton so viele Nutzer: innen auf ihre Webseiten holen konnten, dass sich das finanziell in einem von Jugendarbeitslosigkeit gebeutelten Land lohnen konnte. Siehe dazu: Samanth Subramanian:»Inside the Macedonian Fake-News Complex«, *WIRED*, veröffentlicht am 15.2.2017 unter: https:// www.wired.com/2017/02/veles-macedonia-fake-news/, zuletzt abgerufen am 24.4.2019; und: Dan Tynan:»How Facebook powers money machines for obscure political ›news‹ sites«, *The Guardian*, veröffentlicht am 24.8.2016 unter: https://www.theguardian.com/ technology/2016/aug/24/facebook-clickbait-political-news-sites-us-election-trump, zuletzt abgerufen am 24.4.2019

129 Siehe zu den datenschutzrechtlichen Problemen: W. Christl, S. Spiekermann: Networks of Control, Facultas Verlags- und Buchhandels AG, Wien (2016)

130 Strategie Künstliche Intelligenz der Bundesregierung, November 2018, veröffentlicht unter: https://www.bmbf.de/files/Nationale_ KI-Strategie.pdf

131 https://www.bundestag.de/ausschuesse/weitere_gremien/enquete_ ki

132 Birgit Hippeler, Heike Korzillus:»Arztberuf: Die Medizin wird weiblich«, *Deutsches Ärzteblatt* 105/12, 2008, S. 609–612

133 Statistik der Inhaftierungsrate des World Prison Briefs, angesiedelt am Institut für Criminal Policy Research der Universität Birbeck.

134 Dr. Ann Carson:»Prisoners in 2016«, Bericht des US-amerikanischen Justizministeriums, 2016; Tabelle 6 zeigt, dass diese Verhältnisse untereinander seit 2006 relativ stabil sind.

135 American Civil Liberty Union:»Smart Reform is Possible«, August

2011, https://www.aclu.org/files/assets/smartreformispossible.pdf, zuletzt abgerufen am 30.5.2019

136 Das Urteil ist spannend zu lesen: http://www.justiz.nrw.de/nrwe/ ovgs/vg_gelsenkirchen/j2016/1_K_3788_14_Urteil_20160314.html

137 Jeffrey Dastin: »Amazon scraps secret AI recruiting tool that showed bias against women«, *Reuters Business News*, veröffentlicht am 10.10.2018 unter https://www.reuters.com/article/us-amazon-com-jobs-automation-insight/amazon-scraps-secret-ai-recruiting-tool-that-showed-bias-against-women-idUSKCN1MK08G, zuletzt abgerufen am 31.3.2019

138 Ebd., 2. Abbildung. Die Gründe dafür sind vielfältig und komplex. Auf der einen Seite wählen deutlich weniger Frauen technische Berufe, auf der anderen Seite steigen auch diejenigen Frauen oft schnell wieder aus, die einen Job im technischen Bereich bekommen haben. Aber in diesem Buch soll es nicht um die Gründe für eine ungleiche Stellenbesetzung gehen, sondern um die Frage, wie algorithmische Entscheidungssysteme trainiert werden sollen. Die Antwort auf diese Frage hat Auswirkungen darauf, ob die Ungleichheit verstärkt, weiter besteht oder ausgeglichen wird. Mein Plädoyer ist, dies als eine betriebliche bzw. gesellschaftliche Entscheidung zu betrachten und nicht als eine, die von kleinen Entwicklerteams entschieden werden sollte.

139 Ebd.

140 Sonia Paul: »Voice is the next big platform, unless you have an accent«, *WIRED*, veröffentlicht am 27.3.2017 unter: https://www.wired.com/ 2017/03/voice-is-the-next-big-platform-unless-you-have-an-accent/, zuletzt abgerufen am 1.4.2019

141 Rachael Tatman: »Google's speech recognition has a gender bias«, veröffentlicht am 12.7.2016 auf ihrem Blog unter: https://makingnoise andhearingthings.com/2016/07/12/googles-speech-recognition-has-a-gender-bias/. Der Blog zitiert weitere (ältere) Studien mit ähnlichen Ergebnissen.

142 Rachael Tatman: »How well do Google and Microsoft and recognize speech across dialect, gender and race?«, veröffentlicht am 29.8.2017 auf ihrem Blog unter: https://makingnoiseandhearingthings.com/ 2017/08/29/how-well-do-google-and-microsoft-and-recognize-speech-across-dialect-gender-and-race/, zuletzt abgerufen am 2.4.2019

143 https://www.youtube.com/watch?v=NMS2VnDveP8

144 Australian Associated Press: »Irish-born native English speaker left in visa limbo after low score in voice recognition test«, veröffentlicht am 9.8.2017 unter: https://www.abc.net.au/news/2017-08-09/voice-recognition-computer-native-english-speaker-visa-limbo/8789076, zuletzt abgerufen am 24.4.2019

145 White Paper des World Economic Forum Global Future Council on Human Rights 2016–2018: »How to Prevent Discriminatory Outcomes in Machine Learning«, veröffentlicht im März 2018. Zu finden unter: http://www3.weforum.org/docs/WEF_40065_White_Paper_How_to_Prevent_Discriminatory_Outcomes_in_Machine_Learning.pdf, zuletzt abgerufen am 3.4.2019

146 Ein »Tweet« ist eine kurze Nachricht. Nutzer:innen können bei jedem Tweet, den sie in seiner Botschaft unterstützen wollen, auf ein Herz drücken. Damit »liken« sie den Tweet. Nicht zuletzt kann man die Botschaft an seine eigene Zuhörerschaft weiterreichen (»re-tweeten«).

147 James Vincent: »Twitter taught Microsoft's AI chatbot to be a racist in less than a day«, The Verge, veröffentlicht am 24.3.2016 unter: https://www.theverge.com/2016/3/24/11297050/tay-microsoft-chatbot-racist, zuletzt abgerufen am 2.4.2019

148 Informationen zum Film finden Sie hier: http://www.thecleaners-film.de/ Regisseur Riesewieck hat auch ein Buch darüber geschrieben: Digitale Drecksarbeit, dtv, München (2017)

149 Der Vollständigkeit halber: Natürlich könnte ein Entwicklungsteam auch bewusst rassistische, sexistische oder in anderen Bereichen diskriminierende Entscheidungsregeln direkt einprogrammieren. Ein solcher Fall ist mir im Bereich maschinelles Lernen bisher nicht bekannt, auch der UNICEF-Bericht (Kochi, 2017) geht eher nicht davon aus. Es ist aber natürlich denkbar.

150 So steht es in Googles FAQs: https://support.google.com/accounts/answer/27442?visit_id=636897172188013978-778214861&p=gender&hl=de&rd=1#1#gender

151 »We also found that setting the gender to female resulted in getting fewer instances of an ad related to high paying jobs than setting it to male.« (Quelle: A. Datta, C. Tschantz, A. Datta: »Automated

Experiments on Ad Privacy Settings. A Tale of Opacity, Choice and Discrimination.« 2015). Übrigens muss diese Formulierung kritisiert werden. Liest man ihren Artikel, dann sieht man, dass es sich um eine Anzeige handelte, die ein Coaching versprach, um einen (angeblich) hochbezahlten Job zu bekommen. Trotzdem wurde dieser Befund oft so zitiert als wäre in dieser Studie gezeigt worden, dass Männer bessere Jobanzeigen bekämen – das war allerdings nicht der Fall.

152 In der Studie wurde das Geschlecht binär modelliert. Die Möglichkeit, dass queere oder transgender Personen wieder andere Werbungen bekommen könnten, wurde nicht untersucht.

153 Die Pressemitteilung hierzu wurde veröffentlicht unter: https://civil rights.org/2018/07/30/more-than-100-civil-rights-digital-justice-and-community-based-organizations-raise-concerns-about-pretrial-risk-assessment/, zuletzt abgerufen am 20.4.2019

154 J. Angwin, J. Larson, S. Mattu, L. Kirchner: »Machine Bias – There's software used across the country to predict future criminals. And it's biased against blacks«, *ProPublica* (2016), veröffentlicht unter: https://www.propublica.org/article/machine-bias-risk-assessments-in-criminal-sentencing, zuletzt abgerufen am 31.3.2019

155 Heute heißt die Firma »equivant«.

156 J. Kleinberg, S. Mullainathan, M. Raghavan: »Inherent Trade-Offs in the Fair Determination of Risk Scores«, Proceedings of the 8th Innovations in Theoretical Computer Science Conference (ITCS'17), 2017, 43:1-43:23

157 Siehe auch: K. A. Zweig, T. Krafft: »Fairness und Qualität algorithmischer Entscheidungen« in: (Un)berechenbar? Algorithmen und Automatisierung in Staat und Gesellschaft, herausgegeben vom Kompetenzzentrum Öffentliche IT, 2018

158 Erica Kochi et al.: »How to Prevent Discriminatory Outcomes in Machine Learning«, World Economic Forum, White Paper of the Global Future Council on Human Rights 2016–2018, veröffentlicht 2017

159 Gerd Gigerenzer: Das Einmaleins der Skepsis – Über den richtigen Umgang mit Zahlen und Risiken, Piper Verlag, München (2015)

160 Als »Filterblasen« werden Mengen von Nachrichten bezeichnet, die ein Algorithmus einem Nutzer anzeigt, und die dessen vorgefasste

Meinung bestätigen. Dieses Konzept wurde 2011 von Eli Pariser in seinem Buch Filter Bubble (Auf Deutsch: »Filter Bubble – Wie wir im Internet entmündigt werden«, Carl Hanser Verlag, München, 2012) aufgestellt. Es lässt sich schwer überprüfen, insbesondere, weil die Daten fehlen. Als »Echokammern« bezeichnet man Gruppen von Freunden und Bekannten, die dieselbe Meinung haben wie man selbst und damit die eigene Meinung wie ein Echo widerhallen lassen. Auch diese könnten von Algorithmen erzeugt und verfestigt werden – dieses Konzept ist genauso wenig gut untersuchbar.

161 T. Krafft, K. A. Zweig: »Transparenz und Nachvollziehbarkeit algorithmischer Entscheidungssysteme – ein Regulierungsvorschlag«, Studie für die Verbraucherzentrale Bundesverband, 2019: https://www.vzbv.de/sites/default/files/downloads/2019/05/02/19-01-22_zweig_krafft_transparenz_adm-neu.pdf

162 K. A. Zweig, S. Fischer, K. Lischka: »Wo Maschinen irren können«, a. a. O.

163 Pressemitteilung von mehr als 110 Gruppierungen, darunter die American Civil Liberty Union (ACLU), »The use of pretrial ›risk assessment‹ instruments – A shared statement of civil rights concerns«, veröffentlicht 2018 unter: http://civilrightsdocs.info/pdf/criminaljustice/Pretrial-Risk-Assessment-Full.pdf

164 Das alles ist nachzulesen im detaillierten Studienbericht der Firma SynthesisForschung GmbH, die das dahinterstehende algorithmische Entscheidungssystem entwickelt hat. Es beruht auf einer logistischen Regression. Jürgen Holl, Günter Kernbeiß, Michael Wagner-Pinter: »Das AMS-Arbeitsmarktchancen-Modell«, Konzeptunterlage zur AMS-Software, veröffentlicht im Oktober 2018 vom AMS-Forschungsnetzwerk unter: http://www.forschungsnetzwerk.at/downloadpub/arbeitsmarktchancen_methode_%20dokumentation.pdf

165 Nachzulesen ebenda. Übrigens ist die logistische Regression eine der einfachsten Methoden, um aus Daten Entscheidungsregeln zu lernen – manch einer würde diskutieren wollen, ob sie überhaupt zum Feld der künstlichen Intelligenz gehört. Das tut sie aber zumindest dann, wenn sie zur Vorhersage von menschlichem Verhalten genutzt wird, da auch bei dieser einfachen Methode schon alle genannten Probleme relevant sind.

166 Bericht des ORF: »Die Grenzen des AMS-Algorithmus«, publiziert am 18.1.2019 unter: https://orf.at/stories/3108185/, zuletzt abgerufen am 30.4.2019

167 Jürgen Holl, Günter Kernbeiß, Michael Wagner-Pinter: »Das AMS-Arbeitsmarktchancen-Modell«, a. a. O.

168 Das spielt auf die Frage danach an, ob die Information beispielsweise binär ist (Geschlecht) oder eine ganze Zahl ist (bspw. Alter) oder kategorial (z. B. verschiedene Schulabschlüsse).

169 Tatsächlich lagen Wagner-Pinter und seinem Team noch mehr Eigenschaften der Personen vor. Hätte man aber alle verwendet, wäre das Datenset in so viel mehr Gruppen aufgesplittet worden, dass die einzelnen Gruppen zu wenig Personen umfasst hätten. Dazu nochmal die Rechnung von vorher: Eine Eigenschaft mit zwei Ausprägungen macht zwei Gruppen, zwei Eigenschaften mit zwei Ausprägungen erzeugen vier Gruppen, drei erzeugen acht, und so weiter. Die Anzahl der Datenpunkte bleibt aber gleich. Durch eine große Anzahl von Eigenschaften wäre jede einzelne Gruppe so klein geworden, dass man keine statistischen Analysen mehr machen kann. Statistik benötigt nämlich immer auch genügend Personen in einer Gruppe, um Aussagen zu treffen. Daher war es notwendig, nur zwei Handvoll Eigenschaften zu verwenden. Welche es in den AMS-Algorithmus schafften, wurde mithilfe von Datenanalysen vorentschieden.

170 Jürgen Holl, Günter Kernbeiß und Michael Wagner-Pinter: »Personenbezogene Wahrscheinlichkeitsaussagen (»Algorithmen«) – Stichworte zur Sozialverträglichkeit«, http://www.synthesis.co.at/images/Personenbezogene_Wahrscheinlichkeitsaussagen_Algorithmen_Mai2019.pdf

171 Jürgen Geuter: »Nein, Ethik kann man nicht programmieren«, Gastbeitrag in der *ZEIT* vom 27.11.2018: https://www.zeit.de/digital/internet/2018-11/digitalisierung-mythen-kuenstliche-intelligenz-ethik-juergen-geuter, zuletzt abgerufen am 28.5.2019

172 Dazu kann man seine vielen Fachartikel lesen oder dieses zusammengeschnittene Video eines Vortrags von ihm ansehen: https://www.youtube.com/watch?v=IpomuoMLFaI.

173 Friedemann Bieber und Katharina Laszlo im Gespräch mit Prof. Dr. Jürgen Schmidhuber: »Intelligente Roboter werden vom Leben fas-

ziniert sein«, *FAZ*, aktualisierte Fassung vom 1.12.2015, veröffentlicht
unter: https://www.faz.net/aktuell/feuilleton/forschung-und-lehre/
die-welt-von-morgen/juergen-schmidhuber-will-hochintelligenten-
roboter-bauen-13941433-p2.html?printPagedArticle=true#pageIndex_
1, zuletzt abgerufen am 5.4.2019

174 Wer diese Aussage für übertrieben hält, lese bitte den Sammelband
von John Brockmann (Fischer Taschenbuch, Frankfurt am Main, 2017)
mit dem Titel »Was sollen wir von künstlicher Intelligenz halten?«,
mit Kapiteln wie »Die organische Intelligenz hat keine langfristige
Zukunft« (Martin Rees), »Wenn Du sie nicht unterkriegen kannst,
schließ dich ihnen an« (Frank Tipler) und »Ich heiße jedenfalls unsere maschinellen Gebieter willkommen« (Antony Garrett Lisi).

175 **Emergenz** ist das Konzept, dass aus Interaktionen zwischen Objekten
eines Systems eine neue, messbare Eigenschaft auf der nächsthöheren
Ebene wird. So können Autos auf einer Autobahn miteinander agie-
ren, und daher kann es auf der nächsthöheren Modellebene, dem Verkehr als Ganzem, zu Staus ohne ersichtlichen Grund kommen – siehe
dazu das schöne Erklärvideo im YouTube-Channel »Youknow«:
https://www.youtube.com/watch?v=W-tJiRe9HDM. Auf der Ebene
des einzelnen Autos – ebenfalls ein System von miteinander agierenden
Teilen, das als emergente Eigenschaft das Fahren produziert – kann
das Stauphänomen dagegen nicht verstanden werden.

176 Freud selbst bezeichnete deren und seine eigene Erkenntnisse als die
narzisstischen Kränkungen: Die kosmologische Kränkung, die biologische Kränkung und die psychologische Kränkung, dass wir nicht
im Mittelpunkt stehen und nur das temporäre Ergebnis einer weiter-
gehenden Evolution sind, mit allem daraus folgenden fehlerhaftem
Verhalten. Daher würde ich heute als vierte narzisstische Kränkung
noch die der Verhaltenspsychologen setzen: die rationalökonomische
Kränkung, nach der unsere Entscheidungen häufig irrational sind.

177 Antony Garrett Lisi: »Ich heiße jedenfalls unsere maschinellen Gebieter willkommen«, in: Was sollen wir von künstlicher Intelligenz
halten?, herausgegeben von John Brockmann, Fischer Taschenbuch,
Frankfurt/M. (2017)

178 Patrick Beuth: »Man kann Kirche nicht ohne KI schreiben«, *ZEIT*,
veröffentlicht am 18.11.2017 unter: https://www.zeit.de/digital/inter-

net/2017-11/way-of-the-future-erste-kirche-kuenstliche-intelligenz/
komplettansicht, zuletzt abgerufen am 6.4.2019

179 Laut dem Interview mit Bieber und Laszlo (2015) in der *FAZ*.

180 Ebd.

181 Die Beschreibung ihres Projektes hat sie hier veröffentlicht: https://
connect.unity.com/p/pancake-bot. Das Veröffentlichungsdatum fehlt.

182 Die Liste ist hier zu finden: https://docs.google.com/spreadsheets/
u/1/d/e/2PACX-1vRPiprOaC3HsCf5Tuum8bRfzYUiKLRqJmb
OoC-32JorNdfyTiRRsR7Ea5eWtvsWzuxo8bjOxCG84dAg/pubhtml.

183 Mark Bergen: »YouTube Executives Ignored Warnings, Letting Toxic
Videos Go Rampant«, *Bloomberg News*, veröffentlicht am 2.4.2019
unter: https://www.bloomberg.com/news/features/2019-04-02/you
tube-executives-ignored-warnings-letting-toxic-videos-Run-rampant,
zuletzt abgerufen am 7.4.2019

184 John Doerr: Measure what matters: OKRs: The Simple Idea that
Drives 10x Growth, Portfolio/Penguin, New York (2018)

185 Kapitel 14 in Doerr (2018)

186 z. B. Adam Alter: Unwiderstehlich – Der Aufstieg suchterzeugender
Technologien und das Geschäft mit unserer Abhängigkeit, Berlin
Verlag, München (2017); oder Tim Wu: The Attention Merchants –
The Epic Struggle to Get Inside Our Heads, Atlantic Books, London
(2017)

187 Lesen Sie dazu das wirklich vergnügliche und teilweise sehr erschre-
ckende Buch über Verschwörungstheorien von Christian Alt und
Christian Schiffer mit ebendiesem Titel: »Angela Merkel ist Hitlers
Tochter«, Carl Hanser Verlag, München (2018). Das war letztes Jahr
mein liebstes Gastgeschenk für Kollegen und Kolleginnen.

188 Bei uns Menschen ist diese »Optimierungsfunktion« verdrahtet in
unseren Neuronen, verankert im Körper und wird gesteuert durch
Hormonausschüttungen und Nervensignale. Es ist fraglich, ob diese
komplexe Funktion, die zudem individuell ist und sich dynamisch
verändert, wirklich gelernt werden könnte.

189 Die Wikipedia-Seite über das Trolley-Problem fasst den Stand der
Dinge und auch die jeweilige rechtliche Bewertung in Deutschland
und Österreich sehr gut zusammen: https://de.wikipedia.org/wiki/
Trolley-Problem

190 E. Awad, S. Dsouza, R. Kim, J. Schulz, J. Henrich, A. Shariff, J.-F. Bonnefon, I. Rahwan: »The Moral Machine Experiment«, *Nature*, 563/2018, S. 59–64

191 Dies liegt zum einen daran, dass sich die Teilnehmerinnen und Teilnehmer selbstständig zum Mitmachen entschlossen (Selbstauswahl). Zum anderen kann auch nicht ausgeschlossen werden, dass manche Personen mehrfach mitgemacht haben. Schaut man sich die demografischen Verteilungen der Teilnehmer:innen an der Studie an, wird klar, wie verzerrt die Datenbasis ist: Viele haben einen akademischen Abschluss, 70 Prozent der Personen sind Männer, und das Jahreseinkommen ist gering. Diese Informationen legen nahe, dass sehr viele Student:innen mitgemacht haben. In vielen Ländern ist zudem Internetanschluss eine sehr knappe Ressource, auch dies führt zu einer Verzerrung der eingeholten Meinungen. Quelle: Supplementary Information des Artikels von Awad et al. (2018), abrufbar unter: https://static-content.springer.com/esm/art%3A10.1038%2Fs41586-018-0637-6/MediaObjects/41586_2018_637_MOESM1_ESM.pdf Nichtsdestotrotz sind die Ergebnisse sehr interessant, da sie auf eine hohe kulturelle Diversität hinweisen.

192 Bericht der Ethik-Kommission »Automatisiertes und vernetztes Fahren«, Juni 2017, veröffentlicht vom Bundesministerium für Verkehr und digitale Infrastruktur (BMVI): https://www.bmvi.de/SharedDocs/DE/Publikationen/DG/bericht-der-ethik-kommission.pdf?__blob=publicationFile

193 Die Namen der Cluster sind nicht ganz zutreffend gewählt. Es wurde ein Algorithmus ausgewählt, der die jeweiligen Präferenzen von Teilnehmern eines bestimmten Landes mit denen anderer Länder zusammenfasst, die relativ ähnlich sind. Dieser Vorgang enthält für sich genommen viele Modellierungsentscheidungen, und so landen in der »westlichen« Gruppe neben vielen europäischen Staaten und Nordamerika auch Bangladesch, Russland und Südafrika. Der »südliche« Teil dagegen enthält neben vielen südamerikanischen Ländern auch Frankreich und Ungarn.

194 Im Original heißt es: »Whereas the ethical preferences of the public should not necessarily be the primary arbiter of ethical policy, the people's willingness to buy autonomous vehicles and tolerate them on

the roads will depend on the palatability of the ethical rules that are adopted.«

195 Allgemeine Beispiele von »perversen Anreizen«, also solchen, wo das tatsächliche Verhalten das Optimierungsziel pervertiert, finden sich auf Wikipedia: https://en.wikipedia.org/wiki/Perverse_incentive. Das Ausnutzen einer schlechten Optimierungsfunktion, beispielsweise in einem Spiel oder auch im Steuerrecht, nennt man übrigens »gaming«. Einer unserer Freunde hat das in einem Online-Spiel so sehr auf die Spitze getrieben, dass ihm die Betreiber die folgende E-Mail schrieben: »Alles, was nicht explizit erlaubt ist, ist für Dich verboten.« Ein herrlicher, aber letztlich nutzloser Versuch, ihn in den Griff zu bekommen.

196 David Collingridge: The Social Control of Technology, Palgrave Macmillan, Basingstoke (1981)

Glossar

Algorithmus Ein Algorithmus ist eine für jede erfahrene Programmiererin und jeden erfahrenen Programmierer ausreichend detaillierte und systematische Handlungsanweisung, um ein mathematisches Problem zu lösen, sodass bei korrekter Implementierung (Übersetzung in Code) der Computer für jede korrekte Inputmenge den korrekten Output berechnet.

Big Data Ein schillernder Begriff, der sich immer auf sehr große Datenmengen bezieht, oftmals aber auch Datenmengen meint, die in einem Zusammenhang entstehen und für einen anderen Zusammenhang ausgewertet werden. Beispiel: Einkaufsdaten, die für Empfehlungssysteme ausgewertet werden. Die Daten sind zudem oft nicht vollständig und teilweise fehlerhaft und werden häufig aus verschiedenen Quellen zusammengestellt. Das stellt eine weitere Herausforderung dar, da man dafür verstehen muss, welche Informationen dieselbe Person beschreiben. Oftmals müssen Big Data auch in großer Geschwindigkeit weiterverarbeitet werden, da sie so groß sind, dass sie nicht dauerhaft gespeichert werden können.

Blockchain Tja, dieser Begriff ist im ganzen Buch nicht gefallen, aber eine Zuhörerin fragte mich nach einem meiner Vorträge: »Jetzt habe ich das verstanden mit der K I – aber was hat das jetzt mit der Blockchain-Technologie zu tun?« Daher für alle, die sich das auch fragen, hier eine kurze Antwort: Nix. Die Blockchain-Technologie ist im Moment vor allen Dingen eine weitere Software-Sau, die durchs globale Dorf gejagt wird. Blockchain-Technologien schalten Mittelsmänner und Mittelsfrauen aus, die in zentral organisierten Systemen für Vertrauen zwischen Handelspartner:innen sorgen: Notare, Banken, Grundbücher und ähnliche Institutionen. Und wie funktioniert das? Im Wesentlichen lädt man das gesamte globale Dorf ein, bei einem Handel dabei zu sein – wobei man einen Sack über dem Kopf trägt, auf dem eine einmalig vergebene Zahl prangt. Wenn die meisten des globalen Dorfes bestätigen, diesen Handel gesehen zu haben, wird das in einem ewig langen Dokument für alle sichtbar eingetragen und in die Haushalte aller teilnehmenden Dörfler kopiert. Die Technologie ist dabei sehr energieaufwendig, da jeder Haushalt eine Kopie aller bisherigen Tausche vorrätig hält. Dies gilt zumindest im Bitcoin-Universum und in den meisten anderen Blockchain-Varianten. Neue Varianten werden immer wieder vorgeschlagen, die versuchen, den Energiehunger zu dämpfen. Am Ende tauscht man in jedem Fall die vertrauenswürdige Mittelsfrau gegen eine große Anzahl von Zeugen und kann damit Handel treiben, ohne Kosten für diese vertrauensschaffenden, aber eben auch zentralistisch agierenden und oftmals teuren Mittelsmänner.

Data Mining Unter Data Mining versteht man das Analysieren von großen Datenmengen. Die Ergebnisse werden meistens genutzt, um (Geschäfts-) Prozesse zu optimieren. Das ist nicht immer einfach und ein wenig so wie im Bergbau: Es muss oft viel (Daten-)Schutt bewegt werden, um ein bisschen Gold zu finden.

Data Science Die Lehre der Methoden, um Daten zu analysieren und die Ergebnisse zu kommunizieren. Dazu gehören Statistik, Methoden des maschinellen Lernens, Visualisierung von Daten und Ergebnissen. Oftmals auch Kenntnisse darüber, wie man Software am besten aufbaut, um Menschen in der Analyse von Daten zu unterstützen (Methoden der Human-Computer-Interaction).

Digitalisierung Damit bezeichnet man den Prozess, der Informationen verarbeitbar für den Computer macht. Wenn die Informationen aus Zahlen bestehen, müssen sie dafür nur in einer computerlesbaren Form gespeichert werden. Bestehen Informationen aus Kategorien oder Beziehungstypen, müssen diesen Kategorien und Typen Zahlen zugeordnet und dann im Computer gespeichert werden. Handelt es sich um (soziale) Konzepte wie »Vertrauen«, »Wichtigkeit« oder »Bürgerlichkeit«, müssen diese erst messbar gemacht werden (siehe Operationalisierung). Dazu muss es ein Messverfahren geben, das oftmals mathematischer Natur ist, aber auch durch einen Sensor geschehen kann (dazu zähle ich auch Video, Mikrofone, etc.).

Fairnessmaß Eine mathematische Funktion, die bewertet, inwieweit unterschiedliche Bevölkerungsgruppen gleichermaßen von Entscheidungen betroffen sind. Insbesondere kann gemessen werden, ob das Verhalten von Personen aus verschiedenen Gruppen angemessen oft korrekt vorhergesagt wird (z. B. Kreditwürdigkeit oder Rückfälligkeitsrisiko) oder eine Gruppe hier immer schlechter dasteht. Die ethische Bewertung, ob es sich dabei um eine ungerechtfertigte Diskriminierung handelt oder nicht, muss dabei immer von Menschen getroffen werden. Ähnlich wie bei den Qualitätsmaßen gibt es auch hier mehr als zwei Dutzend Maße. Welche davon sinnvoll sind, bestimmt die soziale Situation, in der das algorithmische Entscheidungssystem eingesetzt wird. Wenn die Entscheidungen Menschen weder unmittelbar noch mittelbar betreffen, ist ein Fairnessmaß nicht notwendig, um die Güte eines algorithmischen Entscheidungssystems zu bewerten.

Grundwahrheit *(Ground truth)* Als Grundwahrheit bezeichnen wir im maschinellen Lernen die »echten« Ergebnisse eines Trainings- und Testdatensatzes, mit denen die Vorhersage aufgebaut bzw. verglichen wird. Der Algorithmus bekommt also zuerst den Trainingsdatensatz und versucht, darin diejenigen Eigenschaften zu identifizieren, die oft mit dem vorherzusagenden Ergebnis (z. B. Rückfälligkeit eines Kriminellen) einhergehen und selten bei denjenigen zu finden sind, die nicht wieder rückfällig werden. Dann bekommt das daraus entstandene statistische Modell den Testdatensatz und macht eine Vorhersage (berechnet also ein Ergebnis basierend auf den gelernten Entscheidungsregeln), die dann mit dem echten Ergebnis verglichen wird. Es gibt Dutzende von Arten, die Qualität der Vorhersage im Vergleich mit der Grundwahrheit zu messen (siehe **Qualitätsmaß**). Zudem gibt es Dutzende von Arten, zu bewerten, ob die Entscheidungen »fair« (diskriminierungsfrei) sind (siehe **Fairnessmaß**).

Heuristik Im Gegensatz zu einem Algorithmus ist eine Heuristik nur eine Strategie, um für ein Problem eine **gangbare** Lösung zu finden, aber nicht notwendigerweise die beste Lösung. Für das »Kürzeste-Wege-Problem« wäre eine Heuristik: Finde die Himmelsrichtung heraus, in der das Ziel liegt. Wähle jeweils diejenige Straße, die Du bisher noch nicht ausprobiert hast und deren Winkel am nächsten zur Vogelfluglinie zum Zielort liegt.

Gibt es zwei davon, wähle die nördlichere. Laufe diese Straße entlang und entscheide Dich an jeder Kreuzung nach dieser Strategie. Wenn Du in eine Sackgasse gerätst oder zu einem Punkt zurückkommst, wo Du schon einmal warst, gehe zurück zur letzten Kreuzung, wo noch eine Straße zur Wahl steht, die Du noch nicht ausprobiert hast. Diese Strategie findet einen Weg, wenn es einen gibt, aber nicht notwendigerweise den kürzesten.

Implementierung Ein Algorithmus ist implementiert, wenn er als Code vorliegt. Da Algorithmen nur detaillierte Handlungsanweisungen sind (siehe oben), können diese auch in anderer Form vorliegen, zum Beispiel als Text oder sogenannter Pseudo-Code. Letzteres ist eine strukturierte Kurzform, die schon recht nahe an einer »Implementierung« dran ist, aber für Menschen auch noch gut lesbar ist.

Korrelation Im maschinellen Lernen suchen Methoden nach Eigenschaften, die oftmals mit einem vorherzusagenden Verhalten oder einer vorherzusagenden Eigenschaft zusammen auftauchen. Man sagt, dass diese dann **korrelieren**. Zwei Eigenschaften, die oft zusammen auftauchen, **können** kausal miteinander verbunden sein: Die eine Eigenschaft bedingt die andere. Sie können aber auch von einer dritten Eigenschaft stammen oder einfach nur zufällig immer gemeinsam auftauchen. Wenn etwas kausal aus dem anderen folgt, korrelieren diese Eigenschaften auch immer, aber nicht notwendigerweise umgekehrt. Aus Kausalität folgt damit Korrelation, aber aus Korrelation nicht Kausalität.

Maschinelles Lernen Eine Sammlung von Methoden, die in Daten der Vergangenheit nach Mustern suchen, die für die Zukunft Vorhersagen erlauben. Meistens wird mithilfe einer **Grundwahrheit** gelernt, das heißt, die Daten einer Person sind mit ihrem vergangenen Verhalten verknüpft: Bewerber A wurde erfolgreich eingestellt, Bewerber B nicht. Die Methoden des maschinellen Lernens versuchen dann, solche Eigenschaften zu identifizieren, die oft mit dem einen Verhalten und selten mit dem anderen Verhalten gefunden werden. Die gefundenen Muster werden in Form von Entscheidungsregeln in einem statistischen Modell abgelegt. Ein zweiter Algorithmus nimmt diese Entscheidungsregeln und kann dann für neue Daten eine Entscheidung treffen.

Modellierung Unter einer Modellierung verstehe ich jegliche Form der Vereinfachung und Abstraktion einer Situation, die trotzdem noch so genau ist, dass sie Vorhersagen oder analytische Schlüsse über diese Situation zulässt. Im Rahmen dieses Buches wurden verschiedene Arten der Modellierung besprochen:

* Die Messbarmachung von sozialen Konzepten. Diese spezielle Modellierung nennt man auch **Operationalisierung.** Beispielsweise wird bei vielen Online-Netzwerkdiensten die Relevanz einer Nachricht oder Webseite im Wesentlichen durch die Intensität der Interaktion der Nutzer:innen gemessen.
* Die Vereinfachung einer Situation, sodass sie auf ein mathematisches Problem hinausläuft, das mithilfe eines schon bekannten Algorithmus gelöst werden kann. Das heißt, dass hier ein Modell der Welt entwickelt wird, das so simpel ist, dass es mithilfe eines klassischen Algorithmus gelöst werden kann.
* Die Abstraktion eines Modells von Daten und ihren Beziehungen zueinander und in Bezug auf ein zu analysierendes Ergebnis mithilfe von Algorithmen des maschinellen Lernens.

Operationalisierung Eine Operationalisierung stellt die Messbarmachung eines (sozialen) Konzeptes dar – sie basiert immer auf einem Modell des Konzeptes. So kann man Freundschaft beispielsweise beobachtend daran messen, wie oft zwei Personen miteinander reden oder wie lange. Oder daran, ob sie auf einer sozialen Netzwerkplattform angeben, befreundet zu sein. Oder man kann beide befragen und eine Freundschaft daran messen, ob beide sich gegenseitig als Freund bezeichnen. Jeder dieser Vorschläge stellt eine mögliche Operationalisierung des Begriffs »Freundschaft« dar. Und jede kommt mit Vorteilen und Nachteilen: Manche sind einfach zu messen, sind dafür aber weniger genau. Andere sind genau, stellen aber trotzdem nur einen Aspekt von Freundschaft dar.

Qualitätsmaß Eine Funktion, die bewertet, wie gut eine (algorithmische) Lösung eines Problems ist. Insbesondere für Algorithmen und Heuristiken des maschinellen Lernens ist sie das Maß dafür, ob das algorithmische Entscheidungssystem eingesetzt wird oder nicht. Es gibt mehr als zwei Dutzend verschiedene Qualitätsmaße in der Informatik. Welche davon am besten geeignet sind, entscheidet immer die Situation, in der das algorithmische Entscheidungssystem nachher eingesetzt werden soll.

Schwache KI Eine Software, die eine bisher für spezifisch menschlich gehaltene kognitive Einzelfähigkeit ersetzen kann, ist eine schwache KI. Beispiele sind Bilderkennung (was ist zu sehen?), das Schachspielen durch Rechner oder die Vorhersage, wann ein Bauteil ersetzt werden muss.

Starke KI Als starke KI bezeichnen wir Software, die menschliche Fähigkeiten in fast allen Punkten erreicht oder gar übersteigt.

Bildnachweis